思想觀念的帶動者

文化現象的觀察者

本土經驗的整理者

生命故事的關懷者

心靈工坊 PsyGarden

Master

對於人類心理現象的描述與詮釋
有著源遠流長的古典主張，有著素簡華麗的現代議題
構築一座探究心靈活動的殿堂
我們在文字與閱讀中，找尋那奠基的源頭

愛的修復

伴侶諮商中的衝突、理解與接納

WORKING
WITH TAIWAN COUPLES

A Competence-Based, Culturally-Adapted Model

趙文滔——著

王國仲／呂伯杰／林冠伶
紀盈如／梁淑娟／蕭維真／魏凡涓——共同著作

目錄

作者序一

發一個大願

趙文滔

當別的小朋友立志成為太空人、當總統時，我並不知道可以立志成為一位「伴侶諮商師」。接下來的際遇純屬一連串陰錯陽差：數學系（聯考分數太差）、婚姻家庭兒童諮商碩士（沒錢找代辦，國外學校科系種類太多，不小心選到一間超硬的）、家庭治療博士（沒想到拿博士學位會去掉半條命）。或許天公疼憨人，雖然規畫的人生目標總是狠狠拒絕我，我也就一路傻裡傻氣地坐上現在的位置。

但如果你站在時光機旁邊問我：「如果可以再選一次，你還會選擇現在的職業嗎？」我的回答會毫無懸念：「絕對會！千金不換！」因為在伴侶諮商室，我有幸目睹人間悲歡離合，有時比電視劇還誇張，有時比電影還感人。這是一個多麼榮幸的位置！而我有幸坐了二十多年。

如果就須付出的勞力與能收穫的報酬之間的性價比來說，也算相當超值。至少表面上看來，坐在冷氣房裡聽人抱怨老公就可以按鐘點收費，錢好像不難賺啊。

只是這錢也不是誰都可以賺得來。學歷、執照只是入場門檻資格，入場後要面對的各種挑戰，強度絕對超乎門外人的想像。目前市面上的心理師，有些自稱能做伴侶諮商，有些則自知不會做、不敢碰。

然而今日不快樂的怨偶太多，多到在你我身邊隨時冒出來擋住去路。不快樂的夫妻容易養出不健康的子女，然後這些外表可能光鮮亮麗、內心其實傷痕累累的子女長大後，很容易變成怨偶或恐婚，一代代繼續惡性循環下去。我坐在諮商室內，實在不忍心看著伴侶們苦不堪言；我做為專門訓練心理師的教授，也不禁感慨我的學生及同行們沒有足夠能力聞聲救苦。

人生至此，我不願再救一個算一個，下班後就閉上眼不去想。我想讓更多心理專業人員學會伴侶諮商、想讓更多怨偶放下痛苦，破鏡重圓或彼此祝福、想讓更多內心滴血的子女傷口逐漸癒合，能開始享受關係帶來的滋養。我知道口氣聽來很大，但我不做點什麼心裡過不去，半夜醒來睡不著。

願這本書與這世界，見證我的誠心發願；願志同道合的同行與我一起，讓這個大願早日落實人間。

趙文滔

某個失眠夜

作者序二
伴侶諮商師的心內話！

紀盈如

正在寫這篇序的我，著實興奮！終於，歷經時間的淬煉，屬於台灣本土的伴侶諮商理論與實務書籍即將問世！

在伴侶諮商中，我聽過各式各樣痛徹心扉、絕望谷底的故事，有嚴重爭吵、冷漠疏離、外遇、感情變淡（不愛了）、家務教養婆媳問題、一方想離一方想留等等劇情，有趣的是超過半數的伴侶都會問我：「我們關係這樣還有救嗎？我們是不是很嚴重？也許等一下談完我們就會分手了？」我心裡總是會心一笑的想著：**當你們問出這個問題時就意味著你們的關係還有救，因為你們已經坐在這裡想好好面對**。從我的角度來看，現代社會的伴侶關係面臨著前所未有的挑戰。通訊軟體的迅速發展、人際互動模式的變化，以及文化對於愛情和婚姻觀念的轉變，讓許多伴侶在相互理解和支援的道路上迷失了方向。溝通的困難、情感的疏離，以及原生家庭碰撞的矛盾，更彰顯我們這些伴侶諮商師的工作愈加重要。

猶記多年前我剛開始接伴侶案時，來了一對由律師轉介來的夫妻，兩人已經沒有聯絡，是太太的律師建議兩人應該要伴侶諮商。本來我在想：**這對夫妻已經進入法律流程了還來做伴侶諮商的意義是？這時候伴侶諮商還能做什麼？**這個先生是個大男人，態度是沒有要離婚但也沒有要回應，而太太在初談時憤怒地說了一句話：「我實在找不到任何方式讓他回應我了！！」就這句話讓我瞬間像是被火車撞到一樣，換了腦袋，我發現這個太太在「求救」，她已經沒有任何辦法了，所以只好訴諸法律，而離婚訴訟只是她絕望中的最後辦法，此時的她只能採取如此激烈的方式。當我看懂這一切時，眼前的路有如寬廣的大草原，我興奮得不得了（當然表面還是相當鎮定），我對太太說：「其實你還想要這段關係，只是你筋疲力竭毫無辦法了對嗎？」太太一聽眼淚就撲簌簌地往下掉，不知是太久沒看太太如此脆弱有點驚嚇還是怎麼了，這位先生仍然原地不動，我問他：「你知不知道你太太原來不是想離婚？」先生說現在才知道，我對他說：「你現在打算怎麼辦？」先生才開始帶著些許憤怒的情緒述說兩人關係如何爭吵、惡化，說自己被太太逼到不想回應，覺得太太根本河東獅吼，很懷念兩人幾年前在澳洲打工遊學的時光，太太也不甘示弱，開始和先生爭辯說如果很懷念那段時光之前幹嘛不說，我在你心目中難道就是無法溝通的人嗎！我問太太：「你也懷念當年在澳洲時的你們？」太太又哭著說很希望先生回到當年，當時的先生對她有多關注、多呵護，先生也跟著進入當年的澳洲回憶。

六次的伴侶諮商，我陪伴他們好好對話，把關係中那些說不出口的那些柔軟心事一樁樁攤開來。我記憶相當深刻，在第六次伴侶諮商結束，兩人踏出諮商室時說要一起去接小孩放學，且已經取消離婚訴訟的那天。這對夫妻讓我體驗到關係的韌力與深度絕非說斷就斷那樣簡單，身為伴侶諮商師，當遇到相當棘手困難的伴侶議題時，我也會感到挫折，甚至不禁會想，為什麼兩人在一起這麼痛苦卻要走下去？離婚、分手是不是兩人都輕鬆點？這些年來，我感謝和我一起工作過的伴侶，他們不斷讓我看見關係在如此僵局中竟能絕處逢生！是他們讓我在伴侶諮商工作中一直抱有盼望。

我始終相信，人一生的困擾終究來自於關係上的挑戰。正是這些挑戰，讓我們得以深入洞察內心，並重新修復與彼此的連結。為了這份使命，我們需要有更多真正有能力的伴侶諮商師，因此如何讓後輩能有完整學習家族與伴侶諮商的環境是我這些年主要的關注，在盼心理諮商所的我與同事們以協同教學的方式訓練後輩，並在真實的伴侶會談時，帶領後輩一同觀摩與督導，耗時又費力，為的就是希望讓更多有志學習的後輩能學到真功夫。今年（二〇二四）九月，沁心理諮商所正式開業，期望沁心也能成為多數伴侶以及伴侶諮商師得以獲得滋養的重要營地。

此書的出版亦是希望能為台灣的伴侶諮商領域有點貢獻。我發現新手伴侶諮商師經常遇到的主要困難有：覺得訊息量太大而無法判斷從何處介入、能看見伴侶的互動模式卻不知如何細膩處理、面對衝突不斷的伴侶感到無力挫折、尚未有能力看見自己和來談伴侶之間的關係舞步如何影響會談歷程。在這本書中，文滔老師以平易近人且幽默的口吻將各種不同的伴侶諮商概念清晰地呈現，閱讀的輕盈感與頓悟感相當鮮明。在實務案例部分，則是由七位具豐富臨床經驗的伴侶諮商師所分享的真實案例，每一個案例都蘊含著獨特的生命故事與智慧。這些故事不僅是專業的記錄，更是深刻的對話與情感的碰撞。

此時此刻，我想與你分享這本書，它不僅是理論的總結，更是每一位在關係中努力奮鬥的夥伴的一封信。最後，我想給每位讀者一個大大的擁抱和微笑，願每一位專業夥伴，都能在這段旅程中收穫啟發。

紀盈如

2024/11/14

作者序三

伴侶與家庭間的相互交織，一場有趣的實驗

呂伯杰

在社區或學校機構等實務的場域，人們總說著：「這個孩子會這樣，就是家庭的影響……」，伴侶們也常說著：「他／她會這樣就是和他／她的家人一樣……」。然而在伴侶或家族治療的結構設定裡，個人／伴侶／家庭實務工作裡有著明確的分界，治療師似乎只能循著個別、伴侶或家庭治療的架構來工作。過去在晤談室裡，每每聽到伴侶說著原生家庭的資訊，或是看到伴侶們目前的困境和兩人原生家庭議題高度相關時，常猶豫著是否要邀請伴侶的其中一方做家庭晤談，但又矛盾於伴侶目前困境的急迫性而躊躇。於是，我開啟了一場實驗，試圖尋找伴侶和家庭議題同時工作的可能。案例七便是這場實驗裡的其中一個原型，治療的過程邊摸索與調整，整個治療橫跨了六年，目前還在繼續，很開心這對伴侶目前過得很好。

在這場仍在進行的實驗裡，有一些心得想在這邊和大家分享：

伴侶間的結合，絕對不是偶然，因我們的生命與成長經驗裡，蘊含著可以療癒對方的重要資源，而我們的生物本能直覺早在我們能用認知理解前，就已經感受且決定和對方走在一起。這場實驗幫我和伴侶看到，我們可以如何填補彼此生命裡消失的那一角。

親密關係裡的議題，有一定程度會重現原生家庭的經驗，很多伴侶在治療師的協助下，找到原生家庭影響的脈絡前，想法常停留在只處理兩人的互動關係與眼前的問題，忽略了對於我們影響深遠的成長環境：家。那些在互動裡讓人覺得不連續的情感反應，常被歸因到個性、特質的互動樣貌，例如：伴侶在某些情境裡會特別難過、在某些互動裡反應很強烈等，但在放入原生家庭經驗的脈絡後，生命力與多元性變得豐厚，產生新的意義和可能性，有助於伴侶雙方更好的體會與理解。在探索如何給予彼此滋養與療癒的過程，也因此變得更加地順利。當伴侶的關係可以彼此療癒和滋養，未來如果要踏上處理原生家庭議題的旅程，也會有一個讓人信任的旅伴和堅實的後盾。

連接個人、伴侶、家庭議題的重要媒介是治療師，如果治療師本身無法消化個人、伴侶、家庭複雜的動力與重量，伴侶和治療師都會迷失在系統觀的多元性之中。很喜歡一個學生對於治療師位置和狀態的描述，我覺得很貼切，她引了白居易的《問劉十九》的詩：

> 綠蟻新醅酒，紅泥小火爐。
> 晚來天欲雪，能飲一杯無？

治療師陪著伴侶在小火爐旁一起娓娓道來，雖然外面有著寒冬，也能感受到一鼓溫暖流包圍著彼此。悠然的態度開放著各種可能性，邀請伴侶隨著如美酒般的治療氛圍進入多元開放的世界。

原來交織的不只是伴侶與家庭，我們的想像限制了交織的可能。就像科學實驗一樣，有些科學家在長時間、多次的實驗失敗後，偶然會發現一些預期外，但其重要性可能超過原本設定目標的結果。在這場的實驗過程裡，初始的交織是從是伴侶與家庭，我試圖將伴侶的議題和家庭的議題結合，但只運用語言來交織，其過程不太順利，伴侶也常似懂非懂，難有深刻的經驗與體會；接著我移動到了伴侶與創傷，試圖在伴侶間因創傷事件（如：外遇）引發的反應，以及雙方在關係裡形成的惡意螺旋停下腳步。其過程的確幫到伴侶休止傷害對方的模式，但卻難以讓伴侶相互支持形成可以持續滋養的關係；於是我再移動到創傷與身體，學著與個案的創傷反應共處，試圖形成更核心的整合與改變。這個實驗與學習的時間最漫長，也最辛苦，卻意外地帶來最多的收獲。這個收獲除了幫助我完成了原本設定的初始實驗目標：交織伴侶諮商和家庭治療，更完成預期之外，將個人、伴侶、家庭，因為身體這個重要的媒介而能相互搭配、交織在一起。感謝我自己的堅持，也感謝這個宇宙對我的回應。

謝謝趙文滔教授的邀請，以及團隊的合作與努力，讓這本書可以圓滿且順利的出版。最後，誠摯地邀請大家帶著多元開放的態度來閱讀，希望這本書的內容與案例，可以幫助你感受與進入系統觀在伴侶晤談實務工作裡所開展出來的大千世界。

第一部

理論篇

第一章

為何需要伴侶諮商？

當一個人進入適婚年齡，經常自動開始一項任務：物色對象、追求對方，最後以浮誇的婚禮收場。如果年紀漸長還沒完成任務，不只自己，連身邊的人都會開始著急；那些已經決定不踏入婚姻的，逢年過節都要用力抵抗身邊親友以關愛之名進行的騷擾。不只我們，多數的社會都將婚姻視為人生里程上一項必須完成的指標，也許浮誇的婚禮就是一種以近乎自虐而炫耀的姿態向親友宣告：我們完成了。

然而那些興高采烈盛裝參加婚宴的親友，很少追蹤小倆口後續的發展。沒人主動問他們：婚後生活和他們原本想像的一樣嗎？有了一起開飯的固定伙伴比單身時省事，還是更麻煩？無論做什麼決定都要多考慮一個人甚至一家人，習慣嗎？婚後，巨幅尺寸的婚紗照，連同婚姻生活裡不足為外人道的甘苦，全都收在雙人床底下積灰塵。

隨著社會上對離婚的污名化效應逐漸淡去，女性收入與自信逐年升高，當婚姻出現危機時，愈來愈少夫妻選擇隱忍過日子，也愈來愈多夫妻直奔律師事務所，聽從律師的建議開始默默蒐證。其中有些婚姻確實沒必要再忍下去，但有些離婚也實在太兒戲，令人感慨：婚姻這等大事，其中任何決定的後續影響以年計，且受影響範圍波及至少三代人，但決定走入婚姻的過程竟如此輕率？！如果當事人身陷痛苦心煩意亂，無法有智慧地好好處理陷入危機的關係時，社會上有沒有人可以幫忙這些夫妻，避免意氣用事、把傷害降到最低呢？

在沒有很久以前的農業社會時代，婚姻最重要的目的是增加生產力，或是與其他政治經濟單位結盟，確保收入與安全。社會學家紀登斯（Anthony Giddens）主張浪漫愛是十八世紀才出現的產物，距今不過二百多年。換言之，在那之前幾千年的人類歷史中，婚姻的基礎從來不是愛情。在婚姻裡要求幸福，其實是近代人才有的奢侈想法。這樣說來，千百年來代代相傳、關於如何維持婚姻的智慧，恐怕未必能帶來現代伴侶想要的幸福，以至於當關係出現困境，往往不知所措或不得其法。

但伴侶關係又是影響我們生活品質以及生命健康最重要的因素之一。哈佛大學長達七十五年的縱貫研究[1]指出，影響一個成人健康狀態的最重要因素，不是心血管等生理指標，而是關係滿意度，而且孤單或婚姻衝突都會傷害身體健康。這個研究足以讓每個人人心頭一緊，不禁好好反思自己的伴侶關係。在傳統的婚姻智慧跟不上時代，符合現代人需要的關係經營之道卻莫衷一是的今天，伴侶們真的很需要有人幫忙。

所謂「伴侶諮商」，是未婚或已婚的異性或同性伴侶，尋求心理專業人員協助，處理關係中跨不過去的難題，或者在問題浮現之前進行保養。伴侶們不會無緣無故尋求諮商，在走入諮商室前，他

1　資料出自：《美好人生：史上最長期的哈佛跨世代幸福研究，解答影響一生最重要的關鍵》（2023），羅伯特・沃丁格（Robert Waldinger）與馬克・修茲（Marc Schulz），天下雜誌。影片請見 TEDxTaipei「什麼才能造就美好的人生？一份長期研究快樂的報告告訴您真相」。

們通常已歷經了種種對自己與來自周遭的質疑，承受難言的痛苦，仍遍尋不出緩解痛苦的有效方法。一對伴侶走進諮商室之前可能經歷了哪些掙扎？讓我們透過筱慧的故事來體會一下。如果你也身處伴侶關係中，也許會心有戚戚，甚至發現自己過去的盲點；如果你是伴侶諮商師，感同身受這段心路歷程能讓你更知道如何協助伴侶克服心理障礙，走進諮商室。

本書主要對象是從事或打算學習伴侶諮商的心理專業人員。如果你不是心理專業人士，但對伴侶關係這個議題有興趣，第一章和第二章可能對你幫助較大，特別是第一章最後附錄的檢核表應該很實用；如果你是心理專業人員，希望本書第一章能協助你重新認識伴侶諮商，思考自己適不適合從事這一行。

在走進諮商室之前：筱慧的故事

筱慧穿一件淺色洋裝，講話的時候輕聲細語，給人一種舒服的感覺。她結婚三年多，與丈夫志宏在朋友眼中看來是一對郎才女貌的佳偶，筱慧心裡卻五味雜陳。

她大學時就認識志宏了，後來出社會再度巧遇才開始交往，交往二年多結婚，算起來在一起的時間也不短。在別人眼中，志宏收入高、個性好，實在沒什麼好抱怨的，但筱慧心裡卻一直有一種說不清楚的感受，總感覺哪裡不對勁。

「我對這段婚姻，滿意嗎？」

筱慧發現她心中浮現的第一個答案，竟然不是肯定的，開始有一點慌。可是究竟哪裡出問題？她一時也答不上來。

今日伴侶關係，本質上和過去截然不同

筱慧父母的婚姻，也算很正常。二人當年透過朋友介紹，認識後不久就結婚，婚後二人合力經營家庭，三個子女也都很爭氣，各自完成學業、找到穩定工作，讓父母很欣慰。在筱慧父母的年代，能夠讓家人過溫飽穩定日子，已經是不容易的成就。筱慧的父親考上公職後，在同單位一直做到退休；母親一開始在家，後來從事直銷，生活也算多采多姿。筱慧當然還記得小時候在房間裡聽父母在外面大吵，但從來沒聽說他們考慮要分開甚至要離婚。

筱慧曾問過母親，當年為何認識不到幾個月就嫁給父親？母親回答得十分平淡而理所當然：他看起來很老實，應該會是個負責任的丈夫，家裡人也催她嫁人，於是就嫁了。即使今天，社會對於沒有嫁人的女性仍有許多偏見，甚至視為「人生失敗組」，筱慧可以想像母親當年的時代更是如此，時間到了嫁人乃天經地義。筱慧心裡想問：「可是你在這段婚姻裡，幸福嗎？」不過她看著母親終究沒問出口，因為她怕聽到的答案讓她無法招架。

對伴侶關係的眾多迷思

在筱慧結婚前，許多長輩親友熱心的與她分享許多維持婚姻的祕訣：「珍惜你所擁有的，知足常樂」、「不要期待過高」、「盡量不吵架」、「不要問太多『為什麼』」、「不計較」等等。筱慧看著這些建議，感覺進入婚姻比較像是去修行的。

筱慧也向閨密與朋友詢問經營婚姻的經驗，每個人說的內容差異很大：「要像養豬一樣養老公」、「務必抓緊經濟大權」、「男人像個孩子，所以妳要記得給他好寶寶貼紙」、「男人聽不懂

暗示，要『發佈命令，執行任務，領取獎賞』」。筱慧覺得有點好笑，怎麼這些「馭夫術」聽起來像在訓練寵物，而且還是智商很低的寵物！

筱慧的阿姨，聽說霞海城隍廟的婚姻籤詩特靈驗，專程去幫她求了一籤，結果求到一支籤詩：「**緣份不夠，不易成功，宜另尋對象。**」筱慧媽媽聽完臉色鐵青不說話，阿姨趕緊再去北港朝天宮再另求一籤，這次籤詩說：「**命裡有時終須有，命裡無時莫強求。**」大概是勸人要有耐性，靜待良緣。當時筱慧的婚期已定，禮餅都已經送出去了，收到這樣一張籤詩，令她哭笑不得。阿姨還順便幫她搶購了一雙城隍夫人繡花鞋，號稱是「馭夫鞋」，據說可以斬爛桃花、鎮小三，專治夫妻失和，要筱慧把繡花鞋放在先生枕頭正下方的床下。筱慧不敢把籤詩和繡花鞋扔掉，怕對神明不敬，但她也不敢讓未婚夫知道，怕被罵迷信，只好悄悄收在娘家儲藏室最下層抽屜裡，希望神明可以安靜休息不受打擾。筱慧覺得欣慰，至少她媽媽沒有像她某個同學一樣，因為算命結果抵死反對她與相戀多年男友結婚，甚至以死威脅。

筱慧有個同事號稱「星座女王」，她告訴筱慧未婚夫是魔羯座，木訥嚴肅缺乏浪漫，建議筱慧要主動創造生活驚喜，調教木頭老公增加情趣。筱慧心想，我也希望老公能學會浪漫，但要怎樣讓木訥老公「鐵樹開花」呢？「星座女王」還說筱慧是雙魚座，對愛情容易抱持理想憧憬，建議她降低期望，學習平淡就是福。筱慧偷偷在心裡抱怨：難道婚姻就只能平淡瑣碎如嚼蠟，那何必折騰這麼多事自討苦吃！

筱慧想起她的某個國中同學，從小學起讀遍租書店所有言情小說，在學校整天和同學分享追劇心得，自稱「X 太太」，只是這個名號前後也換過好幾個偶像。她自認是愛情專家，從小說、偶像劇裡吸收豐富愛情知識，對於如何經營親密關係充滿想法，幾歲要結婚、生幾個小孩都計畫好，小孩名字也都取好了。不過前陣子在同學群組裡聽說她離婚了，什麼原因筱慧不好意思多問。

筱慧認真想了一下，從小到大一路補習、學才藝、考試、求職，不斷進修，但好像從沒認真修過一門關於如何經營關係的課。學校裡從沒正式教過如何選擇伴侶、如何經營婚姻，大學時跟著同學去旁聽過幾次「心理學」、「愛情社會學」，當時覺得挺新鮮，但現在完全想不起來上過什麼內容。現在筱慧面臨婚姻的十字路口，不知道該如何想、如何抉擇、如何行動，頓時茫然而無助。

「難道沒有人能教教我們，如何好好經營親密關係？去哪裡可以好好學習這件事呢？」筱慧想。

看 Netflix 學婚姻，不如找專業的

筱慧決定找幾本書來看看，研究一下經營婚姻有沒有好方法。她搜尋了一下，發現關於婚姻的書籍還真是汗牛充棟，幾乎每個結過婚、沒結過婚、離過婚、差點離婚的人，對婚姻都有一套想法。問題是這些想法眾說紛紜，有的說要給伴侶空間，有的又說要讓他習慣依賴妳；有的說要降低期望，有的又說要保持神祕；有的說老夫老妻像家人不像情人是問題，有的又說婚姻是歲月靜好一起變老。這些五花八門、互相矛盾的訊息，讓筱慧啼笑皆非，不知所措。

筱慧聽說 Netflix 上有一部熱門影片《婚姻故事》，於是找來看，看完發現其實內容講的是一對夫妻想離婚，找律師，結果過程超乎預期的複雜，愈陷愈深無法脫身，雙方都痛苦不堪，沒有任何

贏家。筱慧看得心驚肉跳，看完痛哭失聲，對婚姻信心全失，對離婚心懷恐懼。筱慧很想罵這根本是一部恐怖片，片名騙很大，而且最後發光發熱得奧斯卡獎的，是飾演離婚律師的蘿拉·鄧恩（Laura Dern），男女主角全部槓龜。

再過一陣子，筱慧發現自己心裡竟然有點羨慕影片裡的女主角，因為自己甚至沒有足夠勇氣，踏出決定離婚的那一步，也不確定自己能不能撐過離婚官司的折磨。看到新聞上每天出現名人夫妻打離婚官司期間無情互撕、毀滅對方人設，讓筱慧對於離婚更恐懼。

「保健」與「治療」是兩碼事

筱慧與先生曾參加教會辦的夫妻溝通工作坊，學到許多像是「同理心」、「愛的語言」等等經營婚姻的作法。當場練習的時候氣氛還不錯，兩人輪流表達自己平時不習慣啟齒的話題，也都能心平氣和聽對方說。但是回到家後，卻總是很難找到機會坐下來好好溝通；而且即使兩人真的坐下來溝通，也很難做到心平氣和，往往講不到二句就一肚子火氣，音調愈來愈高，最後通常不歡而散收場。為什麼那些溝通課教的方法，到重要關頭總是用不出來呢？

筱慧正苦惱著思考這個問題，無意間抬起頭來，看到餐櫃上放的一整排保健食品，都是媽媽拿給她補身體的，她吃了半天也沒特別感覺自己身體狀況比較好，但媽媽還是不停拿過來給她，怎麼說也阻止不了。筱慧拿起其中一瓶保健食品，上面寫了一行小字，**「本保健食品非藥品，僅供保健用，不具療效，如有罹病者仍需就醫。」**筱慧恍然大悟：**溝通課是保健食品，也許有益健康，但不能治病！**

筱慧想起那次參加夫妻溝通工作坊時，隔壁有一組夫妻當場爆氣彼此對罵，被工作人員半請半拉的帶出大廳，場面有點尷尬。也許已經關係病重的夫妻，需要的是對症下藥的治療，保健品已經不夠力，甚至可能還會引發陳年傷痛，弄巧成拙。

有一天筱慧走在回家的路上，看到一家店的招牌上寫著「手機急診室」、「專業維修」，心裡突然有一個念頭：這年頭，修手機都需要專業，那婚姻出問題，有沒有專業資源可以找？

伴侶諮商是一項專業？

研究指出：亞洲人普遍不習慣求助心理健康專業服務，寧可求神問卜、算命改運、睡覺、運動、參加宗教團體，總之不到山窮水盡、病入膏肓，絕不考慮見心理師。許多人心中認定：見心理師等於承認自己有神經病、瘋了、沒救了，因此抵死不從。

同樣的，沒人喜歡沒事去拜訪牙醫，但如果牙齒痛到不行，還是乖乖去一下比較好，否則無異自找罪受。而且去晚了，牙醫師可能會搖著頭說：「如果早一點來的話可能還可以補補看，現在只能拔掉了……」所有腦袋清楚的人都會學到教訓：看醫生晚不如早。

經營好婚姻這件日常小事，祖先智慧靠不住、親生父母幫不上、熱心親友餿主意搞得你暈頭轉向；宗教算命似是而非，吃齋唸佛效果有限；言情小說娛樂效果大於實用，上課讀書讓你講得頭頭是道，實踐起來卻破綻百出；狂吃狂睡、練氣功、跑馬拉松、每天自願加班，都只能暫時逃避，問題並不會自己消失。

如果婚姻幸福真的影響我們一生健康、壽命與幸福，顯然應該要比數理、史地成績更重要，但我們從小花了大把時間讀數理、考史地，卻幾乎從未認真學習如何經營伴侶關係。等遇到婚姻出問題才手忙腳亂，用各種道聽塗說來的方法嘗試補救，卻往往搞得更僵更亂，自己、對方、身邊所有人，全都痛苦得不得了。

與其折騰半天找不到出路，為何不願找專業人員幫忙？

許多人心裡可能會過不去，捨不得花這個錢。他們可能會想：不過就是聊聊天，怎麼還要收錢？反正就是吵架，難道不能回家自己吵？講到底，**就是質疑「伴侶諮商」真的是一門專業嗎？**

這個質疑如果沒有得到妥善回應，伴侶們不會走進諮商室；伴侶諮商師如果不知道如何回答這個疑惑，伴侶不會再來下一次諮商。

心理諮商當然不只是「**聽人講講話**」這麼簡單。要能進入一個人內心世界，尤其是身陷黑暗憂鬱的人的內心世界，不僅不能一起陷入無力感的泥淖，還要能帶著當事人一步步走出黑暗迎向光明，絕對需要真功夫。如果你曾經親身陪伴過自己身邊心情低潮的朋友，每週一次聽他們抱怨世界多不公平、豬隊友多智障，就能揣摩體會心理師的辛苦；如果你曾經聽到耳朵長繭、想爆氣痛罵朋友沒出息、失去耐性只想大吼叫他趕快振作起來、或默默決定不再接對方電話，那你也許就能理解心理諮商是一項需要收費的服務。

如果有人認為心理諮商收費未免也太高，可是去餐廳吃飯動輒上千、甚至上萬元，預約排隊的大有人在，真的是貴的問題嗎？還是你認為它不值這個錢？何況它不僅是飽餐一頓的問題，是可能幫你緩解折騰多年的痛苦，你會因為太貴而捨不得嗎？

因為你嘗過令人回味的美食，知道美食可以帶給你怎樣的滿足，因此願意走進一家從沒去過的餐廳試試運氣，搞不好一試成主顧；如果你對心理諮商猶豫不決，挑三揀四，很可能只是因為從沒體驗過，難以想像一小時的談話能帶來怎樣的心靈滿足；或者你試過，結果經驗很差，從此認定「心理諮商沒屁用」，其實你只是運氣不好找錯心理師。如果因為一次體驗不佳就放棄心理諮商，不就像一家爛餐廳讓你決定永不外食，豈不可惜。

如果對一個人進行的心理諮商不容易，需要專業能力，兩個人同時在場的伴侶諮商，肯定還會更刺激。原本心理師熟練擅長的同理心，現在變得有點棘手，因為當事人抱怨的冤親債主豬隊友，就坐在旁邊面無表情的看著心理師，一不小心就會得罪其中一方，讓他下次不願意再出席，把伴侶諮商硬是變成只能個人諮商。換句話說，伴侶諮商需要的專業程度比個人諮商更高，訓練的強度必然更高，收費自然也會更高。

其實，夠專業的伴侶諮商師，在台灣、甚至在全亞洲都相當稀缺，你想找還找不到，找到了可能還要排隊等候。如果你是具備伴侶諮商能力的心理師，每個諮商機構都歡迎你，希望你來掛牌執業。

伴侶諮商需要特定訓練？當然是！

當一個人開始思考他的婚姻可能需要專業協助，開始上網搜尋「伴侶諮商」、「婚姻治療」，結果跳出許多網頁，這些網頁上的心理師都宣稱「提供伴侶婚姻諮商服務」，而且價碼差異很大。他可能會不知道從何選起，不知道如何判斷他們是否都受過足夠的相關專業訓練，是否真的都具備專業能力。他難免會對於可不可以信任這些人，把自己婚姻中難以啟齒的議題交在他們手中，感到遲疑。

許多心理師完成學位考取證照後，自動認定自己可以提供伴侶諮商的服務，許多網頁上宣稱是伴侶諮商的專家，卻沒有交待任何訓練背景，完全看不出來哪裡來的自信。我們從事伴侶諮商多年，接過不少見過其他心理師不成功，輾轉再來見我們的伴侶，因此我們也不禁深深感嘆我們的心理師同行，對於伴侶諮商的能力，恐怕仍有很大的進步空間。如今願意尋求伴侶諮商的當事人愈來愈多，能提供優質服務的專業人士卻十分稀缺，這絕對是我們專業發展的一大隱憂。

以我們在行業內多年的觀察，目前市場上靠得住的伴侶諮商師，和有需要求助的民眾之間，存在巨大的落差。如果遇到不適任的心理師，不但不會讓伴侶的困擾減輕，還會讓問題惡化。最糟糕的並不是某個沒出息的心理師沒生意，而是讓社會大眾逐漸失去對心理諮商專業的信心！

伴侶諮商過程像是走鋼索，諮商師隨時要保持平衡，不然很容易摔得粉身碎骨。但保持平衡還不是唯一的挑戰，過程中還有許許多多其他挑戰，需要專業能力才能克服。這些能力都需要足夠的訓練，才能培養出來。而完整的專業訓練，需要統整的理論、符合學習者需求與狀態的教學設計、足夠的接案量、持續的督導支持，並在多年的堅持投入下，才可能培養出一位專業的伴侶諮商師。現在你知道為何好的伴侶諮商師如此搶手，即使高鐘點費仍然供不應求。

這本書整合了既有理論、本地研究、臨床心得，以及培訓教學經驗，希望作為有志成為優質伴侶諮商師的一本訓練與專業工作指引，也讓中文世界的心理諮商專業人士，可以多一本實用、適合本地文化的參考書。

為中文世界培養出更多優質的伴侶諮商師

這本書正是為希望成為優質伴侶商師的心理健康專業人員寫的。如果你的身邊也有許多筱慧，正在他們的婚姻中掙扎、受苦、瀕臨崩潰、絕望、不知如何走出困境，希望你能立志接受足夠訓練，成為專業的伴侶諮商師，成為筱慧的貴人。

鑑於愈來愈多民眾意識到婚姻對人生幸福感的重要性，尋求專業協助來改善關係的意願愈來愈高，好的伴侶諮商師近年來已經成為炙手可熱的稀有動物，每個諮商所都積極招募。但這個現象很不幸地也同時暴露了，目前行業中多數心理師接受伴侶諮商的訓練都不足，這是長年的結構性問題。

願這本書能激勵更多助人專業人員開始投入學習，立志成為有勝任力的優質伴侶諮商師，見證伴侶破啼為笑的溫馨時刻；願這本書讓負責開課培訓的相關講師與督導，多了一本內容紮實又實用的教科書，讓教學效率如虎添翼；願這本書讓有志學習的專業人士，能縮短在眾說紛紜的理論之間流浪迷惘的時間，早日練出真功夫，成為諮商所當家花旦、專業擔當。

下一章介紹心理學家背書的、可增進伴侶關係的一些方法，順便釐清一些坊間對伴侶關係的迷思。如果你想協助民眾提昇伴侶關係，從事演講、文章、影片等各種形式的推廣教育，應該可以找到不少有科學支持的素材與靈感。如果你想保養自己與伴侶的關係，下一章也值得細讀深思，然後加以實踐。

如何找到優質且合適的伴侶諮商師：檢核表

以下八項指標如果打 X（不符合）愈多就愈不妙，建議慎重考慮換人。

檢核項目	說明與對策
1. 是否具備合法執業證照？	台灣法律規定心理師書面證照必須公開展示在諮商所，一般很少造假，有行業規範下個別心理師不太敢亂搞； 如果找的是名人，以「諮詢」「課程」「宗教／靈性輔導」等各種名義規避法律，就要考慮，萬一出事會投訴無門； 其他國家法規各異，如果對方列舉長串資歷／證照／培訓機構，建議拍照詢問行業內友人，確認含水量。
2. 是否接受過伴侶諮商培訓？	根據培訓機構、講師／督導姓名、培訓時數，打聽一下就能判斷專業程度； 若只有短期培訓（總時數不超過三十小時），除非受訓中，否則不建議（以受訓名義接案者，必須主動交代受訓機構及督導名字，萬一出事可向培訓機構投訴，其督導須負連帶責任）。 只有研究所期間修過幾門課的，嚴重不建議。
3. 從事伴侶諮商年資？	不含個人諮商時數，純伴侶諮商工作經驗。可以在初談時直接問心理師，如果對方支吾或拒答，建議盡快換人； 如果對方承認年資不深（五年以內），看鐘點費價碼值不值；

檢核項目	說明與對策
	如果對方承認受訓中，問是否有定期督導？督導姓名？打聽確認督導專業程度（實習心理師若出事，督導要負責）。
4. 會談經驗感受？是否能愈來愈放鬆、信任對方？（如果一方感覺好，另一方卻愈來愈不舒服，也應該盡快提出討論。）	(1) 如果感覺怪怪，盡快找行業內友人或上網詢問，然後在諮商時向心理師提出，進行討論； (2) 不建議直接向機構投訴，因為治療過程有時會不太舒服，需要分辨一下是心理師問題，還是正常過程； (3) 如果確認是對方處置失當，已經與對方討論多次仍未獲解決，或出現重大倫理疏失（例如騷擾你私生活），盡快找機構負責人反映；如果機構介入仍未能妥善處理，盡快換機構、換心理師止損； (4) 可投訴主管機關（心理師公會），但過程會很折騰。
5. 提出異議時是否被小心對待，及時調整會談進行方式？	(1) 若心理師態度開放，聽懂了你的不舒服或不滿，能及時調整會談風格與做法，接下來諮商也許會出現突破性進展； (2) 如果提出後對方很防衛，狂解釋，建議盡快換人。
6. 是否感覺諮商有進展？兩人衝突是否逐漸減緩？關係是否逐漸好轉？	(1) 心理師是否能點出問題所在，說明具體工作方向與計畫？ (2) 如果只會嗯哼、同理情緒、感覺一直繞圈圈，建議換人； (3) 某次會談回去後爆發大吵是可能發生的正常進展，請觀察大吵後一段時間（一

檢核項目	說明與對策
	至二週）兩人關係是漸入佳境，還是絕望心死。無論是哪一種都應盡快提出與心理師討論； (4) 如果與心理師討論過還是繼續愈吵愈烈，沒有好轉跡象，建議盡快換人。
7. 心理師是否有偏袒其中一方，只推動另一方改變？	(1) 如果心理師偏袒你的配偶，讓你感覺自己被針對：建議現場及時抗議，看心理師如何處理；如果多次抗議仍無改善，就不用再去了； (2) 如果心理師偏袒你，修理你的配偶：長遠來看對伴侶關係並不利，你可以溫和提醒心理師，偷爽一時可能輸掉關係，得不償失； (3) 會談過程中，輪流偏袒其中一方很正常，只要最後整體上能維持平衡公正即可。
8. 是否會與你核對諮商滿意度？	好的心理師會透過各種管道收集你對諮商的滿意程度，例如問卷、會談結束前主動詢問、事後追蹤訪談等形式； 保握機會及時讓心理師知道你對諮商是否滿意，等於是幫對方能及時調整，確保諮商效能。既然是付費服務，沒必要忍氣吞聲（當然也不要頤指氣使、當沒氣質的案主）。

第二章

如何保養親密關係：心理學推薦的方法

幸福婚姻的迷思

各位心理師無論在進行推廣講座中，提倡關係經營的正確觀念、順便曝光自己吸引潛在客群進入諮商，或在伴侶諮商中提供具體建議，替現有關係打打氣上點潤滑油，都需要一些具體方法。鑑於市面上關於關係經營的方法五花八門，魚目混珠，我們自許伴侶關係專家，自然有責任針對這部份加以說明，以正視聽。

這一章提供一些心理學認證的方法，來保養我們的伴侶關係。有學理背書不保證一定有效，就像合格認證的保健食品並不能保證吃了一定健康百歲，但至少保證沒有添加重金屬，吃了不會送急診洗胃。對於尚未搞得太僵的夫妻來說，在關係中加一點有效的保養，說不定就可以起到增進夫妻感情的效果，但如果已經困擾多年、問題一再重複、雙方都已筋疲力竭、開始想放棄、甚至覺得只有分開才是停止痛苦的唯一辦法時，純保養顯然已經不夠，必須找專家好好評估一下，對症下藥。

在提供心理學認證的伴侶關係保養方法之前，我們先進行一輪打假，針對一些坊間廣泛流傳的「**民俗保養法**」進行事實查核，免得鄉親們以訛傳訛，貽害鄉民婚姻幸福。

迷思一、離婚是因為「個性不合」？

志同道合、興趣相投、個性接近的伴侶也許摩擦比較少，但少吵架不代表感情比較好；許多同事夫妻，二人共處同一產業、同個公司，工作與生活高度重疊，並不能保證婚姻一定幸福，甚至正因為工作角色與生活未能清楚區隔，反而日漸累積誤會與怨恨。

雖然十對要離婚的夫妻可能有九對說：「因為我們個性不合」，但事實上個性南轅北轍但感情好的夫妻多的是。嚴格來說每一對伴侶都來自截然不同的成長背景，習慣與個性不可能完全相同，初識期也許被甜昏頭不在意，但認識久了必然會發現彼此存在許多差異。如果個性不同的伴侶必然會離婚，那麼世界上所有伴侶遲早都得離婚！

事實是：每一對伴侶的個性、生活習慣、價值、信仰、意見都不可能相同，關鍵在於兩人如何處理這些差異。幸福伴侶學會在差異中持續對話而不傷感情；離婚伴侶總是把差異當作彼此攻擊的素材，搞到兩敗俱傷。

迷思二、除非來自原生家庭的傷口被解決，否則無法擁有健康婚姻？

因為兩人的個性、價值與生活習慣皆成形於各自的原生家庭，除非源自原生家庭的傷口被療癒、核心信念被改變，否則在目前的婚姻中仍會重蹈覆轍，複製父母婚姻悲劇。在伴侶諮商中，我們常看到其中一方指著對方抱怨：「他原生家庭有很大問題！他和他家人都一樣有病！」

若真如此，那麼這個世界上將很少有人可以擁有健康的婚姻。

因為我們每一個人，包括心理師，都曾經歷各種家庭經驗，有些值得懷念、有些不願再想起；**沒有一個家庭是完美的，每位父母都以他們能力所及的最大努力，盡量提供孩子最好的環境**，但即使如此，家庭生活也不可能盡如人意，總會發生或大或小的傷害；即使如此，許多孩子都能順利長大成為健康成熟的好大人，不會因為原生家庭不完美而被毀掉，成為病人或罪犯。孩子的生存適應力，超乎我們的想像。

確實有不少人在家庭中受傷，他們其中有一部分人後來成為心理師，救人也自救；還有些人立誓不要重蹈覆轍，努力讓家庭氣氛和原生家庭截然不同；也有些人帶著傷口、陰影與自卑在人生中努力掙扎前進；也有人被這些經驗擊垮，無法享受人生。無論是哪一種結果，如果拿原生家庭負面經驗來批評他們，無異雪上加霜，會不會太殘忍？

事實上，伴侶關係是我們人生中的「另一次機會」，無論之前依附經驗如何不安全，都可能有機會重新體驗安全感，重塑內在反應模式，從不安全依附變成安全依附；反之亦然，不順利的伴侶關係也可以把一個原本安全依附的人硬是搞成整天焦慮或想逃。心理學家已經證實，恆河猴一輩子只有一次機會（建立安全依附），如果失敗了再也修復不回來（心理學家實驗過各種方法皆徒勞）；還好人類的機會不只一次，第一次（原生家庭經驗）沒搞好，還有機會修復重建。

其實這兩個迷思背後是同一套哲學：能不能常相廝守乃「**命定**」，如果不合強求不來。「命定」論當然經不起科學考驗，但人在長期婚姻痛苦折磨之下，六神無主的聽信算命，或將問題歸因到對方無可改變的過去，我們實在不忍苛責，只希望大家面對婚姻大事不要兒戲，千萬不要把婚姻這麼重要的決定，完全依賴如此虛玄不靠譜的決策思路上！關於固執聽信算命之言如何毀掉許多好姻緣的臨床案例不勝枚舉，此處就不加詳述以免徒增唏噓。

系統理論對「個性」（人格理論）的看法可以簡述如下：**今天的個性是昨天以前的經驗塑造的，明天的個性是今天的經驗決定的**；也就是說，一對伴侶現在、當下如何彼此對待，決定對方往後的「個性」；如果你們已經結婚多年，當你抱怨對方個性有問題，你自己恐怕也要負不少責任！如果你問「那先天因素呢？基因？」表觀基因學已經證明基因受經驗啟動，沒有經驗啟動的基因是不作用的[1]，換言之，先天（基因配置）和後天（經驗）手牽手才能決定你的行為模式，不要再把問題通通賴給先天／命運決定論了！

迷思三、對婚姻期望太高，容易離婚？

婆婆媽媽顧問團經常喜歡建議，把期望降低些就能度過婚姻危機：「其實他不菸不酒不賭不嫖，無不良嗜好，賺錢都拿回家，沒有什麼好抱怨了……」。即使如此，要抱怨的話絕對可以找到可抱怨的話題，停止抱怨也不會讓你忍受得了一場痛苦的婚姻。

更氣人的是，研究發現：**對婚姻持高標準、高期望的夫妻，擁有滿意度最高的婚姻；而父母離異的子女，成年後自己離婚的機率卻比其他人更高！**這些人從小看著父母不幸福的婚姻，對婚姻多半不抱太大期待，有些甚至堅決不婚；那些勇敢結婚的，心中必然立誓不要步入父母後塵，對婚姻也不敢抱太高期待，為何終究還是免

1　必須澄清，絕大部分較複雜的人類行為與病症皆如此，但確實有某些特徵主要由基因決定，例如瞳孔顏色。不過，這些特徵顯然不會決定婚姻幸福。關於表觀遺傳學的說明請參考《表觀遺傳大革命：現代生物學如何改寫我們認知的基因、遺傳與疾病》（2021），奈莎・卡雷（Nessa Carey），貓頭鷹出版社。

不了翻船？

也許對婚姻不抱期望的人，有意無意間也不敢全心投入關係，害怕會受傷而有所保留，結果遇到不可避免的關係起伏挑戰時，更容易抽身放棄，更容易讓伴侶感到挫敗心寒，結果關係就真的經營不下去了。心理學有「自我預言實現」的理論，看來對婚姻降低期望恰好親手把自己的伴侶關係給毀了。

臨床上我們確實遇到過各種莫名奇妙的期望，期望另一半出人頭地（你是他教練還是伴侶？）、期望對方徹底改變多年習慣（輕咳，祝你好運）、期望拯救對方悲慘人生（聽過「彌賽亞情結」嗎？）。遇到這些不合理、注定導致悲劇的期待，心理師可以婉言相勸，識相的伴侶會學習懸崖勒馬；也有不識相、堅持己見的，心理師不如請他們另尋高明。除了這些不合理的期待，伴侶是可以期待對方對自己付出的情感有所回應的，而且這種期待已被證明可以提高關係滿意度。只是對方能否做得到、對方能以什麼形式回應，需要討論與協商；如果堅持對方必須按自己要求的方式回應，做不到就代表不夠愛我，那必然會成為衝突的來源。

迷思四、外遇導致離婚？

在新聞上或身邊經常會聽到這種指控：因為對方是渣男／茶婊，毀掉了一段婚姻。在伴侶諮商室裡，我們看到的實情是：外遇頂多僅是爆發衝突的一根引信，大部分外遇夫妻早已貌合神離，失去親密感，在關係中感覺失落、不被珍惜，於是去外面找愛。

在媒體上的發言往往具公關性質，作為資深伴侶諮商師我們很少點開外遇新聞閱讀，因為裡面內容對評估一段伴侶關係不但沒有任何參考價值，還可能充滿各種誤導性煙霧與陷阱。在諮商室裡我們有機會聽到許多懊悔不已的「外遇者」坦承自白，他們會告訴你絕大多數外遇並不是為了性，主要是為了被認可、珍惜、傾聽。如果外遇者說他也不知道為什麼一犯再犯，跳針自首他有病，那麼他大概還沒準備好要對他的伴侶坦白，有可能因為他知道他的伴侶承受不住真相的打擊；或者他和自己的內心也很疏離陌生，不習慣、可能也沒打算認真探索自己的內心狀態，只想找快速方法止息外遇風暴，也就是伴侶的怒火與痛苦。

伴侶諮商師在諮商室裡見證過許多伴侶遭遇外遇的猛烈衝擊，陪伴他們逐步走出風暴。我們最清楚：外遇真的會嚴重傷害伴侶關係！而且雙方都受傷慘重，不是只有被外遇者痛苦而已！雖然無法回到事發前狀態，在對的方法下，外遇的傷害可以修復，痛苦可以過去，但需要雙方的意願與相當的努力來修復，逐步找回信任與平靜生活。就像親身見識過毒品戒斷症狀的人絕不會想碰毒品，見證過外遇造成的殺傷力的人，絕不會想嘗試外遇，放飛一時，代價卻完全不成比例。

親密感的內涵

可能沒有人會認為自己不懂伴侶親密感，但嚴格來說這個主題學校從未、或極少正式教，每個人認定的定義也差很大。「**如何增進親密感！**」這個話題可能太適合騙流量，各路人馬搶著提供各種祕方，搞到網路上資訊氾濫、眾說紛紜。想知道心理學怎麼理解伴侶關係最核心的成分：親密感嗎？想知道心理學認證哪些方法可以增進伴侶關係嗎？這一節幫你做個整理。

一、迷戀

第一個常見的是「**迷戀**」（limerence），是愛情發生初期的一種強烈經驗，是浪漫小說及甜寵劇裡的經典套路，應該不用在此舉例贅述了。心理學家（Dorothy Tennov，1979；Danny Yee，1999）對這個狀態的描述如下：

- **短暫**：僅持續數月，頂多一年半（熱戀有保鮮期）；
- **失控**：心思被佔據，無法停止想念對方（類似「強迫思考」症狀）；當事人身不由己，彷彿其他一切事情不再重要；
- **渴望**：熱切渴望對方有所回應；
- **高敏感**：對對方任何想法、言行舉動高度敏感；在對方面前感到羞怯、焦慮，害怕被拒絕（核心是一種不確定感）；
- **瘋狂**：容易浮現各種非理性信念或行為（如：放棄財產、犧牲生命、堅持命定論）；
- **盲目**：看不見對方缺點，將對方缺點一律採正面詮釋，一見鍾情；
- **極端**：心情大起大落：興高采烈、飄飄然、苦悶、沮喪、心痛、心死；

這種狂戀狀態不只是心理感受，背後也有生理機制。生理學家發現熱戀（六個月內）的伴侶，血液中血清素濃度與強迫症患者一樣低（Marazziti，Akiskal，Rossi & Cassano，1999）！也就是說，當戀人們說他們感覺失控時，他們說的是真的：他們和強迫症患者一樣，明知不合理，卻就是停不下來。

無論中、英文對於迷戀狀態都有相當豐富的詞彙加以形容，而且多偏負面。smitten 這個字原指「被重擊」（台灣人口語應該會講「被痛扁」），在舊約聖經中常用來描述罪人被神懲罰的一個詞，現在最常見的用法是「陷入熱戀」，顯然很傳神地捕捉到迷戀期的戀人「像被火車輾過」般的巨大痛苦，以及一種被迫承受的失控感。Falling in love（墜入愛河）也暗示你不是自願走進去的，是不小心掉坑，順便摔斷條腿也不意外。中文也好不到哪去，回去看一下前面形容迷戀的七個粗體形容詞，多半偏負面意涵。

心理學有所謂「促發效應」（priming），意思是某個語言線索讓你準備好更容易進入某種特定心理狀態，例如國旗圖案會啟動受試者的愛國情操。迷戀這種跳脫日常的不尋常體驗（讓當事人更依賴語言線索去理解經驗），加上各種詞彙上的暗示促發，讓許多懷春少女／少男一心期待愛情的本質就是失控與痛苦，即使遭遇像颱風般令人恐懼、虐心，仍然認定「是真愛吧！」內心的獨白是：「如果讓我那麼痛苦，一定是真愛！既然是真愛，我們命中注定要在一起！」萬一恰好碰到自己自信不足，或對方控制欲特強（卻以「愛」為名），恐怕就會演變成受虐卻離不開，令旁人百思不解的家暴案例。

迷戀狀態可以單方啟動，形成一廂情願的「單相思」，更極端版就是「跟騷狂」、「私生飯[2]」。社會對迷戀狀態的反應十分兩極：父母師長一致認定「失心瘋、不正常」，但少女心發作的當事人，無論生理年齡，往往堅信「是真愛！」，將身邊人的勸阻視為追求真愛的考驗，讓當事人更堅定求愛，渾然不覺自己在此狀態下

2　「私生飯」源自影藝次文化用語，指喜歡刺探藝人私生活、過度跟拍追蹤到騷擾程度的歌迷。

思考當機，判斷力陷入弱智，極易做出事後自己也懊惱的蠢事。

「迷戀」讓人全身充滿荷爾蒙、讓人審美感受力大增、讓人充滿鬥志、讓人找到意義感與踏實感，實在是種令人難以抗拒的美妙狀態。在伴侶關係發展初期陷入迷戀，不啻為一種美好經驗，即使做點無傷大雅的傻事也可作為日後談笑的素材；但如果堅持想停留在這個狀態，質問伴侶「為什麼你和約會的時候不一樣了！」那就有點不講武德，因為「發情狀態」相當耗能，除了人類沒有一種生物會想刻意永遠停留在發情狀態。接下來讓我們來看看，什麼狀態可以在伴侶關係中真正天長地久。

二、慾望、浪漫吸引和依附

海倫・費雪（Helen E. Fisher）從演化角度及腦功能，將人類伴侶關係分成三種系統：**慾望**、**浪漫吸引**和**依附**。每種系統運作範圍及方式不盡相同，分別達成演化上不同目的。

慾望（lust）主要為**性**方面的滿足，和睪固酮（testosterone，一種賀爾蒙）相關。慾望驅使我們與幾乎任何「大致合宜」的對象進行性行為。性行為前後人體內會釋放多種賀爾蒙，增加心理上的愉悅感與連結感、親密感。這是伴侶間第一層關係連結，透過性建立的身心連結。

浪漫吸引（romantic attraction）讓我們**偏好或追尋特定類型的配偶**，從演化觀點可以節省求偶時間與精力。這時腦內會分泌多巴胺（dopamine）、正腎上腺素（norepinephrine）、自然興奮劑（natural stimulants），以及血清素（serotonin）。這些神經傳導物質給我們愉快及興奮感、增加力量、易陷入強迫性思考、提高專注，以追求浪漫愛情。

所有哺乳類動物都有「求偶偏好」，會針對特定對象展開追求、展現力量，並舔、摸或溫柔對待對方，很類似人類的浪漫求愛表現，只是時間比較短（老鼠持續幾秒、大象三天、狗幾個月）；而且調查研究顯示浪漫求愛行為在年齡、性別、性向和種族上沒有明顯差異，因此海倫・費雪主張「浪漫愛情是一種生理需求！」

浪漫吸引也是前面提到的迷戀狀態背後的生理機制，不過費雪證實浪漫愛可以持續。她研究五十幾歲、平均結婚二十一年的十七位受試者，這些人全都表示自己與伴侶仍在熱戀中，當他們觀看伴侶照片時，磁振造影（MRI）掃描結果顯示他們的腦部活動與年輕、剛談戀愛不超過七個月的情人大致相似，包括多巴胺增加（與年輕戀人一樣愉悅）。差異是：資深組伴侶關於「焦慮」的腦部區域不再活躍，而與「平靜」有關的區域較活躍，與「依附連結」（bonding）相關的區域也活躍。

其他研究已經證實，浪漫感與婚姻滿意度以及婚姻穩定度存在高度正相關。如果伴侶可以長期維持浪漫吸引力，不但能獲得快樂，還能讓關係更穩定、更滿足，而且不用像初戀階段、迷戀狀態的年輕戀人一般整天提心吊膽怕分手，可以愉悅與歲月靜好攜手並存。所以資深伴侶不但可以期待浪漫，而且應該努力維持浪漫，只要不是迷戀版本、戰戰兢兢的苦戀，而是存在依附成份的關係連結。

依附（attachment）指伴侶間平靜而長期的情感連結，與催產素（oxytocin）和血管加壓素（vasopressin）有關。依附讓新手父母維持較長關係，以共同撫養孩子至少至嬰兒期結束。過去幾十年來心理學對母嬰間、伴侶間的依附關係有相當多研究，現在我們知道依附對兒童各項發展（安全感、自信、人際關係、學業表現等）都極為關鍵，對伴侶發生衝突的原因與關係重建也很重要，有些治療取向主要聚焦在依附模式上工作。

本書的立場是：依附模式是伴侶關係的重要面向，但不是需要處理的唯一面向。除了依附，伴侶關係中還有許多值得注意的層面，本書第四章「如何評估伴侶關係」會詳加描述。

增進伴侶關係的方法

關於「如何增進伴侶關係」這個主題，好奇關心的多，熱心提供建議的也多，各種建議已經遠遠超過汗牛充棟可以形容，資訊氾濫程度令人眼花撩亂，無所適從。如果你上網搜尋相關書目，會發現作者來自各種不同背景：律師、牧師、徵信社長、國大代表、算命師、藝人，還有心理師。他們對婚姻的形容、使用的隱喻和他們的書名一樣有創意，令人嘆為觀止，反映出大家對婚姻百感交集的複雜看法：

婚姻像打「乒乓」、像跳「探戈」、像坐「摩天輪」；
像盤「菜」：剛燒出來時新鮮誘人，放久了必然要變質腐敗；
像雙「鞋」：合不合腳，只有自己知道；
像「考卷」：不做就不知道答案，只是改錯的機會太小；
像「音樂」：「最愛與你相約：三六五婚姻協奏曲」；
像「飲料」：「給愛一個容器，婚姻才不會出現危機」；
像「武俠小說」：「婚姻史，是一本武俠小說」；
像「投資」：「愛情市場學：寫給八十分女生，提升戀愛力的不敗思維」；
像「經營公司」：「婚姻有限公司」；

像「馬戲團」：「馴夫講座：幸福婚姻的七堂課」；

像「電器」：「老公使用說明書」（夫婦善哉七十年聖經！在妳將老公當「大型垃圾」丟棄之前，請先看這本書）、「機智夫妻生活：腦科學專家的配偶使用說明書」（出了不只一本說明書，「配偶」這電器顯然很難用。）；

像「修行」：「婚姻，最浪漫的修行」；

像「戰爭」：「為愛而戰：在婚姻中完美自己的心路指南」；

像「傷害」：「婚姻會傷人——真實的婚姻暴力故事」；

像「圍城」：外面的人想進去，裡面的人想出來：「婚姻是愛情的圍城：當夫妻形同陌路，如何突圍才能回到當初？」；

像「黑社會」：「婚姻就像黑社會，沒加入者不知道其黑暗，一旦加入又不敢吐露實情，逃出來的保命尚且不暇，哪敢多話？所以，婚姻的內幕才永不為外人所知。」（據說是李敖說的。）；

像「鳥籠」：人在籠中夢想自由；一旦獲得自由，卻又留戀籠子裡的舒適；

像「詐騙」：「咦？不是你去刷馬桶嗎：結婚前早該知道的十二件事」。

身為心理學家我們不敢幸災樂禍，畢竟我們自己的婚姻沒有比人家厲害，離婚率也沒有比較低，就像醫生也無法保證自己不會得新冠肺炎。但畢竟如今已二十一世紀，關於增進伴侶關係可以怎麼做、又有哪些心理學驗證過的方法？而大眾建議的各種偏方妙法，背後是否有心理學原理支持？

邀請與回應

浪漫電影喜歡在結尾前，讓男主角在大雨中衝到機場攔截女主角，用滿滿誠意讓她回心轉意；或者在陽台下唱情歌彈吉他、用滿房間玫瑰包圍她、用閃瞎眼大鑽戒打動她……，這些經典場面百看不膩，但日常生活要搞這些非常勞民傷財，想想如果伴侶關係要靠這些花錢費工的努力來支撐，恐怕注定維持不了多久；又，如果老公要求每天晚餐都要吃到喜宴等級的功夫菜，老婆肯定要翻臉。

伴侶關係一定必須靠驚喜與折騰來保鮮嗎？那些白首偕老的老夫老妻如何維持親密感的？美國指標性婚姻研究學者約翰．高曼（John M. Gottman，2004）透過一系列研究，試圖回答這個問題：**如何在日常生活中維持伴侶親密感？**

高曼發現：在十分鐘左右的餐桌對話中，婚姻幸福的夫妻「邀請」次數達一百次，打算離婚夫妻只有六十五次；心裡已打算離婚的丈夫，百分之八十二的時間會忽略妻子的「邀請」，而婚姻穩定的丈夫只有百分之十九；另一方面，已打算離婚的妻子忽略丈夫「邀請」時間有百分之五十，而婚姻穩定的妻子只有百分之十四。結論很清楚：是否提出「邀請」或忽略對方的「邀請」，會顯著影響，同時也反映出一對伴侶的關係狀態。

那麼研究中的「**邀請**」是指什麼？這是高曼的研究團隊在分析了幾千小時的影片資料後提煉出來的概念。一次「邀請」（bidding）可以是太太問先生等一下有沒有事，要不要一起去散步？或者是先生看報時看到一則笑話，順口大聲讀給太太聽。高曼也發現，「邀請」加上配偶當場立即的「回應」，反映並決定伴侶關係品質與狀態。

換言之，婚姻幸福的關鍵不一定要靠傳統上認為的「自我揭露」（「真心話大冒險」、「交換祕密」比較適合約會期間或閨蜜，本書稍後會再說明），而在於伴侶雙方在每分每秒互動中的邀請與回應。這種互動模式可以是有意識的努力，例如在小倆口爭執過後的打破尷尬，也可以是無意識的習慣，像老夫老妻之間的餐桌對話（平均六秒鐘出現一次），乃經年累月累積下來的默契。

「邀請」是一種對對方有興趣、想與對方情感連結的任何舉動，可以透過任何形式，例如問候、詢問對方、邀請一起做一件事；也可以透過非口語的行動傳遞，例如握手、輕拍、擁抱等（關懷撫觸）；微笑、做鬼臉、飛吻等（面部表情）；搔癢、打鬧等（玩耍撫觸）、開門、讓座、幫忙拿東西等（服務）、甚至只是發出一個聲音：笑、嘆氣、呻吟，或是兩人專屬的特定聲音，讓兩人在滿街人群中可以立刻找到彼此。形式不拘，重點是向對方「發出一個邀請」。

一方發出邀請後，對方如何回應就成為決定關係品質的關鍵。高曼總結出三種伴侶反應，決定一段關係接下來往截然不同的方向發展：**接納、抗拒與忽略**，也就是正面、負面回應、以及不回應。

伴侶的接納回應自然最可能得到對方也以正面回應，形成行為上與情感上的良性循環。接納回應的程度可以從輕到重，可輕微、可明確、可認真、也可以全心全意展現接納。程度必須視現場脈絡而定，用力過猛反而尷尬做作，效果不一定好，好的回應必然是考慮當下脈絡，程度拿捏得恰到好處，形式創意而令人驚喜愉快。

伴侶的抗拒回應自然會引發對方憤怒，甚至立即陷入衝突。輕蔑嘲笑、挑釁、敵意抬槓、霸道跋扈、挑剔指責、人身攻擊、防衛解釋都屬於抗拒性回應，會重重傷害伴侶關係。

令人意外的是，傷害伴侶關係最重最深的竟不是抗拒，而是忽略。發出的邀請沒人接、被伴侶當空氣，是最傷害伴侶關係的一種回應，不但埋下日後衝突的地雷，而且會傷及伴侶的自我價值感，而低自我價值感又與憂鬱症等一連串壞事高相關。當一方發出邀請，如果另一方沈默沒反應、漠不關心、打岔、甚至刻意忽略漠視，都會重傷伴侶。

當婚姻已病入膏肓，滿懷委屈怨恨的伴侶有時會不知不覺用冷淡來懲罰對方，因為自己身陷痛苦，對對方的傷害已經無感也無心照顧。但有時候有些伴侶，特別是男性，容易因試圖避免衝突而採取冷處理的策略，而讓伴侶經驗「冷暴力」，卻沒有意識到忽略、不理會伴侶的邀請（可能以「抱怨」形式出現）對關係的殺傷力，而錯估關係狀態。可能一方早已苦不堪言，另一方卻認為沒啥大問題，是抱怨的一方太敏感的問題。

換言之，當丈夫講個笑話，如果太太總是笑得花枝亂顫，夫妻兩人一起笑到地上滾，可以猜想兩人感情相當好；如果太太的反應經常是「這有什麼好笑的！」，不但下次大概沒笑話聽了，而且兩人關係很可能已經不妙；如果太太聽完一點反應都沒有，根本懶得理先生，那事情就真正嚴重了……

高曼是美國人，他沒講下面這些，但如果我們在華人文化脈絡中延伸思考，我們會恍然大悟，許多老夫老妻之間的「**鬥嘴**」可能也是一種「邀請」。只要鬥嘴內容無傷大雅、沒有真正傷筋見骨；只要老伴回嘴時看起來還游刃有餘、還會笑，那麼比起冷若冰霜的相敬如賓，你來我往的唇槍舌劍可能更有助於維持伴侶親密感。

高曼的這份研究對伴侶以及伴侶諮商師的啟示是：在情人節費盡心思搞大動作也許有助浪漫，但更重要的是在日常生活好好看懂、溫柔接住伴侶發出的每一次邀請，同時自己也要適時發出邀請。最好形成一種習慣與默契，二人在談笑間自然拋接上百回合，讓感情默默與日俱增，像投資高手買高殖利率股票[3]，然後在家躺收股息。其中的祕訣在於：**欲維持伴侶關係不冷掉，日積月累的滴水穿石，比洪荒之力搞浪漫更實用有效**。「邀請與回應」這一帖祕方，伴侶諮商師們不但可以推薦給案主，自己更可以默默按時認真服用，保健功效物超所值。

還有很多廣為流傳的方法，其中有些也有一點效果，但效率不高，沒必要浪費時間；有些根本名氣大藥效差甚至還有副作用，內行人都默默避開；有些方法對某種性格比較有效，需要專家幫忙把脈先確認體質適不適合再服用不遲，因為適合你閨密的方法不見得適合你們夫妻，也免得運氣不好沒見效之前，先搞出一堆副作用搞壞身體。

其他方法

好壞方法太多，本書無法一一列舉好方法，也不想花篇幅一一駁斥爛方法。與其自己親嚐百草、以身試法，不如參考上述原則，舉一反三後，為求助伴侶的婚姻量身訂做一套適合他們的可行方法。

還有一些方法，雖然不一定經過心理學檢驗，但可以看得出來和心理學原理不違背，可視為有部份心理學原理支撐。像是伴侶間分享**幽默感**（正面情緒會啟動腦部酬賞系統）、**感恩**（不但有助於婚姻滿意度，還有助於壽命，參見利翠珊、大衛・史諾頓〔David

---

3　「高殖利率股票」指根據過去紀錄，每年多半能配發較高股利的績優股，相對於股價暴漲暴跌的飆股，是比較穩定可預期回報的一種投資方式。

Snowdon〕的系列研究）、**被接納**（特別在較脆弱的核心價值感上）、**被安慰**（當恐懼與焦慮時）。這些方法雖然看起來不夠酷炫又不花大錢，但絕對有益伴侶親密感，原則上多多益善，但實施效果恐怕因人而異，其中自然存在各種風險與變數。

蓋瑞．巧門（Gary Chapman，1998/2021）提出「愛的語言」的概念，主張表達愛要投其所好，務必花點心思找到伴侶最容易感受到愛的獨特管道，才能有效傳遞愛意；也要清楚適合自己的管道，並讓伴侶知道，幫對方省點時間，避免對方總是以自己認為的方式愛你，卻讓你完全無感甚至一肚子火，搞得對方也既冤枉又挫敗。後來安迪．安德魯斯（Andy Andrews，2010）在暢銷書《種子》（*The Noticer*）中用不同動物傳神地比喻了前四種。五種愛的語言分別是：

「**肯定的言詞**」（**小狗**）：感謝、鼓勵、讚美、仁慈、饒恕；
「**服務的行動**」（**金魚**）：為對方做事，照顧、打理對方的生活；
「**精心時刻**」（**金絲雀**）：優質時間、對話與聆聽、精心安排的活動、創造共同的回憶、陪伴、欣賞、全心全意注視；
「**身體的接觸**」（**貓**）：各種溫柔的身體撫觸；
「**接受禮物**」：針對對方喜好、考量對方的反應，非「交易」或「賠罪」、是「愛的具體象徵」。表示對配偶的細心和關懷。貼心禮物不一定是昂貴的物品，最重要是表達送禮者的心意。

其中祕訣就是：**愛要投其所好**，以免做白工，像把錢存進陌生人的帳戶，沒存到伴侶的帳戶裡，吃悶虧。

如何陷入愛河？如何維持戀情？一位專欄作家的高 LQ[4] 親身實驗

二〇一五年一月九日，一位專欄作者曼蒂．蘭．卡朗（Mandy Len Catron）投稿一篇文章到紐約時報，標題是「想與任何對象陷入愛河？這樣做就對了！」（To Fall in Love With Anyone, Do This）在文中作者報導她親身試用了一位心理學家的研究建議，用三十六個問題讓她和一位她原本不太熟的舊友，結果真的成為情侶。

這位心理學家叫阿瑟．亞倫（Arthur Aron），他在一九九七年發表一篇研究：透過互相回答三十六個問題，再進行四分鐘眼神對視，讓兩個原本陌生的人四十五分鐘後感覺更親近彼此。阿瑟．亞倫說明：讓兩人關係變得更親近的要訣，在於**雙向漸進的「自我揭露」**。但在生活中每個人多少都有武裝，要展現脆弱並不容易，因此透過這三十六道精心設計的問題，讓兩人可在短時間內卸下心房，深入認識彼此。嚴格來說，這套方法是一種「快速交友程序」，讓人彼此分享私密內心世界。（原文還討論了性別〔異性或同性配對〕、自我認同〔根據艾瑞克森[5]的發展理論〕、個性內外向〔根據榮格的理論〕等變項對人際親密感發展的影響，很值得參考。原文連結

4　LQ 指的是 Love Quotient，戀愛情商。

5　Erik Erikson (1959). *Identity and the Life Cycle*. New York: International Universities Press.

可在文末的註解中找到。）

曼蒂·蘭·卡朗的文章標題如此吸睛，果然在短時間讓點擊率爆表，所有人見到她都問：「你們還在一起嗎？」

經過一番思考，她意識到：她（以及所有吃瓜群眾）最在意的，其實不是「**這方法是否能讓人陷入戀情？**」，而是「**用這方法陷入的戀情是否能持續？甚至永續！**」她還意識到在她的上一段戀情（顯然沒能修成正果）她並沒有因此更瞭解自己，也沒更瞭解在一段關係中她真正想要什麼？又願意付出／犧牲到什麼程度？

於是她學聰明。當全世界都關注、追問她這個問題時，她決定小心保護這段才開始六個月的感情，堅決不公佈任何合照，甚至拒絕上全國電視網受訪。直到二年半後（二〇一七年六月二十三日）她悄悄發表了另一篇文章「想永浴愛河？那就先簽字吧！」（To Stay in Love, Sign on the Dotted Line）。喔耶！他們仍然在一起！這一次，她在文章中分享她和伴侶如何小心努力維繫這段關係。

她的「人體實驗」是一份很值得參考的教材。她和我們許多人一樣憧憬愛情，在前一段戀情中經歷過**虐心**的情緒雲霄飛車，以為那就是真愛必須有的經歷；她參考心理學家的研究設計，自己實驗與一個朋友開始一段戀情，結果真的成功在一起；在全世界關注下，她很快意識到「**相愛容易相處難**」，進入戀情不等於能維持這段戀情，而且「如何陷入戀情」其實是相對簡單的部份，只花了一次酒吧約會；比較難的是如何維持下去，而且在過程中搞清楚在一段親密關係中，自己真正需要什麼？願意給對方什麼？遇到困難如何處理？何時決定停損離開？如果心中開始浮現不確定要不要繼續？如何繼續？後來她會定期和男友討論、並在電腦中白紙黑字寫下彼此的「關係合約」，這是她維持這段感情的獨特妙法。

她提議，與其被形容戀情的各種負面詞彙隱喻給綁架促發（記得「被重擊」〔smitten〕嗎？），不如把伴侶關係視為合作一件藝術作品（Love is a collaborative work of art），需要二人共同投入努力、妥協、耐性及共同目標。既然是一種美感經驗，它自然無法預測、充滿創意、需要溝通與紀律、可能會遭遇挫敗、同時要求投入情感，是一種既痛苦又享受，獨一無二的人間體驗。

她在她的第二場 TED Talk 結束前，這樣總結她的心得：

> 並不是愛情降臨我們（happen to us），是我們選擇是否開始一段戀情，然後在接下來的日子不斷重新做出選擇，而且不知道對方的選擇是否和我們一樣。
>
> 我得到的是一個機會，去選擇愛一個人，然後希望他也選擇愛我。這令人感到害怕，但愛就是這麼一回事。

無論她現在是否仍與馬克在一起，我相信都已經讓她在伴侶關係這件事上，學到豐富又實用的智慧。**當然希望他們還在一起啦，這是我們伴侶諮商師的小私心：「願有情人終成眷**

屬」。

曼蒂・蘭・卡朗的原文如下（網頁上皆可連結簡體中文版）[6]。她在 TED 上有二場演講簡述事件過程及她對愛情的反思，連結如下（搜尋主題關鍵字也會跳出連結）[7]。

阿瑟・亞倫的三十六個問題如下[8]：

第一階段

1. 如果你可以選擇任何人來當你的晚餐嘉賓，你會選擇誰？
2. 你希望自己出名嗎？希望自己以什麼方式出名？
3. 在打電話之前，你是否曾經預演過自己要說什麼？為什麼？
4. 對於你來說，一個「完美」的一天必須具備什麼元素？
5. 你上一次唱歌給自己聽是什麼時候？上一次唱給別人聽呢？
6. 如果你能夠活到九十歲，而你能選擇保有三十歲的身體或三十歲的心靈活力，你會選擇保有哪個？

---

6 第一篇「想與任何對象陷入愛河？這樣做就對了！」（To Fall in Love With Anyone, Do This）（2015/1/9）https://www.nytimes.com/2015/01/11/style/modern-love-to-fall-in-love-with-anyone-do-this.html
第二篇「想永浴愛河？那就先簽字吧！」（To Stay in Love, Sign on the Dotted Line）（2017/6/23）https://www.nytimes.com/2017/06/23/style/modern-love-to-stay-in-love-sign-on-the-dotted-line-36-questions.html

7 Falling in love is the easy part by Mandy Len Catron, On TEDxChapmanU, August 2015
https://www.ted.com/talks/mandy_len_catron_falling_in_love_is_the_easy_part
A better way to talk about love by Mandy Len Catron, On TEDxSFU, November 2015
https://www.ted.com/talks/mandy_len_catron_a_better_way_to_talk_about_love

8 中譯採自【女人迷】，連結：http://womany.net/read/article/6618。2015/1/21 刊登。

7. 你對於自己將如何死去，是否曾有過神秘的預感？
8. 說出三個你和你對面這位先生／女士的共同點。
9. 在人生中，你最感激的事情是什麼？
10. 如果你能改變你成長過程中的任何一件事，你會想改變什麼？
11. 花四分鐘時間告訴對面這位夥伴你的人生故事，越詳細越好。
12. 如果你明天一早醒來，你可以增加一個技能或能力，你希望是什麼？

第二階段

1. 如果有一個水晶球可以告訴你關於你的所有事、你的人生或你的未來，你最想知道什麼是？
2. 有沒有什麼事情是你夢寐以求想做的？為何你沒有做這件事？
3. 你人生最大的成就是什麼？
4. 在友情中，你最重視的事情是什麼？
5. 你人生中最珍惜的是哪一段回憶？
6. 你人生中最糟糕的是哪一段回憶？
7. 如果你知道一年後你會死掉，你會想改變現在你的生活方式嗎？為什麼？
8. 友情對於你的意義是什麼？
9. 愛情以及喜歡在你人生中扮演著什麼樣的角色？
10. 輪流分享你面前的夥伴五個正向特質。

11. 你們的家庭關係如何？你會覺得自己比其他家庭的孩子更幸福嗎？
12. 你覺得自己與媽媽的關係如何？

第三階段

1. 造三個以「我們」開頭的句子。例如「我們都在這個房間裡感到⋯⋯」
2. 完成以下這個句子：「我希望有人能與我共享⋯⋯」
3. 若你將和你面前的夥伴成為親密的朋友，請跟他分享身為親密朋友該知道的事。
4. 誠實地告訴你面前的夥伴，你喜歡他的地方（誠實到你覺得甚至不可能跟初次見面的人說這些話）。
5. 和夥伴分享你人生中最尷尬的片刻。
6. 你上一次在別人面前哭泣是什麼時候？還是你通常自己一個人哭泣？
7. 告訴你的夥伴，你已經開始喜歡他的某些特質。
8. 對於你而言，哪些事情開不得玩笑？
9. 如果你今晚就會死去，死去前沒有機會再與任何人溝通，你會最後悔沒和誰說什麼話？為什麼這些話你來不及早跟他說？
10. 你的房子著火了，裡頭有所有你愛的東西，但你只有幾分鐘的時間可以救出一個東西，你會選擇救什麼？
11. 家族裡的所有成員哪個人死去，你會最傷心？為什麼？
12. 分享一個你的私人困擾，並請你的夥伴給你一些建議。

接著問問他對於你的私人困擾的看法。

（三十六個問題之後，安靜的彼此對視四分鐘。）[9]

參考文獻

利翠珊（1997）。婚姻中親密關係的形成與發展。《中華心理衛生學刊》，10(4)，101-128。

Andy Andrews (2010)。中文版：《種子》（*The Noticer: Sometimes, all a person needs is a little perspective.*），高寶。

Aron, A., Melinat, E., Aron, E.N., Vallone, R.D., Bator, R.J. (1997). The Experimental Generation of Interpersonal Closeness: A Procedure and Some Preliminary Findings. *Personality and Social Psychology Bulletin, 23*(4):363-377. doi:10.1177/0146167297234003

Danny Yee (1999). A book review on *Love and Limerence: The Experience of Being in Love* by Dorothy Tennov. Scarbo-rough House, From http://dannyreviews.com/h/Love_Limerence.html.

Dorothy Tennov (1979; 1987). *Love and Limerence: The Experience of Being in Love. Scarborough House Publishers. New York: Stein and Day.* (Chelsea, MI: Scarborough House Publishers.)

Gary Chapman（1998）。中文版：《愛之語：兩性溝通的雙贏策略》（增訂版 2021）（*The Five Love Languages: How to Express*

9　阿瑟・亞倫（Arthur Aron, 1997）研究的全文連結：https://journals.sagepub.com/doi/pdf/10.1177/0146167297234003 或搜尋 The Experimental Generation of Interpersonal Closeness: A Procedure and Some Preliminary Findings。

Heartfelt Commitment to Your Mate）。中國主日學協會出版。

John M. Gottman (1999). *The Marriage Clinic: A Scientifically Based Marital Therapy*. NY: Norton Professional Books.

Gottman, John; Joan Declaire (2001)。中文版：《關係療癒：建立良好家庭、友誼、情感五步驟》（*The Relationship Cure: A Five-Step Guide for Building Better Connections with Family, Friends, and Lovers*），張老師。

Marazziti, D., Akiskal, H.S., Rossi, A., Cassano, G.B. (1999). Alteration of the platelet serotonin transporter in romantic love. *Psychological Medicine, 29*(3), 741-745. https://doi.org/10.1017/S0033291798007946

Snowdon, David (2002). *Aging With Grace: The Nun Study and the Science of Old Age: How We Can All Live Longer, Healthier and More Vital Lives*. Fourth Estate.

第三章

伴侶諮商師須具備的六項專業能力

伴侶諮商是一門專業，須接受相關訓練才能勝任

一般民眾可以天真地以為諮商就是在冷氣房裡聽人說說話，伴侶諮商則是多一個人在場的群聊，但如果心理專業人員也這樣想，就不只是無知的問題，而且還很危險。就像沒有任何訓練就貿然帶客人下海潛水，萬一發生意外不但要處理善後，面對法律責任，可能還會為自己與案主留下陰影，懊惱一輩子。如果從沒想到過會發生意外，或內心悄悄認為自己應該不會發生意外，正是缺乏訓練、天真單純的指標。

在台灣，一個醫師取得醫師執照後，還需要取得專科醫師執照，才能在特定科別服務。以精神科為例，根據衛福部二〇二二年公告的辦法（衛部醫字第 1111669113 號公告），一位醫師需在精神科專科醫師訓練醫院完成四年以上的精神科臨床訓練，才能申請考試，經筆試、口試二關通過後，才能以精神科醫師的身份行醫。

一位擅長與兒童工作的心理師（可能在校園服務）與一位擅長處理成人憂鬱症的心理師（可能在醫院或診所工作），兩人的氣場差異肉眼可見，其慣用的理論、擅長的技巧、甚至說話風格、親切感程度，都有明顯差別。同樣的，一個習慣與個人工作的心理師，可能會很不習慣伴侶諮商特有的節奏，可能也不擅於處理伴侶諮商

中才會出現的各種挑戰。

台灣的心理師尚無專科制度，透過立法調整制度通常曠日廢時，而心理師法從提案到公佈實施只花了約二十年。我們樂見有朝一日制度更完善，但在那一天來臨前，如果任憑專業能力良莠不齊的心理師，任意宣稱自己能從事伴侶諮商，恐怕遲早要在媒體上看到同行鬧出醜聞，還會損毀心理諮商的整體社會信譽，損害的代價遠超過一位無良心理師可以承擔善後的責任範圍。

因此本書主張伴侶諮商是一門專業，擁有證照的心理師必須接受額外相關訓練才能勝任，否則貿然接伴侶案並不符合專業倫理。根據實務經驗，本書提出伴侶諮商師至少必須具備以下六種核心能力，並非想提出一個絕對、權威的標準，而是給伴侶諮商學習者、教學者、督導者一套參考根據，讀者可以視自己需要增刪使用，也歡迎有興趣的學者進行研究加以檢驗。本章將簡要瀏覽這六種能力，後續再逐一專章討論每種能力的內涵及具體操作方法。

伴侶諮商師須具備的六項專業能力：

1. 評估伴侶關係的問題與狀態
2. 邀請另一半出席諮商
3. 處理衝突與修補關係
4. 強化伴侶間的感情牽繫
5. 維持長期穩定關係
6. 理解並能處理原生家庭經驗對伴侶關係的影響

能力一、評估伴侶關係的問題與狀態

伴侶諮商師必備的第一項能力是知道如何評估伴侶關係，這個評估包含兩個層面。第一是評估伴侶前來尋求協助時提出的困擾，其背後的問題本質，也就是真正需要處理、可以處理的問題。例如伴侶經常填寫的主訴問題是「溝通」，但這個描述沒有提供任何對諮商工作有用的訊息，需要深入探問瞭解後，確認一個可以處理的焦點；或者伴侶其中一方想離婚，深究發現其實內心尚未真正做決定，離婚只是他能想到立即解脫痛苦的手段。這個想法自然是一廂情願，而且一紙法律文書停止不了婚姻未決之問題所造成的傷口繼續流血流膿，不相信的人可以看一下社會版綜藝新聞。切割只是把傷口關在地下室鎖上門，假裝聽不見、聞不到門後不時傳來的陣陣咆嘯與惡臭。

最受歡迎的假議題可能是「**個性問題**」。伴侶抱怨彼此個性差異太大，個性不合。訓練有素的伴侶諮商師這時心裡會翻白眼想「所以呢？」，表情努力維持和顏悅色地向伴侶解釋：「全世界『每一對』（語氣加重）伴侶個性都不一樣，有人幸福美滿有人離婚，所以個性不同顯然不是問題……」

伴侶對問題嚴重性的判斷也經常與諮商師不一致。有的伴侶認定配偶是「大亞斯[1]」，一輩子不可能學會同理心。諮商師可以告訴這些挫折的伴侶：「無論是不是亞斯，都可以學會經營幸福婚姻，如果被同理對待對你很重要，配偶是否願意學、你是否願意教

1　通常未經任何醫學診斷，純屬個人出於挫敗感而將配偶汙名化，可謂心理學大眾化的副作用。

他才是最關鍵的問題，『亞斯』不是婚姻的絕症！」

相反的，有些伴侶則低估了問題的破壞力。婆媳問題中的老公經常認定老婆太敏感、情緒太激烈，一味建議老婆忍耐、不要跟老人家計較。伴侶諮商師仔細詢問過太太的症狀後，可以正色對先生說：「你聽過『創傷反應』嗎？就是你也不想反應激烈但你根本控制不了自己；你會很不喜歡變成這樣的自己、也很痛苦。你太太已經出現創傷反應，你叫她忍耐只會加重她的傷口，對癒合沒有幫助！」這時先生可能會愣住，一旁的太太則從默默流淚到突然崩潰大哭。

所以要評估的第一個層面是問題的本質與嚴重程度，第二個層面是去評估伴侶的關係狀態：過去經營得如何、基礎是否穩固、受到問題破壞的程度、目前關係如何。這牽涉到對預後的判斷，讓伴侶知道他們的房子在地震後損害程度如何、有沒有傷到結構，如果結構受損怎麼修補？大概需要付出多大心力修補？這樣可以讓伴侶心裡有數，如果同意動工修補，比較不會中途放棄、中輟治療。

要評估以上二個層面，伴侶諮商師需要有參照標準，如：好的關係有哪些成分、幸福滿意的伴侶關係如何運作，對照下才能評估眼前這段伴侶的狀態是哪裡出問題、從哪裡開工，工序要先從哪裡開始才有效率。英文有句諺語：「沒壞的不要亂修！」意思是本來沒事的被你手賤亂搞後可能反而不能用了。本書第四章會介紹一個「**莊園模型**」，並說明如何在諮商歷程中根據模型評估伴侶關係。伴侶諮商師當然也可以運用自己熟悉的理論模型進行評估。

評估一般在初談時進行，於初談結束前，諮商師要用白話向伴侶說明自己的評估；需要處理、可以處理的問題為何；關係受損程度、從哪裡開始修補，並提出一個大致的工作計畫。接著，與求助伴侶核對是否同意這個評估，讓伴侶決定是否開工進行諮商。這個評估與確認過程就像口頭簽定一份工作合約，可以大幅增加諮商透明度，減少日後產生誤會；還可以增進伴侶投入治療的程度，提升治療成功率。這個評估與工作藍圖應該寫入紀錄，讓後續的晤談方向有連續性，除非發現新線索決定修正方向。

如果求助問題比較複雜，例如已經糾纏多年，需要不只一次晤談進行評估的案例，可以在初談結束前說明諮商師的初步印象，徵求伴侶同意多進行幾次晤談後，再提供評估報告與簽訂諮商合約。伴侶通常都會接受，甚至更願意信任這位諮商師，因為工作過程很透明。

隨著會談進展，一定會陸續出土新訊息、新線索，伴侶諮商師對問題的評估與工作計畫當然可以滾動式修正，調整工作方向或方法。但請記得要隨時與該案伴侶分享、討論，以確認伴侶同意修正的方向，讓伴侶能及時跟上諮商師的步伐。

某些心理師定義「諮商是一種陪伴」，對於諮商工作正式開始前進行評估心存抗拒，抱著初談只是走個形式、記錄只是應付督考的心態。這些心理師經常無法清楚交代諮商目標或工作過程，因而排斥評估的必要性、排斥認真寫記錄。如果你是資深心理師，且偏好已經定型，只要治療看得到成效，案主願意買單，旁人也不好再說什麼。如果你是伴侶諮商初學者，希望你不是因為缺乏概念化能力，而拿抗拒評估當遮羞布。心存抗拒只會惡化概念化能力，導致長期案演變成無目標漫談、短期案治療成效不顯著，這樣既不符合專業倫理，更不利專業生涯長遠發展，最後只好拼命斜槓補貼收入。

能力二、邀請另一半出席諮商

伴侶諮商師第二項必備能力是知道如何邀請另一半出席諮商。多數諮商起始於伴侶其中一人來預約求助，也許是比較痛苦的那一方，或是比較害怕失去配偶的一方。在一個提供伴侶諮商服務的機構，於接洽安排諮商過程中或初談評估時（每個機構行政處理流程不同），需要判斷案情的問題本質是否屬於關係議題，如果是比較適合伴侶諮商形式的案例，就會建議伴侶同時出席諮商，因為這會是最省錢省時有效率的作法。[2]

接下來就有可能遇到各種奇葩反應。有的當事人很為難，表示很難將配偶帶進諮商室，有的乾脆堅持配偶不可能願意出席；有的自己不想配偶一起來，想和心理師單獨見面暢所欲言，如果配偶在場很多話就不方便說。各種抗拒反應五花八門，本書第五章會一一探討背後的意義，協助伴侶諮商師學會區分「講法」、「藉口」、「理由」以及真正的「原因」，釐清真正的抗拒原因才能找到解方。有真功夫的伴侶諮商師不會被那些瞎藉口輕易糊弄過去，知道如何見招拆招，成功讓伴侶一起走進諮商室。

有些當事人很快就順利地把配偶帶來，但有些案例邀請的難度確實比較大。因為最後鼓起勇氣前來求助的伴侶，要不衝突得正激烈，要不已經陷入冷戰長期不和，因此要打破僵局邀請對方一起來諮商，確實不容易。心理師可以和前來求助的當事人先開始工作，討論配偶不願來的真正原因，以及如何邀請能讓對方願意出席，即

---

2 有些機構不提供伴侶諮商，因此接到疑似伴侶關係議題時，應該建議另尋其他合適機構或協助轉介，才符合倫理原則。不過考量商業經營現實，實務上會不會捨不得把上門的客人主動轉走，恐怕值得商榷。

使花個幾次晤談也值得，因為一旦配偶出席，諮商的進展就不可同日而語。

即使一時之間難以達成，例如配偶不在國內，或正在接受密集醫療體力不支，都不要輕言放棄，甚至可以靈活運用通訊科技輔助，讓一方出席、另一方透過視訊線上參與，這些都比放棄伴侶改為個別諮商成效顯著。講到底，能否堅持伴侶同時出席會談，與諮商師有多相信伴侶諮商的信念有關。

部份菜雞心理師把案主的抗拒當藉口，宣稱是案主沒準備好、不願意，不想勉強案主，尊重案主云云，深究起來多半是自己沒準備好。如果心理師確認自己有能力邀，必要時能邀得成功，在這個前提下，當然可以靈活安排諮商架構，有時單獨見其中一方，有時進行雙人會談。

只是要小心案主千方百計堅持和你約個別諮商，然後在個諮中爆猛料、拉同盟、搞情勒，要求你絕不可將他的祕密透露給配偶。如果被這樣設計，諮商師就很難在伴侶面前維持平衡，等於被人銬上鐵鍊去開刀，後果可想而知。

即使案主並非刻意設計你，只是享受個諮「暢所欲言」的爽感，也要謹慎切勿輕易答應，以免破壞諮商平衡。在伴侶諮商中維持平衡立場極為關鍵，只要有一方感到諮商師不公平，很容易危及諮商架構，導致流失[3]。即使諮商師心中並無偏袒，其中的一方都可能因各種因素感受不公，更何況公然私聊。即使配偶答應也不可大意，有時是配偶一時不察回家卻愈想愈不對；有時為了公平起見兩人分別都安排個諮時間，結果像兩列愈駛愈遠的火車，搞得諮商

3　指案主未通知而缺席／停止諮商，英文稱 premature dropout。

師像腳踏二船，腿愈劈愈開難以收場。究竟何時堅持不私見其中一方、何時通融，必須根據個案判斷，難有通則，但有經驗的伴侶諮商師必然謹慎處理之。

能力三、處理衝突與修補關係

如果「評估伴侶關係」、「邀請另一半出席」是開工前的準備，「處理現場衝突」就是伴侶諮商過程中無可避免的挑戰，也是許多新手的心魔。正常人沒人喜歡看一對伴侶在你面前吵到翻桌，這時你的心跳血壓也會隨著吵架伴侶的生理狀態狂飆起伏，這是很正常的本能反應，但不是受過訓練的專業反應。如果你一遇到伴侶吵架就僵住或胡言亂語，就很難發揮治療師的功能。當一對伴侶在諮商師面前起衝突時，正是他們最需要諮商師出手協助的時刻，因此，面對衝突時能冷靜處理絕對是伴侶諮商師的必備能力。

新手伴侶諮商師容易和稀泥、忙著當和事佬，也害怕衝突升高，且喜歡請其中一方先離開諮商室。問題是伴侶就是談不攏才來尋求協助，他們在家裡自己講不出口，或者只要一講就一發不可收拾，無法自己善後，因此才來諮商，如果諮商師只是讓伴侶在諮商室暫時不起衝突，對於修復關係沒有任何益處，只是曝露諮商師耐受不住自己的焦慮。

衝突時人經常會豁出去，大量揭露內心真實想法，如果諮商師能分辨哪些是珍貴訊息，及時加以承接、處理，就有機會化危機為轉機，促成伴侶關係改善的啟動。如果能這樣想，就會把衝突視為珍貴的機會而非災難。心態穩了，身心狀態就穩了一半，面對衝突時就比較能發揮出能力。

在面對伴侶衝突時，有許多事情要關注。要能及時看見、看懂伴侶如何互相傷害，也就是所謂的破壞性互動模式；還要能拿出足夠的力道來停止伴侶繼續互相傷害，如果只是軟趴趴的指出現場互動模式，很可能會像狗吠火車一般被火車輾過去；還要能隨時關注房間裡三個人的身心狀態，及時進行調節避免「脫窗」（生理過度激發或過低激發），尤其是諮商師自己的狀態，因為一旦諮商師脫窗就會腦袋一片空白，什麼也聽不見、說不出；一旦伴侶任一方脫窗了，任何介入也都不會有作用。如果能兼顧以上面向，就有機會引導伴侶發展出新的、建設性的對話，朝向關係修補邁進。

挑戰在於：吵架時，晤談節奏很快、張力一秒升高，諮商師原本會做的事也可能手忙腳亂做不出來。因此諮商師能隨時覺察自己的身心狀態，及時穩定自己就特別重要。自我覺察與及時有效調節是多年鍛鍊的成果，不是可以臨時抱佛腳、一蹴可及的技巧，就像職業運動員平時必須持續鍛鍊體能，遇到重要比賽時才能發揮最佳表現。

本書第六章會討論更多處理衝突的具體作法。根據過去多年培訓經驗，我們敢很有信心地說，這是可以訓練出來的一種能力，也是伴侶諮商師應該具備的能力。

能力四、強化伴侶間的感情牽繫

諮商室裡見到的伴侶，通常處在他們的人生低潮，因此呈現給諮商師的往往是伴侶最不堪的一面。但在生活裡的其他面向，他們很可能還有好的一面，如果諮商師不知道如何讓伴侶好的一面浮現出來，有可能誤判關係的狀態，低估了關係的韌性。即使看似吵得不可開交的伴侶，如果過去關係基礎夠穩固，只要能找到關鍵施力點，有可能可以很快讓二人恢復笑臉相迎。

相反的，如果一對伴侶過去累積了多年恩怨，每次都未妥善處理不了了之，即使目前看似風平浪靜，只要哪天遇到一個小小意外，其中一方可能突然爆發或決心離婚，讓另一方震驚傻眼。就像地震過後，有些房子安然無恙，有些則突然原地倒塌。

因此伴侶諮商師必須像建築結構技師一樣，有能力勘查房屋的結構基礎、判斷其耐震度，並評估目前發生的事件對房屋的損害程度，才能知道如何協助求助伴侶修補其損害，盡快恢復二人日常生活功能。

這個伴侶關係的結構基礎，也就是兩人的情感聯繫的狀態與品質，本書稱為「牽繫」。本書根據臨床經驗整合了多個理論，提出「多層次牽繫理論」做為框架，讓伴侶諮商師進行關係評估與強化工程時，有所根據。

以房屋模型來比喻伴侶關係，「多層次牽繫理論」這個框架考量「梁柱」、「家具」、「裝潢」等不同面向。針對關係的不同面向，諮商師可以運用不同的策略與技術來協助伴侶強化關係，詳見本書第七章。

就像汽車不用等到爆胎故障才拖去送修，可駕駛每五千公里就主動進場保養，確保車況順利、減少意外。伴侶關係當然也可以進行預防性保養，增進伴侶間的情感牽繫，本書稱為「感情增溫會談」，這是一套經過研究確認的諮商程序，具體方法請見第七章。

能力五、維持長期穩定關係

伴侶關係隨著時間開展會呈現極為不同的樣貌，彷彿有自己的生命週期。熱戀期、初婚期、十年夫妻、二十年以上的夫妻，其關係的本質、維繫關係的條件，以及容易面臨的挑戰，在每個階段都不太一樣。熱戀期天雷地火的伴侶不一定能撐到結為夫妻，結了婚的夫妻不一定能撐到「銀婚[4]」週年紀念，結婚多年沒離婚的夫妻也不代表幸福美滿！

然而婚姻中有些風景，只有撐到一定的年份才得以品嚐，就像好酒，愈陳愈香愈值錢。只是撐得久還不夠，好的婚姻像是冬暖夏涼、節能省電的老房子，住起來舒服自在，讓人珍惜絕不輕易換房，更不允許任何人破壞。

年輕的心理師如果自己婚齡尚淺，以翻譯教科書為參照標準，很容易看不懂年長伴侶的關係模式，誤以為他們的關係問題重重，不解整天拌嘴吵鬧的夫妻為何堅持不離婚？「互相漏氣求進步」又是怎樣一種關係維繫模式？

本書第八章探討長期且令人滿意的穩定關係能帶給伴侶什麼好處，以及成功跨過二十年彩帶線的夫妻都配備些什麼條件。心理師若熟悉維持長期穩定關係的祕訣，不但可以協助求助伴侶珍惜關係並願意努力維繫，對自己的婚姻生活也會有直接可見的益處，可謂利人利己。

能力六、理解並能處理原生家庭經驗對伴侶關係的影響

拜心理學大眾化之效，「原生家庭」如今成為大眾琅琅上口的流行語。諮商中經常聽到案主將自己的不幸歸因於被家人搞砸，伴侶諮商中則常聽到案主將配偶的問題歸咎於對方的家庭有問題，而陷入無力改變的迷思。

伴侶諮商師需要熟悉各種關係議題究竟如何代代相傳，並有能

4　銀婚指結婚二十五週年。

力辨識其中可調整的因素，才能協助伴侶打破代間循環、重塑伴侶關係。

為了讓讀者對伴侶關係中代間傳遞的議題有比較全面的認識，本書第九章針對現有相關研究成果進行了一次盡可能完整的主題回顧，共收集到七十一篇中英文獻進行梳理，並根據其內容分為：婚姻模式的直接代間傳遞（父母婚姻對子女婚姻有影響的直接證據）、父母婚姻影響子女其他層面的發展、婚姻模式代間傳遞的過程因素，也就是伴侶諮商師可以工作的施力點等幾個面向加以闡述，希望可以破除一些迷思、確認一些事實，讓伴侶諮商師在處理原生家庭議題時，能有學理參考依據，更有信心。

針對實務應用，第九章將說明如何在伴侶諮商中應用成人依附經驗訪談（Adult Attachment Interview, AAI）這個工具，來處理原生家庭相關議題對伴侶關係的影響。

其他進階能力

以上六項能力是本書提出伴侶諮商師必須具備的基本能力，當諮商師具備這六種能力時，在面對臨床上各種伴侶案時比較能勝任愉快，不至於整天想轉行。除了上述六種能力，當然還有許多其他可配備的專業能力，例如辨識本地伴侶維繫關係的獨特文化信念或習俗、善於運用自己作為促發治療性轉化的媒介、諮商師自己的身心狀態調節能力等等。隨著經驗累積與熟練度提升，這些能力可以讓伴侶諮商師在工作上更能得心應手。

掌握這些能力包含理解與熟練這兩個層面。本書作為引介，將逐章說明伴侶諮商師需要理解的內容，但愈有實務經驗的學習者會對這些內容有愈深刻的體會，運用上愈能得心應手、臨機應變；學習過程還需要有經驗的督導，以便學習者在學習卡關、迷惘時，適時協助他們突破盲點與瓶頸，逐步成為能勝任的伴侶諮商師，造福苦海中浮沉的伴侶們。

換言之，以本書作為教材或教學架構，搭配體驗性的培訓方法及接案與督導的時數要求，才能培育出能勝任的伴侶諮商師。反言之，如果只有閱讀或聽課，不太可能培育出合格的伴侶諮商師。

社會大眾對諮商服務的信任取決於每一次晤談的體驗與口耳相傳的口碑，而諮商服務品質的關鍵在於心理師的能力程度，心理師的能力則取決於培訓方法，包含教材內容、師資程度與課程設計。如果希望心理諮商這門專業能基業長青，務必要加強培訓的效能，而本書致力成為有效培訓方法的基石。

第四章

如何評估伴侶關係？

對號入座，還是對症下藥？

當伴侶間出現持續衝突或危機，比較痛苦的一方必然會開始尋求解方。關於婚姻或愛情，網路上各種建議氾濫成災，其中有些還暗藏陷阱，專門誘騙心慌意亂、六神無主的浮沉男女。白花冤枉錢事小[1]，有時甚至陷入恐怖陷阱，身心反而更加受創。

有些人會開始找書看、填問卷，根據網路心理測驗來診斷自己的關係面臨什麼問題、該怎麼解決。這種 DIY 解決關係困境的人，往往容易「**對號入座**」，覺得自己很符合某種類型，然後參考其建議解方。最後的成效自然可想而知：最好的結果是白忙一場，當作消遣娛樂；如果過度認真想硬套，搞不好還會激怒伴侶、讓關係惡化，不見療效卻先出現副作用。例如，有些伴侶會說是對方「原生家庭」有問題，希望對方去接受個人治療，認為對方把自己整理好婚姻才有希望，這種想法就算有幾分正確也會先引起對方反感導致關係惡化；有些人認為自己被父母搞砸了，所以總是超沒安全感，這種歸因也只是增加仇恨值，對解決伴侶問題幫助有限。

---

1 消災解厄系商品經常漫天喊價，費用驚人！而且往往利用當事人無助心理，連續推銷、愈賣愈貴，把消費者當盤子坑。

相對於自行對號入座，另一種處理策略可稱為「**對症下藥**」：找一位專業的伴侶諮商師，釐清真正問題為何、討論有哪些處理選項可以選擇，然後與諮商師一起商量、決定如何處理。例如幾乎每一對伴侶都抱怨他們的問題是「溝通問題」、「個性不合」，這兩種問題歸因可以說沒有透露任何可供評估的線索，等於什麼都沒講，也解決不了任何問題。與其自己亂找原因、亂下藥，不如找專業的評估一下，最後付出的費用與時間心力絕對比自己亂折騰來的省！

對伴侶諮商師來說，評估一對伴侶的關係困境就像是在開工前先搞清楚狀況、擬定工作方向與初步計畫後，再根據計畫施工。施工當中必然會發現沒預料到的情況，再隨時修正即可。但如果沒有方向就開工，就像出發旅遊卻不知道要去哪，只能碰運氣、不可能有效率，也不好意思宣稱自己提供的是專業服務。諮商過程若只有陪伴、傾聽，並無法真正解決當事人的痛苦、也無法贏得同行的尊敬。更麻煩的是，埋頭工作一段時間後，抬起頭來愕然發現蓋出一棟歪七扭八的房子，管線也沒預埋、動線也不對，要拆掉重蓋耗時費工，要如何和業主交待！作為心理師，最頭痛就是遇到被前一任心理師搞得烏煙瘴氣的案主，跑來要我們收拾善後。

評估需要參照對象，也就是健康的關係如何運作；也需要經驗，知道問題通常容易在哪出現。換言之，評估需要根據理論，但理論有限而伴侶關係千百種，還需要其他能力來辨識問題所在。經驗有助於對問題敏感，但經驗也容易形成先入為主的判斷，導致諮商師的評估與當事人經驗現象有落差，反而阻礙評估效能。所以評估需要理論參照、需要經驗累積外，還需要輕巧貼近當事人經驗狀態的能力、需要真功夫，無法只靠耍嘴皮子過關。

這一章說明如何評估一對伴侶的關係狀態，以便擬定工作方向與計畫。如果您不是助人專業人員，建議您不需要浪費時間往下讀；如果您的伴侶關係出現困難，建議找個可以信任的心理師幫忙你進行評估與處理，沒必要生病了還自己去考醫學系啃生理學，讀完再解決問題，並不符合時間效益成本。但如果你是心理師，打算與伴侶工作，這一章是伴侶諮商的基礎，請務必精熟。

伴侶諮商師必讀！以約翰．高曼理論為基礎的伴侶工作模型

二十多年前伴侶諮商理論還是百家爭鳴狀態，每家似乎都有點道理，但每家的內容卻南轅北轍，令學習者無所適從。伴侶關係確實錯綜複雜，不難理解為何各家各派會從不同角度探討關係議題、採取截然不同的策略與手段來協助伴侶。如果你去書店搜尋，也會發現各種汗牛充棟的書籍，有著奇奇妙妙書名、各種背景的作者對婚姻都有話說。

然後出現一位叫約翰．高曼（John M. Gottman）[2]的學者，對當時（九〇年代）婚姻諮商的低成功率、高復發率看不下去，決定出來整頓一下江湖。他先針對許多廣泛流傳的婚姻迷思，進行一番回顧檢討（其中精華已整理在本書第二章），然後自己進行了一系列研究，根據研究後的證據尋找可以維持婚姻幸福的方法。研究中，他在大學校園裡蓋了一棟渡假小屋，裡面裝滿攝影機，然後邀請志願伴侶來小屋渡週末。透過攝影機，他全程紀錄伴侶互動，並

2　高曼與其心理師妻子朱莉（Julia Gottman）疫情前每年在全球各地定期舉辦工作坊訓練伴侶諮商師。

在入住前後對每對伴侶施測各種婚姻評量問卷，之後在收集到的海量資訊中尋找與婚姻幸福有關的線索。最後，透過三段各十五分鐘的夫妻對話錄影，以及由錄影而收集到雙方在對話過程的生理狀態起伏，高曼的研究團隊可以成功預測一對夫妻數年後是否離婚，準確率高達百分之九十三（Gottman & Levenson，2000）。這一系列研究堪稱婚姻研究經典，有興趣的讀者請見本章末專欄說明。

高曼的研究成果讓助人專業人員與社會大眾驚覺，原來經營伴侶關係可以參考科學，不是只能靠祖母口耳傳承、鄰居道聽塗說。根據其研究成果，高曼提出了一個伴侶關係模型，將原本支離破碎的江湖知識整合出一個架構。後來我以他的模型為本，逐步建立了一個自己的伴侶工作模型。

接下來，本章為了向大師致敬，會先介紹高曼模型，然後再說明我們的工作模型。並不是要宣佈一套標準正確作法，只是希望幫你省點統整時間。如果你與伴侶工作，你遲早需要一套自己熟悉的模型，工作起來才順手。但在你讀遍所有相關理論、累積足夠臨床經驗、摸清自己個性偏好之前，可以參考高曼或我們的模型，這樣進諮商室會更踏實。

健全關係樓房模型

高曼（1999）把伴侶關係看成一棟七層樓房，稱為健全的關係樓房模型（The Sound Relationship House Model）由「信任」與「承諾」為支撐梁柱，隱喻經營伴侶關係就像由下往上蓋一棟房子，蓋得紮實房子自然穩固耐久，如果某些樓層沒蓋好或者遭到破壞，房子就有坍塌的風險。每層樓的成份由下而上依序是（見下圖）：

圖 4-1　健全關係樓房模型

（圖像參考 The Gottman Institute 網頁，連結：https://www.gottman.com/blog/what-is-the-sound-relationship-house/）

1. 愛的地圖：你對伴侶生活喜好細節的熟悉程度；
2. 彼此的欣賞與愛慕：包括一體感，及情緒銀行存款；
3. 朝向彼此，而非轉頭走開：每次對話、每個舉動讓二人愈來愈齊心，還是愈來愈寒心；
4. 正向觀點：對彼此的知覺是正面居多，還是負面居多（如「豬隊友」）；
5. 如何處理衝突：包括願意接受對方影響、能對話討論問題、能安撫自己情緒；
6. 實現生活夢想：完成共同的目標，或協助彼此達成夢想；

7. 創造共同意義感：在關係中提煉出專屬於二人的意義，像是獨有的小儀式或默契等等。

樓房隱喻簡單易懂有畫面，不但可作為評估伴侶關係時心理師心中的參考架構，也可以對伴侶說明，指出他們的房子哪一層樓有漏水待修補、哪些樓層保養得不錯值得按讚。

衝突中的伴侶往往被爭執的硝煙沖昏頭，忘記其實整棟房子大部分是好好的，甚至會意氣用事，被一扇會漏雨的窗戶氣到整棟房子都不要了！初談評估就像建築師將整棟房子仔細打量後，告訴屋主哪裡需要修繕、大概需要多少錢、工程預計要進行多久、多大規模，如果屋主同意才開工。如果諮商師只是每週幫伴侶滅火處理情緒，回家繼續爭吵，很難有成效。

伴侶關係評估：莊園模型

接下來說明本書提出之伴侶關係評估模型，稱為莊園模型（the mansion model for assessment of couple relationship），乃根據高曼與其他理論、伴侶諮商實務經驗加上個人體悟組建而成。它是一個開放系統，必要時隨時可以加外掛，例如對嚴重外遇伴侶案可以加上創傷工作原則。

伴侶之屋：三層樓房

伴侶諮商師有時像消防隊員，隨時要準備衝進火場救火，太複雜的理論框架像是過重的包袱，揹著過重包袱進出火場很容易腿軟。為了在概念上更簡潔易掌握，我把高曼的七層樓房簡化為三層透天厝，如下圖。

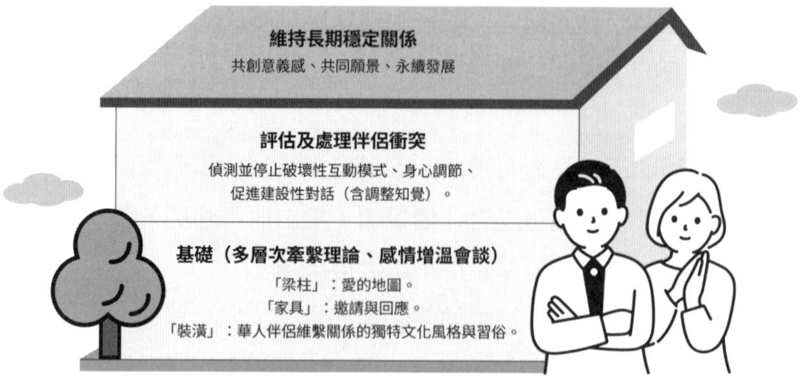

圖 4-2　伴侶關係評估莊園模型中的三層樓房

二樓：評估及處理伴侶衝突

伴侶前來尋求諮商時，無論是熱吵或冷戰，往往呈現二樓失火的狀態。這時伴侶諮商師必須快速評估失火範圍與損傷程度，找出起火點，提供初步防護讓火勢至少不會蔓延得更大；進一步查看，通常會發現伴侶各有自己的習慣，容易導致擦搶走火或不易滅火，需要幫助他們學習更有效的彼此相處與自我照顧方式；再來要協助伴侶學習新的溝通方式，透過建設性對話來互相幫助，齊力修補關係。

換言之，作為在諮商中評估伴侶關係的參考架構，這棟有三層樓房的「伴侶之屋」，諮商師從外面走進去通常先進到「二樓」。「一樓」在地下室，從「二樓」往上爬一層則會到「三樓」。新手諮商師容易被伴侶的長篇抱怨與情緒張力卡在二樓，忘記去勘查其他樓層的屋況再決定如何開工，或者不知如何從二樓戰火脫身。

伴侶諮商師在二樓的工作可分為三個方面：**偵測並停止破壞性互動模式、身心調節、促進建設性對話**。具體內容與工作方法將在

第五章詳細說明，以下僅簡要說明如何運用這個框架對伴侶關係進行評估。對伴侶關係現況的評估不但在初談中應該進行，以決定工作目標；在後續的諮商過程中也隨時可以檢視伴侶關係狀態，以確認諮商是否有進展、有成效。

● **偵測並停止破壞性互動模式**

對許多伴侶而言，初談就等同他們的第一次伴侶諮商，他們多半並不知道伴侶諮商是什麼？如何進行？需要提供什麼資訊？因此諮商師適當提供一點引導與說明，對於聚焦會很有幫助，也才能確保在有限的初談時間內收集到評估所需的必要資訊，並阻止伴侶立刻開始長篇抱怨經年累積的恩怨故事。

有經驗的伴侶諮商師可以從有限的抱怨故事內容，聽出伴侶間的「破壞性互動模式」，即彼此做的、讓情況更糟的傻事，儘管多半出於善意。例如先生為了避免衝突導致關係更緊張而逃避溝通；或太太為了克服關係緊張而拼命追問先生。兩種方法都讓關係愈來愈緊張，當事人卻停不下來。

這些互動通常會持續重複出現，諮商師可以在後續揭露的不同事件故事中，重複確認這個模式，深入探討它如何造成或加重伴侶關係目前的困難，甚至能在諮商現場觀察到這些模式出現，協助伴侶意識到並及時做出調整；但在初談評估時，只需要發現、指出這些破壞性互動模式，讓伴侶願意把停止舊模式、找到新的建設性互動方式作為諮商努力的目標即可。

● **身心調節**

伴侶諮商往往比親子諮商更具挑戰性，因為吵起架來張力上升速度很快，幾句話內雙方就變得超激動。因此處理衝突必須同時協助伴侶進行身心調節，避免讓伴侶太激動、說氣話、出大絕招（「不然就離婚啊！」），或太冷漠、太絕望、想放棄（「累了！算了！」）。諮商師必須能在現場及時有效調降伴侶雙方的情緒，讓他們能好好對話；同時也必須能及時調節好自己的身心狀態，避免嚇傻當機，才能冷靜應對衝突場面。記得：**先調節再對話**，否則再怎麼對話都很難有建設性結果，甚至會放大傷害。身心調節是一門大學問，第五章會有更具體的說明。

會來諮商的伴侶都累積了不少恩怨，初談時一開口就可能陷入「脫窗」狀態，諮商師必須謹慎以對，及時出手調節，否則會讓伴侶嚇到，不願再來諮商，以為來諮商就要經歷這種互揭傷疤的痛苦。如果伴侶其中一方在初談時就陷入激動得停不下來或解離狀態，諮商師要立刻停止初談任務，優先處理創傷止血工作。對伴侶諮商師而言，創傷工作不需要請另一半離場，可以在伴侶面前處理，除非伴侶堅持[3]。

衝突中的伴侶需要學習對自己以及另一半的身心狀態更敏感，遇到壓力時能及時切斷或避開刺激源，及時啟動調節；還要能學會適時讓身邊人，例如伴侶知道自己狀況不對勁，才能邀請對方協助調節，或至少停止造成刺激；他們需要學會對對方有效的調節方法，才能發揮效果。以上都是初談時可以與伴侶討論，納入諮商工作目標的要點。如果伴侶能學會互相協助調節，讓自己與伴侶的狀態逐漸改善，會對這段關係更有信心，也會對諮商更有信心而更投

3　但堅持的理由也必須討論檢視。有些理由只是出於當事人直覺，對療癒沒有助益，此時諮商師會建議伴侶試試雙人諮商，並說明一方缺席的副作用及代價。

入。

● 促進建設性對話

伴侶諮商的任務，就是協助伴侶好好對話，進而增進理解與體諒，並學習新的、建設性的互動方式，以減輕痛苦增進感情。如果伴侶對彼此有扭曲的知覺，以及直接將伴侶間的問題判死刑，伴侶之間的對話自然很難達成好結果，最多也只是一頓情緒發洩與彼此傷害。因此諮商師必須揪出伴侶對問題的悲觀負面歸因，例如「**對方不會改變**」、「**婚姻沒有希望**」、「**當初不應該和他結婚**」、「**我不適合婚姻**」等；以較正面的歸因來重新定義他們之間的問題，如「**對方用他的方式努力了很久，卻不是你想要的，挫敗之餘就逐漸放棄努力。如果他能學會你想要的方式，我不知道他會不會願意再嘗試看看**」，也就是給出可努力的方向與施力點，並用新角度與方式來理解伴侶之間的問題。

來諮商的伴侶因為累積了不少怨氣與怒氣，對對方的看法與感受經常偏負面，無論對方做什麼都容易看不順眼，只記得對方的負面行為，對於對方的正面行為視而不見或視為理所當然。諮商師要注意伴侶對彼此的知覺扭曲，並於諮商現場引導良性對話，反映出他們目前對彼此的優點或關係的良好基礎視而不見，以刷新對彼此的知覺，才能啟動關係修復或落實關係修復的成果。也就是說，伴侶諮商師需要具備 X 光眼，看到伴侶目前暫時看不到的線索，來重新評估們的關係還有沒有救，以及需要處理的真正問題在哪裡。

要讓一對怨偶能好好對話當然是一項挑戰，需要諮商師具備很多技術能力，本書第六章會進一步介紹相關技巧。在初談階段，讓伴侶相信好好對話是一個可以達成的目標，且雙方都願意承諾朝這個目標努力，就是一個好的開始。

一樓：伴侶關係的地基

儘管前來求助的伴侶呈現的多是硝煙瀰漫的二樓，有經驗的伴侶諮商師一定會先勘查一對伴侶關係的基礎如何，評估二樓的火勢與一樓房屋結構的關係，不然在二樓救火救到一半一樓突然塌陷，會讓諮商師不知該先救火還是先重建一樓梁柱，疲於奔命狼狽不堪。

一對擁有堅固一樓的伴侶，即使二樓目前火勢貌似嚴重，其關係能修復的機會（即預後〔prognosis〕），會比一樓年久失修、搖搖欲墜的一對伴侶，來得更樂觀。對預後進行評估，讓伴侶諮商師對於即將面臨的挑戰程度以及可能所需的時程，有個大致的估計，心裡比較有底；在向伴侶說明諮商工作計畫時，也會比較有說服力。

針對如何評估一對伴侶的關係基礎，本書提出「多層次牽繫理論」作為理論框架，讓伴侶諮商師容易掌握進行評估時應注意的重點，包含靜態層面（可視為「梁柱」）、動態層面（「家具」，維持關係日常功能的現有配置）、以及文化層面（「裝潢」，即華人伴侶維繫關係的獨特風格與習俗）。具體內容及如何進行評估，請見本書第七章專章說明。

在處理伴侶衝突過程中，有時無可避免需要同時去補強關係基礎，以支撐伴侶有意願繼續投入心力修復關係創傷。這個部份本書稱為「感情增溫」。當關係基礎逐漸穩固，伴侶爭執的強度與內涵自然會開始轉化，處理起來也就事半功倍，因此本書的莊園模型同時包含一樓與二樓，也就是在兼顧評估、處理伴侶衝突與穩固好伴侶基礎。相關研究成果也支持這樣兼顧的作法。

感情增溫是趙文滔、許皓宜（2012）提出，後經一系列研究釐清其內涵並確認其成效的一套諮商程序，目的是協助伴侶找回、深化、或修復關係上的牽繫。與傳統伴侶諮商不同的是，對象可以是任何伴侶，不需要等關係出現困難才進行修補，因此可用來為伴侶關係進行保養與健檢。感情增溫程序也可針對已出現困難、來尋求諮商的伴侶，並與特定諮商介入搭配，進行「動手術與補氣血並行」的伴侶諮商。研究已證實這樣的作法對真實臨床案例能產生療效（蔡芳晏，2020）。感情增溫會談的具體作法，詳見第六章。

三樓：維持長期穩定關係

如果一對伴侶能把一二樓經營得穩當，才有餘力思考如何走得長遠，走得平穩，走得愈來愈覺得幸福，因而絕不輕易放棄，也不願讓關係受到傷害。一段長期穩定的關係，能帶給伴侶很多福利，包含幸福感與健康，絕對值得努力。具體有哪些福利請見本書第八章，本章重點在於如何評估伴侶關係之屋的三樓屋況。

本書主張，伴侶關係之屋的三樓至少包含三個面向：「**共享意義感**」、「**共同願景**」及「**永續發展**」，每個面向的完整性及強韌度都能提高伴侶維持一段長期且穩定關係的機率。

「共享意義感」是許多幸福伴侶的特徵，他們逐漸發展出一套屬於兩人的獨特共享意義系統，可以是共享價值觀（承諾一定要彼此溫柔相待、經營一個溫暖的家），甚至可以是共患難經驗（照顧特殊需求小孩、拚事業），在時間過程中，二人信念逐漸磨合淬鍊，形成一個意義共同體，而幸福感的基礎正是意義感。

伴侶間自創的各種小儀式有助於建立共享意義感，像是某一首

「我們的歌」、一個特殊景點、一個節日、一個信物等等，可形成兩人間共同回憶與專屬默契；儀式則可包括：出門儀式（親吻）、用餐儀式（堅持上飯桌吃）、睡前儀式（分享一天）、安撫儀式（當一方心情不好時）、和好儀式（衝突後）等。這些儀式看似微不足道，但如果能堅持下去，時間效應會發揮滴水穿石的驚人效果，而且往往比大動作、戲劇性表達（公開下跪求婚）更有助於關係維繫，也就是說，在經營長期關係上，日常小小心意的「累加效應」其實優於大動作驚喜的「煙火效應」。

意義感來自過去經驗積累與提煉，願景則是如何展望未來。二人是否望向同一方向，願意朝向共同目標攜手努力，並在努力過程中培養出革命情感。常見的共同願景有：生養小孩、存錢買房、克服生命挑戰（破產、生病）。

在這裡伴侶容易遇到的困難是，每個人總是各自帶著期待進入一段關係，如果對方沒有達成、滿足自己的期待，就會不滿、失望、痛苦。問題是自己通常都會認定那些要求乃理所當然，往往沒意識到對對方帶著期望，也無法清楚表達自己的需要，或是因各種原因難以開口表達需要。這裡會需要諮商師幫忙協助伴侶釐清自己的隱性期待、向伴侶表達這些期待，同時聆聽伴侶的為難，並透過反覆對話達成雙方都能接受的協議。這樣的對話自然充滿挑戰，具體進行過程請參考本書第八章說明。

如果將關係視為一個莊園，長期經營還有一個祕訣，就是環保永續。經營成本越低，越可能走得長遠；維修成本越高，即使外表光鮮亮麗，遲早也要破產清算拍賣房子。如果房子設計得能像環保屋頂，有效遮風避雨保護伴侶關係度過困境，還能讓屋子冬暖夏涼、節電省錢，白頭偕老的機會自然就提高。伴侶關係如何能設計成環保永續，請見本書第八章的討論。

莊園外的景觀

院子（文化景觀）

讀過聖經的人都知道房子蓋在沙地上與蓋在磐石上的分別，伴侶關係這棟房子也是，蓋在哪裡有差別。一對台北頂客夫妻（雙薪無子女），和一對中南部、與公婆及大家族親戚同住（每天開飯坐滿二個大圓桌）、在家族企業工廠一起工作的夫妻，同樣是試圖維護一棟樓房，但是房子外面的環境不同，維修起來的挑戰也截然不同。這裡我們看到西方伴侶關係理論和華人理論關注的差異：雖然精神分析一直主張一對伴侶的床上躺了六個人（加上雙方父母），但華人夫妻會真的住在父母／公婆家隔壁，每天回父母／公婆家吃晚餐。高曼的模型完全專注在夫妻二人之間，完全沒考慮房子的環境風水問題。

一座莊園在主體建築之外通常還有院子，院子裡有園藝景觀，這些景觀與在地文化息息相關。英國院子裡常有一個樹迷宮，讓穿公主裙的少女與英俊紳士在迷宮裡玩躲貓貓；日本院子裡會有一個精緻、線條層次分明的枯山水禪花園，每天有專人整理，讓人看了賞心悅目；美國房子正前方會有個圓形噴泉，讓敞篷車繞著圓形噴泉耍酷；那台灣莊園的院子裡，會有什麼東西？

在台灣莊園的院子裡，經常可以見到「踏步石」，就是鋪在草坪上不規則形石片，每片踏步石代表一種「文化動力元素」，就是會影響台灣伴侶關係的文化性因素，像是婆媳關係、性別信念、傳統性—現代性信念、對浪漫愛的信念等等。這些文化元素像房子地基下的土壤成分，直接影響房子的穩固程度與維修成本。文化是另一項高曼模型沒提到的東西，但顯然對華人伴侶影響至深。如果你還想到其他會影響伴侶的文化動力元素，可以自行加到院子裡，成為你評估本地伴侶關係的參考架構。

颱風地震（外部壓力）

這棟房子還會受到外部因素侵擾，像是颱風地震不定期來襲，考驗房子的堅固程度。這些婚姻外部因素有些無法事先預料，例如外遇誘惑、遠距婚姻、家人疾病殘疾、債務、疫情等；也有些可以預料，隨著婚姻發展階段遲早會出現，像是生養子女、照顧年邁父母、面對親人過世等等。這些外部壓力會大量耗損伴侶心力而損傷關係，應付得不好甚至會導致婚姻出現危機，因此必須在評估伴侶關係時納入考慮。

綜言之，本書的模型包含一棟三層樓房（二人關係）＋院子（文化）＋颱風地震（外部壓力），如下圖：

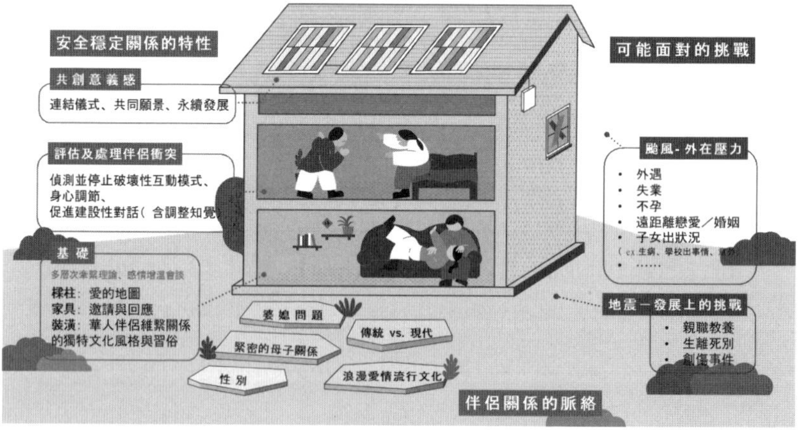

圖 4-3　伴侶關係評估莊園模型

評估風險：可能破壞伴侶諮商進展的因素

「颱風地震」等外部因素不但會影響伴侶關係，也會干擾伴侶諮商順利進行，因此在初談評估階段若能盡早發現才能及時處理，避免讓諮商工作事倍功半。根據經驗，如果在不知情下傻傻開案開始進行諮商，效果往往極為有限，徒增專業人員挫敗感，還會減損專業信譽，讓人詬病諮商無效。

常見的干擾因素有：**婚姻暴力、進行中的官司、伴侶其中一方患病**（例如重度憂鬱、癌症）、**特殊需求子女**（須長期額外照顧，例如身心障礙、罕見疾病）、**婆媳／家族爭紛**。長期來說這些因素都會深深影響伴侶關係，但其中每項因素都牽涉到相關專業，無法在本章展開討論，建議伴侶諮商師務必尋求相關訓練，在初談時才能對這些因素保持敏感；在諮商行政上，可以在預約表單中設計可讓案主勾選的欄位，讓初談人員提高警覺主動詢問。

發現這些因素時，理想的情況是取得案伴侶雙方同意，讓諮商師和其他涉案專業人員聯繫討論以協同合作，例如心理師可以和社工、醫師或醫療社工、法院心輔員等人合作，避免各行其是導致互相扯後腿。如果能具體向案主說明為何要聯繫其他專業人員（合作的益處與不合作的缺點）、將與對方分享哪些資訊、不可以和誰分享哪些資訊，一般來說，明理的案主沒有理由反對跨專業間的系統合作。根據我們的經驗，最大障礙主要來自心理師沒有習慣向案主主動說明這些做法，因為國內心理師養成訓練尚缺乏這一環（令人遺憾）。

舉例來說，當伴侶之間存在暴力（進行式，或有暴力史但目前已停止），在諮商中可能會讓其中一方不敢表達自己真正意見，或是在伴侶諮商中揭露的內容卻成為回家後伴侶衝突的素材。因此諮商師務必進行暴力風險評估，確認雙方都願意進行伴侶諮商，且暴力已受到妥善處理（接受治療中、定期報到中），同時在伴侶諮商期間承諾努力阻止暴力發生，萬一發生衝突時也要有一套事先討論好的因應機制（雙方都有責任採取行動化解危機），如此可以及時化解張力避免暴力發生。

部份家暴社工可能主張，在家暴情況下應停止任何伴侶諮商，採雙方分別進行個別諮商的處遇方式。從暫時降低暴力事件發生率來看這樣做也許合理，但這樣卻無可避免會導致雙方誤解愈來愈深，其關係將傾向朝離婚方向發展。然而對某些伴侶而言，這並非他們想要的結果，卻被強制介入的助人系統半推半就帶往這個結局（Mills，2004）。

以伴侶諮商的觀點來看，暴力行為是關係挫敗的結果，就像身體發燒是發炎感染的結果症狀，不是需要消滅的病因，只消滅症狀有治標不治本之嫌。家暴種類很多，風險各異，並非每一對家暴伴侶都是高風險案例，因此本書主張對每一例伴侶進行評估，並在管理風險的前提下，制定更符合案伴侶需要的處遇計畫。

初談任務：評估問題所在，形成工作聚焦，達成共識

綜合本章前述內容，有經驗的諮商師會在伴侶求助諮商的第一次（或頭幾次）完成對伴侶議題及伴侶目前關係狀態的評估，並將評估與伴侶核對，徵得同意；再根據評估聚焦出處理目標，可能包含近、中、遠期等優先序不同的階段目標，然後與伴侶達成共識，才正式開始進行伴侶諮商。這樣將評估與工作目標透明化的好處是，讓伴侶二人和諮商師一樣清楚要努力的方向，才不會陷入諮商

師暗中拖著案主前進的窘境；在諮商歷程中萬一其中一方陷入情緒性反彈、出現暴走反應時，諮商師也可以提醒他大家當初講好的共識目標，讓當事人可以比較容易恢復冷靜，進入工作狀態。

這項工作的挑戰在於，必須在有限時間收集到足夠的關鍵資訊，即時組織出條理（每件事之間的邏輯關係），並提出可以緩解伴侶痛苦的具體工作方向建議。這項評估通常會包含伴侶之間的習慣性互動模式如何導致目前僵局，有些心理師不進行初談直接開始諮商，我們尊重不同的工作習慣，但想強調初談的好處。初談像是動工前先與業主一起盤點屋況、估價、估工期，讓業主做好心理準備，開工後能積極投入參與合作，否則邊開工邊與業主討價還價、甚至拔河會很累，而且畢竟要在人家家裡施工，難免要挪家具、揚灰塵，搞得人家家裡烏煙瘴氣（諮商期間情緒起伏幅度可能加大），事先講清楚比較能把無可避免的干擾降至最低，也降低誤會與被客訴的機會。

初談還有另一個好處。案主長久累積了一肚子苦水，遇到諮商師可能一發不可收拾，急著交待所有細節。讓案主知道初談與正式諮商有區別，可以緩和案主噴資訊的衝動，讓諮商師有機會先飛越整片森林，俯視地貌與重要地景，日後進入森林探險時比較有方向感，較不容易迷路。一次開箱太多資訊卻無法妥善處理，就像手術切口過大無法一次縫合，讓案主帶著切口熬到下一次諮商，導致許多案主被嚇到而自行中斷諮商，因為後座力太大、太痛苦！

有經驗的諮商師在初談評估中就能辨識出伴侶間破壞性的互動模式。這些互動模式通常已被伴侶習以為常，但一經指出立刻能幫助伴侶知道要努力的方向，即停止破壞性互動習慣。諮商師也可以在初談評估中反映他／她在勘察屋況時注意到的伴侶關係優點，讓伴侶對他們的關係更有信心，也對伴侶諮商抱持希望、更願意投入。

初談評估可以在伴侶其中一方出席時進行，再討論如何邀請另一半加入會談；也可以在另一半加入會談後再更新評估，調整諮商目標，因為另一半必然會帶進新資訊、新觀點，所以更新評估與目標、重新達成三方共識相當重要，否則一不小心就會陷入一種新手常犯的錯誤：和其中一方（假設先來求助的是妻子）一起要求另一方（先生）調整改變。這種服務單方的「伴侶諮商」勢必不會成功，另一方必會感到被二人聯手夾攻而中輟諮商。我們的經驗告訴我們，菜鳥諮商師通常渾然不覺自己已經選邊站，覺得妻子要求十分合理。

初談結束前，最好能將收集到的資訊組織整理，形成對伴侶問題的初步判斷與評估，再提出諮商目標及解決方法或策略上的建議，解方可以分階段、分步驟，目標也細分成數個子目標。最後務必記得詢問伴侶對諮商師的評估與解方建議的看法，如果伴侶同意諮商師的判斷與建議，而且願意投入改變，代表雙方已對諮商目標達成共識，下一次就可以正式開始伴侶諮商。

當然評估總是會和真實施工有落差，實務上評估是隨著諮商進展滾動修正的：隨著會談開展，重要資訊陸續出土，我們對情況的判斷自然也會隨之調整，但事後會修正不該成為不進行初談評估的藉口。另一個阻礙初談評估的原因可能是能力不足：要能在諮商前幾次有限時間內，收集到必要資訊，進而協商出伴侶雙方都能接受的諮商目標、提供看法及分析的角度，與初步工作計畫，並以案主能理解的語言說明工作目標與計畫，都需要專業能力。本章目標即在協助您培養這項能力。

伴侶關係評估範例：找出共同諮商目標

筱慧走進諮商室，後面跟著一個穿休閒褲的男人，他在離心理師與太太最遠的椅子坐下，姿勢有點僵硬，表情像是不知所措。心理師對筱慧點了一下頭，對男人自我介紹，向他說明太太已經來談過一次，然後問他「你太太怎樣和你說，今天要來做什麼？」志宏說太太說要來溝通，他承認兩人在家裡已經很久沒講話了，接著講了一段他的不滿與無力。筱慧在一旁靜靜地聽，臉上沒有任何表情。

志宏說爭執時他習慣離開現場讓自己冷靜下來、讓事情不會變更糟，他相信家人間的不愉快只要不去刺激惡化它，都會過去。他認為衝突的原因都已經過去了，他現在也比較有心力好好處理與太太的關係。不過筱慧認為先生的個性不會改變，現在她對婚姻已不再抱任何期望，只希望打破目前尷尬僵局，兩人能做普通朋友。筱慧強調她對先生已經沒有恨，只是沒有意願再維繫這段婚姻。

心理師在心裡想：這二人目前對這段婚姻的目標一分一合，沒有交集，需要進一步找出交集作為雙人諮商的基礎。心理師問筱慧：「**為何那麼確定先生不會變？何時開始放棄這段關係？**」她舉例了幾件事，先生的做法傷透她的心；志宏則急著解釋他當時的考慮，又說他也多次被太太拒絕，但他都自己設法平復心情。筱慧說她半年前「內心已經離婚」，目前狀況已到她能忍受的臨界，她知道自己隨時會崩潰。

心理師對志宏說「**你很努力向太太解釋，問題沒有她想得**

那麼嚴重，希望幫忙她化解情緒，但你有沒有發現，你愈解釋你太太愈生氣，因為會讓她覺得你沒聽懂她想表達的重點，這樣的溝通模式長久下來讓她很挫敗，想放棄。你看到嗎？」志宏再強調自己一直努力克服情緒，讓自己停留在衝突前的狀態靜待轉機，但太太的情緒卻愈來愈大。心理師提醒他「**如果你繼續努力解釋，你太太會繼續感到挫敗，想放棄這段婚姻！**」這句話讓志宏陷入沉思。心理師再給他一個思考的方向「**如果你真想幫你太太，就必須學會用她能接受的方式，來幫她克服這些難關。**」

心理師問筱慧有沒有聽過先生說的這些，她說事情都聽過，但今天聽到一些不同的內容；她聽到更多先生的內心想法、原來那封簡訊是他在釋出善意等等。心理師對筱慧說「**過去他努力用他的辦法維繫關係，但卻逐漸讓你心死；你太痛苦了，也開始關上心門，結果他修復的努力也進不去你的心、妳收到他的簡訊但沒收到他想表達的善意。無論未來你們要離婚還是要繼續，妳想不想要有一個機會，把這段時間彼此沒能說清楚、聽懂的話，好好說清楚，然後你們倆才能好好討論，並對這段婚姻的未來，做出一個不會後悔的決定？**」

筱慧點頭說她願意。

志宏也立刻說他願意。這時他的表情比諮商開始時，明顯放鬆許多。

討論作業：初談中，身為伴侶諮商師的你會怎麼處理以下的狀況？

1. 伴侶其中一方不肯來諮商、對諮商抱持負面成見、甚至不允許另一方接受諮商。
2. 第一次會談前，伴侶要求單獨與心理師見面，因為「有些話不方便在對方面前說」；第二次會談前，其中一方提早抵達諮商室，要求和心理師先講幾句話，因為「有些事想讓心理師知道，幫助心理師掌握狀況」；會談結束後，一方離開諮商室後，但另一方刻意留下來和心理師講悄悄話，並叮囑「絕對不能讓另一方知道我告訴你這些事……」。
3. 會談進行到一半，其中一方堅持要求與心理師單獨談話，否則無法繼續進行會談，而且無法撐到下一次會談再說（隨即當場情緒崩潰）。
4. 一對伴侶宣稱他們雙方同意採「開放式關係」，並把第三者帶來，希望一起進行諮商。
5. 一位當事人要求進行諮商，表示她是某一對伴侶的外遇對象，希望與該對伴侶進行伴侶諮商的心理師進行諮商，以「幫助心理師瞭解實際狀況」。
6. 伴侶的其中一方私下寫信給他們的伴侶諮商師，告知他其實有外遇，但無法向太太坦承，因為知道他太太一定會承受不了崩潰，並告知他太太之前曾威脅並且有實際自傷、憂鬱症病史及住院紀錄。
7. 一位男士 A 在諮商初談時告知自己正在進行離婚官司，希望透過諮商整理自己；一週後諮商所接到一位聲稱是 A 妻子的女士，表示奉法院之命來預約「婚姻諮商」，但她只願意單獨見心理師不願見到丈夫。諮商所人員向她說明：A 男士來諮商時並未告知法院要求「婚姻諮商」，而因為該心理師已接受 A 男士委託提供諮商，無法再同時對正在離婚的對造方提供個別諮商服務。A 妻大怒控訴諮商所「連讓她說話的機會也不給！」並向法院告狀。法院心輔員來電瞭解狀況，說明確實是法官建議該夫婦來接受婚姻諮商，不解為何出現此結果。

8. 一對夫妻接受伴侶諮商七次後，第八次無原因突然未出現，之後從此不再聯繫諮商所。經工作人員主動去電瞭解原因，丈夫告知他們的離婚訴訟判決已確定，因此沒必要再來諮商，當初來諮商是他的律師建議，以向法官證明他確實有努力溝通的誠意。

關於伴侶諮商的相關研究：高曼的預測離婚經典系列研究

約翰・高曼與他的合作夥伴及研究團隊，自一九八〇年至二〇〇二年透過七項縱貫研究計畫，長期追蹤了六百七十七對伴侶的各項數據，其中最長的一組追蹤超過十五年，並陸續發表其研究成果。他們想用證據來釐清，究竟哪些因素真正讓婚姻破裂，哪些因素可以避免這個悲劇發生。

他們先透過回顧先前研究成果及既有理論，針對三個面向收集伴侶資料：1. 現場互動行為表現與其中情緒；2. 對自己與對對方的知覺；3. 生理指標。

針對互動，他們讓伴侶在研究室進行三輪各十五分鐘的對話，主題範圍分別是「一天發生的事」、「經常爭執的話題」、「愉快的話題」，對話過程全程錄影（含臉部特寫），同時測量二人的生理指數。

針對知覺，他們讓伴侶在不同時間點（新婚、四年後、小孩滿十四歲時）填寫婚姻滿意度問卷、對伴侶進行婚姻史訪談、讓伴侶看他們訪談錄影某些重要片段，問他們當時的感受與想法、並要他們去猜想伴侶當時的感受與想法。有趣的是另一個研究發現：當伴侶看影片時，其中一方他自己的生理數據變化和錄影時他伴侶的生理數據同步時，他猜對伴侶感受的機率比較高；如果他看影片時的生理數據變化和錄影當下他自己的生理數據同步時，他猜對伴侶感受的機率比較低。換言之，心跳與膚電同步性可以預測對伴侶的同理心！（Levenson & Ruef，1992）

針對生理指標，伴侶雙方的生理數據（自律神經、荷爾蒙、免疫反應）在三段對話前中後都被收集（心律與膚電全程監測，唾液與血液樣本事前／後收集），事後再與對話內容資訊搭配分析。

事後分析發現，無論是**對話前生理指標**（baseline physiology）、**對話中生理指標**、**對話中正面與負面情感的比例**（觀察者編碼後計算）、**對關係的看法**（從關係史訪談中分析出），都可以預測數年後伴侶的互動模式，而且一對伴侶維持與數年前同樣互動模式的機率高達八成。四種指標中預測力最好的是「**正／負面情感比例**」，而負面情感中「**輕蔑**」

（contempt，也就是瞧不起、不屑）是離婚伴侶最常出現的一種負面情感。

在另一項研究中，高曼和羅伯·利文森（Robert W. Levenson，2000）發現離婚高峰出現在二個階段：第一個階段是結婚三年到六年，預測力最強的指標是「**伴侶衝突中的負面情感**」；第二個階段是當第一胎子女十四歲以後，最強預測指標是在伴侶討論「一天發生的事」、「經常爭執的話題」時「**缺乏正面情感**」（愛、在乎、關心對方）。衝突中的負面情感對較長婚齡的伴侶不具預測離婚效果，討論「愉快的話題」也無法看出他們是否會離婚。

結合「正／負面情感比例」與生理狀態起伏激烈程度的兩項指標，高曼和利文森（2002）在另一篇研究將之稱為「正負面情感調節不良」（unregulated volatile positive and negative affect）。研究結果顯示，「正負面情感調節不良」能預測婚齡短夫妻的離婚，而「中性情感風格」（neutral affective style）則能預測長婚齡夫妻的離婚。

短婚齡離婚夫妻常容易出現吵架與爭鬥、爭辯（contesting），來回的互為攻防會很快讓張力昇高，讓雙方愈來愈激動，彼此都很痛苦、很絕望，不知該如何是好，於是開始想透過離婚來停止極度的痛苦。事實當然是很少夫妻能透過離婚就停止傷害與痛苦，而司法程序極可能先放大對彼此的傷害。

而長婚齡的離婚夫妻，在凱文·史貝西（Kevin Spacey）與安妮特·班寧（Annette Bening）主演的電影《美國心玫瑰情》（*American Beauty*）中呈現得淋漓盡致：夫妻二人間早已冷若冰霜，貌合神離，各自壓抑又無從排解內心的各種挫折與空虛，這樣的夫妻二人都十分寂寞。此時他們的青春期子女通常會無可避免的捲入父母冰冷表面下的張力，與父母的其中一方（通常是看似較脆弱、受害的一方）結盟對抗另一方。這樣被捲入父母婚姻不幸的子女，身心發展必然會受到很大影響，嚴重時可能出現各種行為與情緒症狀。

導致離婚的因素與性質完全不同，協助短婚齡及長婚齡夫妻的諮商工作焦點自然也不同。短婚齡伴侶的優先工作重點在緩和衝突（二樓），而長婚齡伴侶的工作重點則在一樓：必須先重啟情感交流，然後再處理必然隨之浮現的陳年衝突。

另外，今日能監測生理數據的設備（例如手錶或手環）愈來愈普及且價格合理，在伴侶諮商過程應用生理指標輔助治療，或參考生理數據研究諮商歷程的可能性愈來愈指日可待，值得勇於嘗試的治療人員與研究者深思。

參考文獻

Linda G. Mills (2004). *Insult to Injury: Rethinking Our Responses to Intimate Abuse Princeton University Press*.（繁體中文版：《錯的是我們，不是我：家暴的動力關係》，由商周二〇〇四年出版。）

Gottman, J. M. (1994). *What predicts divorce?* Hillsdale, NJ: Lawrence Erlbaum Associates.

第五章
邀請另一半出席諮商

也不是任何關係困難都非得二人同時出席諮商才能解決，也有心理師專長與其中一位當事人討論伴侶關係問題。不過對真正的伴侶諮商師來說，二人出席的工作效率遠大於一名案主狂抱怨配偶，因此協助求助者克服障礙、將另一半帶進諮商室，是必要且划算的一步，即使花幾次會談來討論如何邀都值得。

但新手伴侶諮商師經常對於是否邀請另一半出席感到猶豫或困難，尤其遇到求助的當事人拋出各種理由抗拒時，很難能見招拆招逐一化解。邀請另一半出席諮商是伴侶諮商的起手式，因此本章針對邀請時可能遇到的各種疑難雜症加以探討，希望幫助讀者跨過這道門檻，成為真正的伴侶諮商師。

「講法」、「藉口」vs.「理由」vs.「原因」

當事人宣稱伴侶不願出席、不能出席的講法琳瑯滿目，有些講法其實是藉口，掩蓋不便啟齒的真正理由；有些講法反映當事人內心存有偏見或糾結，但他自己是真心認定原因就是他講的那樣，因此講得理直氣壯，但如果諮商師犯傻真的相信，就會發現無論提出什麼解方都不會有效。因此諮商師必須從當事人的講法中詢問、探索、判斷，辨識出哪些是「**藉口**」（當事人自己心中另有答案但未透露）、哪些是「**理由**」（當事人真心以為的原因）、哪些才是真正的「**原因**」。檢驗真正原因的方法很簡單，就是對症下藥後一定會看到變化的證據，頂多時間或短或長，變化程度或明顯或細微（需要諮商師明察秋毫），如果百般嘗試仍不見效，很可能還沒戳到真正原因。

有些講法很扯很容易識破另有隱情，大部分諮商師都不會採信，自然會繼續探問下去；有些講法看似合情合理實則另有玄虛，尤其社經程度愈高、受邏輯訓練「毒害」愈深，講起話來貌似頭頭是道的當事人（例如大學教授、律師、大老闆），講法愈不易露出破綻，探問的難度也更高。

對伴侶諮商師來說，真正的原因大多數與伴侶間關係動力狀態有關。找出真正原因才能找到有效的施力點，撬開看似不可能的障礙，讓另一半走進諮商室。同樣的講法背後的動力可能完全不同，需要謹慎分辨。本書接下來將常見的幾種講法歸納出八大類原因，逐一說明每種原因的辨識方式，並提出化解之道的參考建議。伴侶關係錯綜複雜，本書提議的解方只是一種可能，絕非唯一正解，僅拋磚引玉提供參考。

配偶拒絕出席的七種理由

第一類、最常聽到一種講法是「忙」

「他在外地工作，很忙」、「老婆回娘家幫忙了，來不了」；

「要賺錢養家，沒時間過來」、「要顧店，人手不夠，走不開」；

「有重要會議／長輩在醫院需要照顧／要陪家人看病」；

「工作忙不好請假」。

對有經驗的伴侶諮商師來說，這個講法只算一個推託的藉口，沒有提供任何有助於邀請配偶的訊息。如果當事人真覺得情況嚴重，真有心解決問題，就算拄著拐杖也會出席；如果三心二意尚未下決心面對，必能找出一堆藉口。在各種推託藉口中，「忙」是最常聽到的一種講法，諮商師務必進一步探索真正原因，才能對症下藥。如果被一句「很忙」就堵死投降，就沒有伴侶諮商可做。

第二類、所謂「理由」追根究柢其實是「偏見」

對心理治療、對伴侶諮商、對「談個話還要收費」抱持成見，例如：

「他不相信諮商」、「他認為談了也沒用，解決不了問題」；

「就是花冤枉錢……談一次上千塊，這錢太好賺了吧！錢多沒地方花嗎？」；

「你看我不爽就直說，還要花錢找個人來看我們吵架嗎？回家吵不行嗎？」。

還有一種偏見是認為「有問題的人才需要見心理師」，認定問題不在他而在對方，來諮商等於承認自己有問題、有病：

「他認為問題主要出在我身上，跟他沒關係，我去諮商就好」、「你覺得有問題你去諮商，我沒問題！」、「有問題的人是他，只要他改變了，我們的婚姻問題就解決了，所以他去諮商就好」；

「家裡的事都歸她管，我們就是這樣分工的，沒管好是她的事」、「錢也賺回來了，外面的事也不用她操心，還要我怎樣？」；

「他覺得看心理醫生就是有病，他沒病，我才有病」。

遇到這樣的情況，可以指導當事人回去和配偶說：「**發生問題我確實應該承擔比較大責任**（這時配偶可能會睜大眼抬起頭來看著當事人，因為很久沒看過當事人態度軟化，承認自己有責任），**不過我需要你和我一起化解這個困境，沒你幫忙我一個人救不了這個婚姻**」；或者教當事人回去放大絕招「**的確是我比較痛苦，而且我真的快要撐不下去了，不是見心理師就是見律師，你自己選！**」。

克服偏見的工作原則是：讓配偶意識到真正重要的事，願意重新評估優先序，不被不重要的瑣事耽擱誤判，意氣用事，因小失大；避免說服對方諮商有效或他有問題，而陷入拔河。放大絕只適用在關係陷入僵局多年，積重難返的案例時，力道的輕重務必謹慎拿捏，切忌隨意用大砲亂轟。各位心理師請根據案主實際情況斟酌使用，切忌將以上作法複製貼上，本書教的是評估與對症下藥，不是賣公式、成藥。

讀者如果不是訓練有素的伴侶諮商師，請勿自作聰明回家對配偶放大絕，弄巧成拙可能會把關係弄得更僵、更難收拾，請先與你的心理師討論好對策才行動，因為每搞砸一次都會提高下次邀請的難度。與其搞砸了才急著找心理師救援（心理師在心裡翻白眼），不如早點找專家出手相助，幫自己省時省錢還提高勝率。

最常見的理由：隱藏在擔憂下的「怕」

第三類理由、「怕」

「怕」為當事人不敢或不想面對某種不愉快的後果，或者有些放不下的顧慮，而不敢去邀配偶，甚至不敢讓對方知道自己來求助心理諮商。經過整理我們發現「怕」是八大類理由中最常出現[1]、也是動力最複雜的一種情況，因此再細分為十種子型，以下根據情緒張力程度，也就是處理棘手程度排序，逐一加以說明。

最輕微的怕是「**怕麻煩**」，配偶可能認為都是些瑣碎的家務事，沒必要勞師動眾去諮商，不把問題當一回事。克服之道類似處理偏見，動之以情後再曉以大義或可改變想法。

其次是「**怕被責怪**」，因為深知配偶的反應一定不好所以不敢問，而配偶反對的理由因人而異，必須深入探討才能對症下藥。有一種情況是配偶自知理虧，例如外遇，想像去諮商會被圍剿而自己無力反駁，自然卻步。如果是這種情況，邀請者的態度與口吻很關鍵，讓配偶減少可能會被攻擊的擔憂，自然可以增加其求助意願，例如「我不是要在諮商中檢討控訴你，我是要請你幫忙我翻篇，因為現況對你我都太痛苦，而我一個人做不到」；如果是求助者怕配偶責罵，可探討責罵內容，分析配偶在意的點，然後對症下藥降低配偶會生氣的事發生的機率。

再來是「**怕吵架**」，如果關係已經緊張，任何溝通都有引發爭執的風險，這時的邀請必須更有技巧，貿然粗暴進行對話反而可能雪上加霜。伴侶諮商師要和求助者討論，才能知道如何能幫這對伴

1　在講法上出現頻率可能次於「忙」，但忙是藉口不是原因。

侶降低爭執風險，提高配偶出席意願；還要具體教（coaching）求助者怎麼講，甚至現場排練，如此一來，諮商師通常很快就會看出為何這對伴侶一講話就擦槍走火，然後幫求助者量身訂做一套邀請的講法，再與求助者核對配偶會有什麼反應。如果找到合適的講法通常求助者立刻會知道「嗯，這個他應該可以接受」，然後諮商師要鼓勵求助者回去嘗試。嘗試結果不成也無妨，可再回來與心理師一起檢討為何不成功，並討論如何換招再邀請。

「**怕對方崩潰**」：有些求助者擔憂配偶來討論敏感話題會崩潰。他們比心理師更瞭解配偶，而且長期面對、處理緊張關係，多半養成如履薄冰的謹慎態度，非常怕心理師粗手粗腳，打亂好不容易維持的暫時平靜。因此伴侶諮商師務必仔細瞭解來龍去脈，與求助者討論出一套能讓求助者安心的做法，再鼓勵求助者勇敢一試，因為「一直勉強維持表面平靜也不是辦法，已經令人筋疲力盡，快撐不下去了……」（通常講到這當事人就崩了……）。

「**怕穿幫**」：當事人不敢讓配偶知道某個祕密，深怕被揭穿關係也就完蛋了，即使痛苦不堪仍不敢讓配偶加入會談。這種兩難只能在與當事人充分討論後，鼓勵他做個抉擇。曾有丈夫外遇求復合的案例，丈夫已經把妻子哄得差不多了，但還是怕被心理師發現更多細節穿幫，所以找各種藉口反對諮商。如果知道了背後真正原因，無論結果是否能邀請成功，諮商師的心態都比較容易維持平靜。

「**怕丟臉**」：儘管每個人都怕名譽受損，但有些人的名譽會緊扣其他實際狀況，例如丟工作（政商高階主管）、毀人設（名人）、輸官司、損失財產等，成本確實比一般人高，當這些人遇到婚姻危機，難免更容易翻船。有一些倫理措施能某種程度緩解這種風險，例如提高保護隱私的手段，包括安排專屬會面場地與時段（不與其他案主共用空間）、到宅諮詢服務等，但是否願意跨出這一步還要看當事人的覺悟程度。

但不只高官名人怕丟臉，許多求助者堅持「家醜不外揚」不願求助專業；或者擔憂事情曝光可能影響同事親友觀感，但細究之下發現更多的是當事人自己內心小劇場，經常自行上演尚未發生任何具體造成損失的狀況，比較偏向「萬一別人知道了會怎麼看我」。處理內心小劇場和處理名人隱私原則完全不同，內心劇場屬於焦慮加偏見，可安頓焦慮後曉以大義，引導重新權衡輕重，再交由當事人自己選擇。如果只是一味提高服務流程的隱私程度，不會有任何幫助，因為真正原因不在此。

下面四種怕則屬於「**怕吃虧**」系列，理由各異。

「**怕再踩雷**」讓配偶心存餘悸不願再嘗試。因之前的諮商未能見效，或在會談中感覺被批評、被針對，使得諮商回去後反而吵更兇，甚至好幾天無法正常作息、各種情緒消化不良、後座力太大，這些經驗自然讓當事人不願再進入諮商。

遇到這種情況只好從長計議，找到其他切入點讓對方願意再嘗試，例如太痛苦已經忍受不了，那麼這次再找個比較厲害的心理師（當然比較貴）、為了孩子再試最後一次。如果配偶終於願意出席，諮商師務必要在第一次見面時卯足全力建立關係以留住配偶。這也再一次提醒我們，為何初談評估如此重要，想像一下如果你對於這對伴侶之前諮商的負面經驗一無所知，會談流失率會有多高，因為他們是帶著陰影看著你一言一行，對你犯錯踩雷的容忍度極低。

「**怕心理師偏袒**」。心理師不是機器，難免有自己情緒投射，無論多努力維持中立，有時難免讓其中一方覺得不公平，偏袒另一方，形成夾攻的局面。如果心理師不能及時發現、及時補救，流失只是遲早問題。如果配偶因為這個原因抗拒再度求助，心理師可以和求助者商量，看看上次的陰影發生在什麼議題上、什麼情況下，如何可以降低配偶再度感覺心理師偏袒。

「**怕被控制**」。有些伴侶已經演變成習慣性拔河，處處爭奪權力，關係時時處在緊繃狀態，像拔河中的繩子，看似靜止實則一觸即發。如果配偶覺得要他去諮商就是想控制、改變他，想找個比他厲害的人來壓他，他絕對不會去。如果配偶有這種擔憂，求助者卻無辜地說自己根本沒有想控制對方的意圖，這局就難解了，因為沒有一根繩子可以在只有一人拉的情況下維持緊繃。除非求助者能自覺，先退一步採取比較軟化的立場，這時一旦配偶感受到不同，自然對這個提出建議的伴侶諮商師稍有好感，後續才有得商量。

「**怕被騙**」是最慘的一種，就是其中一方用計把配偶騙來諮商，結果徹底搞砸修復關係的機會。曾有一個太太把先生騙來，到門口先生看到心理諮商招牌就開始罵太太被騙錢了，怒氣沖沖進會談室後，心理師試圖安撫，先生立刻反擊：「你憑什麼問我問題！我憑什麼要回答你！你不就是騙錢的嗎！」接著對太太吼「走！搞什麼！你這豬腦」罵完甩門出去，留下太太和心理師尷尬對視。

如果心理師發現求助者打算把配偶騙來，務必及時阻止他犯傻；如果有求助者懊惱承認上次騙過一次，現在配偶死不肯來諮商，直接告訴他「也許下輩子吧！」

第四類至第七類的理由

第四類理由是「**對配偶的僵固知覺**」，認定配偶一定不會來、不可能來，「他那個人很固執的」。在長期緊張關係中，伴侶對彼此看法負面並不令人意外，但這個主觀判斷不一定正確，可能還是有可以工作的空間，諮商師必須自己評估，不能輕易聽信求助者一面之詞。諮商師若抽絲剝繭探究來龍去脈，便有機會發現還能施力的點，即配偶會在意的點，進而想出可成功邀請的策略。

第五類的配偶需要維持「**控制感**」。這類人堅持要按自己方式處理問題，堅信自己的辦法可以解決問題，只是配偶不肯配合；他們堅持自己能解決，不需要別人幫忙，即使結果不斷打臉仍不服輸。有些配偶堅持以他要求的方式進行伴侶諮商，例如要求一定要由自己原本的個別諮商師來做伴侶諮商，否則免談；或者要求伴侶諮商師要用特定流程來進行會談，例如一定要聽完他按照順序長篇大論抱怨配偶，如果打斷就立刻抗議。這樣自然會增加伴侶諮商的難度，降低成功的機率。

高控制的人多半出於缺乏安全感，害怕被拋棄，可惜在伴侶關係中愈想控制必然讓配偶愈反感，反而很容易親手逼走配偶失去關係，形成自我預言實現的悲劇。不過高控制的焦慮不是一句「放下吧」就可以解決的問題，為了讓這樣的配偶可以順利進入諮商（才有機會幫他慢慢調整），邀請階段需要盡量尊重他的要求，在可以允許的範圍內盡量順著他的意，不能配合時充分說明苦衷，讓他能慢慢增加對伴侶諮商的安全感，提高對心理師的信任。

第六類的當事人會表示：「**雙方面對面無法說出真話，或者積怨太深一看到對方就火大，偏好單獨見心理師才能暢所欲言。**」他們會說：

「我在場他不願意說真話」、「他來我就不方便講了」；

「他在外人面前不會說真話」；

「我現在一看到他的嘴臉就噁心……我沒法和他坐在一起講話」。

問題是這種「暢所欲言」多半是想狠狠數落抱怨對方，對修復關係沒有任何幫助，只會加深隔閡；萬一運氣不佳，遇到一個外行心理師拼命同理傾聽當事人的抱怨，對比之下更突顯配偶其中一方沒心沒肺，讓修復關係的難度變得更高，因為抱怨的那方在心理師的「善解人意」（實則經驗不足）下，認定配偶是渣男婊女，自己遇人不淑。

希望單獨見心理師暢所欲言，可能還有另一個對心理諮商／治療的誤解：以為要充分抒發才有療效。一百多年前精神分析提出宣洩（catharsis）後風行了一陣子，但後續研究已證實單純情緒宣洩並無療效，甚至有反效果。然而至今仍有民眾抱持「心理治療就是讓情緒充分釋放」的錯誤信念，甚至依賴這種定期找專業人員「發洩」到成癮的程度，對心理健康其實是飲鴆止渴的效果。

求助的個案或許還沒搞不清狀況，但伴侶諮商師千萬不能犯傻。諮商師要先詢問當事人：「你比較想痛罵對方（然後離婚），還是想修復關係？」，讓個案能先思考自己真正需要的。

第七類「**心死放棄**」的求助者處於已經放棄配偶、放棄這段關係的狀態，對於改變不抱任何期待，不想再做任何努力，只想止損；甚至已經對人生意興闌珊，不再相信人性；或者經歷多次短暫好轉又故態復萌，折騰個幾次眼淚已經流乾，心態已經涼了；有些當事人轉而將情感投注在子女、工作、嗜好、外遇、宗教上，來見伴侶諮商師只是死馬當活馬醫，或是走個流程給親友一個交代而已。

如果確認真的是心已死，就沒什麼好談了，只能說來晚了，錯過可以修補的時機。當然心理師務必要再三確認，千萬別把活馬當死馬醫，活埋別人的婚姻。例如有一種「想離婚」，是因為太痛苦找不到解法，以為離婚是解脫的唯一出路，這種情況下只有「良性離婚」[2]帶來好結果，而非良性離婚不但不會停止痛苦，還會放大痛苦、損失財產並拖長凌遲時間。良性離婚的關鍵就是二人關係能處理到好聚好散，因為惡言相向的離婚是不可能停止痛苦的，只會失去合法咒罵對方的身分。

除了前面列舉的七類抗拒的理由／藉口，偶而還會聽到一些奇葩講法，例如：「我媽不讓我來……我聽我媽的」。諮商師只要不被這些瞎爆的藉口嚇傻，繼續探究不肯來的真正原因，應該可以找到能打開配偶心門的鑰匙，讓另一半願意出席諮商。至於對方是否願意出席第二次會談，就看第一次初談給他的感受了，如果忘記初談工作原則，可以回頭複習本書第四章。

2　「良性離婚」一詞引自康斯坦斯·阿倫斯（Constance Ahrons）著、陳星等人譯（1999 s）的《良性離婚》（*The Good Divorce*, 1994）。天衛文化。

表 5-1 邀請配偶出席時可能遇到的抗拒理由、講法、真正原因及化解原則

原因（關係動力）	理由／藉口	講法	化解原則
1. 不明	各種理由	「很忙，沒空過來。」	需探究真正原因
2. 偏見	2-1 諮商沒用、浪費錢	「諮商解決不了問題，談了也沒用，花冤枉錢。」	指出重點、重新評估優先序 動之以情 最後通牒（放大絕）
	2-2 見心理師＝有問題； 認定問題在對方不在他	他認為問題主要出在我身上，我去諮商就好； 「我沒病你才有病；只要你改變了我們家就和諧了。」	
3. 3a.怕面對某種後果	3-1 怕麻煩	他認為都是些瑣碎家務事，沒必要勞師動眾去諮商； 「你和老師說完了轉告我就行。」	動之以情曉以輕重大義
	3-2 怕被責怪、羞愧 不敢讓對方知道	他不知道我來諮商，要是知道了回家肯定會揍我一頓，我不能告訴他。 （外遇出軌方怕被另一方興師問罪。）	避免／降低發生機率

原因（關係動力）	理由／藉口	講法	化解原則
	3-3 怕吵架	和他溝通不了，一說就吵，不知道怎麼說； 他脾氣暴躁，我勸不了他，勸多了就吵架； 諮商後回家他會暴躁、會罵我。	有第三者在較不容易吵； 伴侶諮商師是處理衝突專家
	3-4 怕對方崩潰	討論這些會讓他很崩潰，之前他激動跳窗被我們拉住。	釐清崩潰點，商量接住策略。
	3-5 怕穿幫	我不敢讓他知道內心真正的我，我擔心失去他； 外遇方怕被心理師發現更多細節穿幫，所以找各種藉口反對諮商。	權衡選擇、鼓勵揭露
	3-6 怕丟臉 實際損失 vs. 小劇場	他是高階主管，不能曝光； 家醜不外揚，誰家沒有一點煩心事？ 自古夫妻床頭吵床尾和，還鬧到外面去丟人！	提高保密手段、 克服心理障礙

原因（關係動力）	理由／藉口	講法	化解原則
3b. 怕吃虧	3-7 之前諮商經驗不佳	找過幾個心理師都沒效，他不信任諮商；之前一起見過心理師，他說像被火烤，回家就發脾氣；前一輪諮商他當場和心理師吵起來，氣得說要是再要他諮商就直接離婚！	加強建立關係
	3-8 覺得心理師偏袒	他感覺諮商師幫我，離間夫妻感情，讓他不再能控制太太，於是不允許我再去諮商	釐清感覺不公的點，尋找突破策略
	3-9 怕被控制	他說要他去諮商就是想控制他，想找個厲害的人來壓他，他絕對不會去！	當事人先退讓
	3-10 被騙過，再也不肯去	對配偶沒講實話，對方到現場才發現被騙了……	大忌
4. 對配偶知覺僵固	認定對方叫不動，不想面對	他一定不會來，不可能來，他那個人很固執的；「我倆能有啥問題？」；	探討並釐清改變知覺

原因（關係動力）	理由／藉口	講法	化解原則
		他們家都這樣，男人是家裡皇帝，他說了算，我們只有聽的份； 我邀請過他啊，他都拒絕，他只想逃開，不會願意來修補關係的。	
5. 面對面不會說真話；以為諮商就是「暢所欲言」	5-1 我在場他不會說真話	我在場他不願意說真話； 他在外人面前不會說真話。	調節、 鼓勵面對、 破除「暢所欲言」迷思
	5-2 他在場我無法暢所欲言	他來我就不方便講了。	
	5-3 無法忍受同處一室	我現在一看到他的嘴臉就噁心，想起他幹的那些事……我沒法和他坐在一起講話	
6. 控制	6-1 堅持按自己要求進行諮商	夫妻各有自己的諮商師，夫／妻要求一定要由自己的個別諮商師做伴侶諮商，不然就不願意談。	尊重、順著意願、緩和貼近

原因（關係動力）	理由／藉口	講法	化解原則
	6-2 堅信自己的方法能解決問題	夫對妻說：「你退出，把孩子交給我管，比醫生和諮商師都有用。」；覺得自己能解決不需要別人幫忙。	探討是否可行、點出現實後果
7. 心死放棄	7-1 認定對方不會改	他不會改的，他要改早改了；我覺得人沒法改變，當著心理師說一套，回家還是照舊。	重燃希望
	7-2 心裡其實不想對方出席	必須經過探討才能讓當事人意識到、承認已經放棄配偶，並不想讓對方進入諮商。	探討並確認真實意願
	7-3 放棄：可能還在掙扎，可能已決定	「都要離婚了，為什麼還要去見心理師，應該是去找律師吧。」	探討並確認對修復關係的意願
	7-4 不願再委屈求全	他就喜歡聽我說好話（說好話叫他來會來），我現在也不想對他說好話了。	確認是否放棄、確認能接受後果

諮商師也會抗拒

不僅當事人可能抗拒邀請另一半出席，諮商師也會有小劇場，心裡其實不敢邀或不想邀。除了不知如何克服邀請過程遭遇的障礙之外，諮商師常見的小劇場有：「我不想勉強案主，他說要回去想一想我就尊重」、「怕被拒絕不敢問」、「沒有合適的時機問」、「案主回去試了被拒絕，我也沒辦法」。如果諮商師沒準備好，總能找到理直氣壯、自我安慰的理由。這時諮商師只要問自己：「配偶沒來我是不是鬆了一口氣？」答案自然呼之欲出。

諮商師可運用的邀請技巧

由他人代為邀請

在某些情況下，當事人自己邀請成功的機率極低，配偶出席與否又至為關鍵時，由他人代為邀請也是一個選項。例如家暴案中，權力較低的一方很難叫得動配偶出席諮商，但社工或機構工作人員直接打電話給配偶，說明出席諮商對他的利弊，尤其是不出席的代價後，可大幅增加配偶成功出席的機率。但是這個作法必須審慎評估，如果當事人一抱怨配偶不配合，諮商師就急著代勞，有可能在搞不清楚伴侶關係動力之前就貿然接觸配偶，而被對方視為當事人雇來的打手，必然加倍反彈；即使勉強把配偶拖進諮商室，很可能是決心來唱反調的非志願案主，接下來很難推展工作，很容易流失。

如果是諮商了一陣子才流失的配偶，諮商師可以考慮自己寫訊息或打電話給配偶，詢問不願再出席的真正理由、修補諮商關係，並找到一個施力點再度邀請配偶出席；諮商師也可指導機構工作人員如何措辭，來提高邀請成功率。如果只是讓工作人員公事公辦的去連絡，碰壁的機率很高，也無法知道流失的真正原因。

邀請配偶出席只是投入諮商的第一步

當配偶終於踏入伴侶諮商室，這項任務還沒結束。此時的挑戰是在珍貴的第一次會談中，讓好不容易出席、很可能只是來試水溫的配偶感受到被理解、被允許以自己的步調揭露訊息、對於關係目前僵局的成因產生新理解、對於如何能化解僵局有方向，同時也對修復關係重新燃起希望。這些如果能做到，諮商師會發現配偶很樂意下次繼續來，因為感受到諮商師有能力幫忙他們化解僵局、減緩痛苦。

對於帶著懷疑與怒氣，一心來找碴的當事人配偶，伴侶諮商師可以提醒自己：配偶懷疑心理師偏袒當事人也很合理，因為當事人確實與諮商師先談過。這種情況像是不等腰三角形，諮商師還沒開口已經被配偶放在遠邊，認定你與當事人是一國的，串通好聯手修理他。有了這個覺悟，諮商師自然必須刻意、儘快與配偶建立關係，努力讓他感受安全，逐漸放下心防。

總之，協助當事人克服邀請障礙，讓另一半出席諮商，只是伴侶諮商的第一步。出席後還要持續協助伴侶投入諮商，讓雙方都感到愈來愈安全，願意把不敢在家說的內心話攤開，讓彼此能重新聽見對方真正的心意。如果能做到這一點，那麼，對伴侶諮商的順利推展，以及伴侶間情感上的自然交流，便已打下很好的地基囉。

範例：協助求助者邀請另一半出席諮商

筱慧總算鼓起勇氣撥電話，和諮商所工作人員約定了第一次諮商的時間。電話結束前，筱慧擔憂地問：「萬一先生不願意來諮商怎辦？」還好對方很親切地安慰她「沒關係，你自己先來，心理師會和妳討論怎麼處理」，讓她掛下電話後，開始對下週的諮商懷抱一絲期待。

進入諮商、坐下來後，筱慧茫然看著心理師，五年多的婚姻發生太多事，一時不知道從何講起。心理師問她：「是什麼原因讓妳決定來尋求諮商？」筱慧說其實二人從婚前就對許多事情意見不合，時有爭執；婚後有段時間二人吵得很兇，有幾次先生還摔門離家、留下她獨自痛哭；這陣子二人已經完全不講話，這種死寂的氣氛讓她快受不了了！來諮商前，她已經和律師討論過離婚的可能性。

心理師聽了筱慧一口氣講了好幾件衝突事件後，告訴她今天是「初談」，主要目標是瞭解他們的狀況，評估問題所在，擬定初步工作計畫，所以暫時不需要知道所有細節。心理師問「妳已經痛苦得受不了了，那妳先生怎麼看妳們目前的狀況？」筱慧說每當她想坐下來與先生討論彼此的問題，先生總是眉頭深鎖陷入沉默，如果她再追問，先生看起來就像要爆炸，也不正面回答問題，第二天就當沒事繼續過日子；先生說很多夫妻都是這樣過的，他不會離婚。

心理師問筱慧「妳先生是不是很怕吵架，用退讓與忍耐的方式來避免衝突更激烈？」筱慧點頭說先生確實說過他很不喜歡吵架，但她認為先生在逃避！心理師說「也許用退讓忍耐的方式維繫婚姻，是他能想到的唯一辦法，也許他還是有心維繫這段關係。但現在這辦法顯然已經行不通，你們必須一起找出其他辦法。」筱慧沒想過先生的「逃避」是「有心維繫關係」，這個觀點讓她心情稍微舒緩一些。

心理師再問「先生知道妳今天來諮商嗎？妳有和他討論過進行雙人諮商嗎？」筱慧說她很久以前曾經提過，當時先生斷然拒絕，說問題是她情緒太激動，要她自己去諮商！筱慧無奈地說，今天的諮商她沒敢告訴先生。

心理師問「如果妳去和他說：『這樣一直冷戰真的太痛苦！我們二人已經找不到可以有效溝通的方法，你願不願意讓專業的人幫忙，讓我們能好好討論一下，接下來打算怎辦。畢竟如果要透過離婚官司來協商，會多花很多時間與成本！』妳先生會怎麼說？」筱慧想了一下，說她也不知道先生會怎麼說，但她回去會和先生講講看。

心理師鼓勵筱慧找一個先生看起來心情還不錯的時機提出邀請，而且開口前先安頓好自己的心情，溫柔地講，避免一開口的口氣就嚇退對方，筱慧點點頭。心理師再提醒她：即使先生拒絕也不要氣餒或與他起爭執，聽聽看他不願來的理由是什麼，再回來找心理師討論下一步。聽完筱慧看起來比較放心一些。

第六章

處理衝突與修補關係

激烈衝突是新手伴侶諮商師最頭痛的一種場面，卻也是無可避免的一種。如果能在面對伴侶爭執時不慌不亂，協助雙方進行有效的對話，衝突甚至可以成為伴侶關係改善的契機與轉折點。能妥善處理伴侶衝突，是伴侶諮商師必備的能力，如果每當伴侶吵起來，諮商師就忙著當和事佬，或請其中一人先離開諮商室，就很難進入關係問題的核心，進行真正的修補工作。

本章說明伴侶諮商師在處理衝突時，具體的工作內容與方法，也就是莊園模型的「二樓」。二樓的工作包含三個面向：偵測並停止破壞性互動模式、身心調節、引導促進建設性對話，以下逐一說明。

偵測並停止破壞性互動模式

當伴侶輪流陳述他們的故事時，有經驗的諮商師可以聽出他們之間會損害關係的互動，像是拉攏孩子指責伴侶，或是為了避免升高衝突而停止對話，即使原本出發點並無意傷害對方甚至出於善意，這些互動都嚴重刺激到對方，導致關係惡化，最後陷入二人都充滿無力感的僵局。儘管聽來不可思議，但伴侶諮商師經常有機會聽到伴侶拼命做些火上澆油、甚至提油救火的傻事，讓關係愈來愈困難，而且總是對自己的任性做傻事有充分的理由，理直氣壯的把狀況弄得更慘。

高曼的研究發現，破壞性互動自行轉為正向的機率極低（僅百分之四），也就是在沒有外力介入下，這些互動通常會持續重複出現。所以伴侶諮商師會以「一葉知秋」的立場，將觀察到的互動假設為一種模式，然後在不同的事件故事中核對確認這個模式是否重複出現，以及是否造成或加重伴侶關係目前的困難。如果是重複模式且導致目前困擾，自然就成為諮商工作的其中一個焦點。

發現了伴侶的「破壞性互動模式」後，重要的是讓伴侶能意識到他們有這習慣，而且理解這習慣已經嚴重破壞他們的關係，而不要繼續聚焦在對方的個性、惡劣的婆婆等歸因，因為個性與婆婆都不是能輕易改變的東西，二人間的互動模式卻是一念之間就能有所改變。當然每一對伴侶反應大不相同：有些聽懂了能立刻採取行動，下一次諮商就能看到關係有所改善；有些會堅持對方可惡自己可憐，還需要諮商師多一些耐心協助，才能脫離苦海。

如果諮商師能盡快把伴侶間的破壞性互動模式看清、點破、讓伴侶能理解接受，下一步就是避免個案繼續做傻事，重複這些模式。伴侶需要學會對破壞性互動模式警覺，彼此提醒，並知道自己可以做什麼不同反應來避免陷入舊模式走向毀滅，而且願意努力嘗試。一開始，伴侶必然會繼續受慣性影響，不知不覺就往原本習慣的模式移動，但只要互相幫忙彼此提醒，成功地煞車個幾次後，自然會對自己及對方愈來愈有信心，對關係能朝正面發展也會愈來愈有信心。這是伴侶諮商二樓工作的第一步。

但不小心掉回舊模式也是人之常情，不必過於氣餒，諮商師甚至可以事前打預防針，提醒伴侶「一定會再犯」，如果再犯了也不必感到丟臉，就再來與諮商師討論二人是如何跌入舊模式的、如何可以避免下一次再重蹈覆轍。這個討論可以讓伴侶對他們是如何掉坑的過程更敏感，自然能更有效避免再度掉坑。

高曼的研究也發現，這些互動模式朝正向或負向發展的比率，能準確預測婚姻結果：對關係滿意的夫妻出現正面 vs. 負面反應的比率是 5：1，而離婚夫妻的比率是 0.8：1。換言之，當夫妻之間鬧得不愉快，如果以同等比例和好（吵一架道歉一次），就有希望進入「離婚組」；必須以五倍的比率修復關係，才能進入「幸福組」，值得所有希望維繫幸福關係的伴侶謹記在心。

關於破壞性互動模式，高曼還發現了四種極具破壞性，能預測離婚的伴侶互動模式，他稱之為「**末日四騎士**」，該詞乃沿用聖經啟示錄中的隱喻，意思是如果你看到這四種魔物出現，末日就不遠了！這四種警報分別是：

- **批評**：對對方詆毀否定或人身攻擊；批評與「抱怨」不同，抱怨是針對對方的行為對你造成的負面影響提出討論，如果討論得好甚至能有助關係改善[1]；批評常針對對方無法改變的，像是人格、家人親友。
- **防衛**：一方的批評自然容易引起另一方捍衛自己，為自己的行為解釋，甚至去攻擊對方也好不到哪去。解釋的人常誤以為解釋自己當初沒有要傷害對方的意圖，對方受到的傷害就會減輕或消失，但答案是不會！不要再浪費唇舌拼命解釋了，愈解釋只會進一步激怒對方惡化關係。
- **蔑視**（Contempt）：打從心裡瞧不起、不屑對方，聽對方講

1 大家抱怨時請努力就事論事，不要一不小心就一發不可收拾變成批評、嘲笑或翻舊帳，後果還是自己要承受啊。

話時常翻白眼，甚至恐嚇侮辱。蔑視是預測離婚的最顯著指標之一，當諮商師看到伴侶其中一方狂翻白眼時，就知道關係有可能已經病入膏肓，必須謹慎處理。

- **築牆**（Stonewalling）：從互動中退縮，反應冷淡或完全不回應、心灰意冷。有些夫妻雖然沒簽字，但其中一方早已進入心死狀態。

以上四種情況在穩定幸福的伴侶關係中也會出現，但頻率較少。即使發生，幸福伴侶較能及時有效修復，因此伴侶間出現這些也不等於判死刑，但可視為一種警報，值得伴侶與諮商師注意，盡快妥善處理，讓伴侶關係從衝向懸崖開始減速，及時轉方向改道，踏上比較安全的路，且愈早處理自然愈容易成功，拖得愈久問題會變得愈複雜難解。

身心調節

伴侶諮商常常比家庭諮商更具挑戰性，因為親子是血緣關係，怎麼吵也斷不了，而且有子女在場時通常父母會比較節制；伴侶卻隨時可以出大絕「不然就離婚啊！」「下次不用再來諮商了！」，吵起來張力上升速度更快，幾句話就劍拔弩張、口出惡言、激動得臉紅脖子粗。此時新手伴侶諮商師很容易被晾在一旁，既傻眼又慌亂，完全不知所措。

因此二樓的第二項任務是**身心調節**。當伴侶陷入爭吵或激動不已，諮商師必須能有效調降伴侶雙方的情緒，讓他們能好好對話，否則說氣話只會放大傷害；諮商師也必須能在現場及時調節好自己的身心狀態，避免嚇傻當機，才能冷靜應對衝突場面。

每個人平時都有各自的情緒調節習慣，諮商中的伴侶面對刺激事件時反應也都不同，通常都不太有效，只會把關係鬧得愈來愈僵；有些人雖然調節能力強，但是壓力拖久了還是會把人拖垮，所以當伴侶出現在諮商室時，常帶著各種身心症狀：失眠、易怒、各種痠痛等等。

身心調節是一門大學問，好幾本專書都不夠討論。近年來國外的伴侶諮商訓練紛紛將這部分納入，一方面是拜創傷研究近年的快速發展，讓助人專業開始掌握身心調節的機制與治療技術；另一方面或許是在諮商室裡不斷觀察到伴侶的激烈身心反應，大多只是叫人家冷靜一點，或是請一方先出去讓另一方能冷靜下來，這些都不能算專業的處置。

以下以最簡潔的方式摘要整理身心調節的理論原則與實務做法。

身心調節的理論原則與實務

人際神經生物學（Interpersonal neurobiology）從身心連動的角度，理解人際行為。例如每個人內建的自律神經系統會與周遭的人同步化，愈親密、重要、持久的關係連動愈深。如果把諮商師及伴侶雙方都接上生理測量儀器，來測量脈搏、體溫、膚電，就可以看到隨著談話進行，不但伴侶間的生理數據在某些片刻趨於同步，諮商師的生理數據在某些時刻也會與伴侶呈現同步。因此在一段長期關係中，伴侶必然會互相影響對方的生理狀態，也因此不幸的婚姻會導致生理疾病，完全不令人意外。這個人際連動性，可以成為傷害壓力源，也可當作解方的施力點，同時也是伴侶諮商、家庭治療的理論基礎。

人體因應壓力時會自動啟動自律神經系統與荷爾蒙系統，進而透過「戰鬥、逃跑、凍結」等反應來調度能量度過難關，並暫時關閉成長與修復系統（消化、傷口癒合）來節省能量。當伴侶關係陷入僵局，伴侶成為持續性壓力源，而長期壓力會嚴重影響身心調節能力，像一直被拉撐的橡皮筋失去彈性而脆弱易斷。自律神經系統與荷爾蒙系統影響遍及全身，因此案主可能抱怨身體痠痛，也可能出現飲食失調等各種症狀。建議上網搜尋「自律神經系統圖片」，仔細研究哪些系統與器官會受影響，那些就是案主可能出問題的部位。

自律神經系統包含交感神經與副交感神經系統，簡化地說交感神經像油門，讓你興奮有活力以採取行動；副交感神經像煞車，讓你放鬆以充電恢復。當交感過度激活時（hyperarousal）（或副交感煞車不足），會呈現語調上揚、音量提高或抑揚頓挫、語音尖銳、皮膚泛紅或拉緊、動作變大或變快、肢體僵硬壓抑，整個人看起來浮躁不安、態度讓人覺得受威脅。

而當交感激活不足（hypoarousal）（或副交感煞車過頭），則會呈現語調下沉、音量降低、語氣死板、皮膚泛白或鬆弛、動作變少或變慢、身形塌陷出現皺褶，整個人的姿勢呈現放棄與無力感。由於自律神經系統影響遍及全身，所以過度激活或激活不足可以在全身各部位觀察到，提供諮商師自己或案主身心狀態的線索。

根據自律神經系統運作原則，丹尼爾・席格（Daniel Siegel）提出「身心容納之窗」（window of tolerance）的概念：每個人的身心調節能力有一個範圍，超過這範圍的刺激會讓人招架不住；對不同事、不同對象的調節能力範圍大小也不同，例如對貓咪可以百般容忍，對老公則秒暴怒。在這個範圍內，伴侶可以就事論事好好對話，超過這個範圍（**胡嘉琪稱為「脫窗」**），要不太激動（過度激活、講氣話狠話），要不太冷漠（激活不足、絕望放棄），都不利於溝通，必須及時調節回到窗內。伴侶諮商重要原則之一是：**先調節再對話！**因為脫窗時再怎麼討論都很難有建設性結果，只是亂噴氣話。

諮商師可以想像伴侶各自頭上有一個像心電圖一樣，時上時下由左往右移動的即時畫面，代表當事人當下的身心狀態，畫面上下則各有一條邊界。如果跳出了上緣代表他太激動（可能緊張或恐懼），需要趕緊做點什麼讓他緩和下來回到窗內；如果掉出了下緣代表他癱瘓了（有時是因憂鬱或極度恐懼），得趕緊打打氣把他拉上來。處理伴侶衝突時，諮商師要全程關注二個人的身心狀態，及時調節，避免脫窗。

諮商師可以回饋當事人身心狀態線索（你的音量提高、手握著拳）來協助當事人對自己的身心狀態更敏感，以及時做出調整。這個身心狀態的線索可以帶得回家，讓案主每次遇到刺激而變激動或要陷入低潮時，能第一時間啟動自我調整或向外求援，以便大幅減輕傷害，因為盡早開始調節只需要很小的幅度就回來了，等事情愈演愈烈就需要花費大量心力、好一陣子才回得來。

諮商師也需要對自己的身心狀態敏感，特別是當伴侶吵得兇或諮商陷入膠著，搞得諮商師頭昏腦脹時。當諮商師脫窗（太慌或嚇癱）時，會很難發揮自己原本能做到的治療功能，看不清楚也不敢說該說的話，所以他們也要時時調節自己狀態，及時把自己拉回窗內，才能坐穩諮商師之椅。可以挑下面介紹自主調節方法中不會引起太多注意的，像是深呼吸、調坐姿、喝口茶、摸摸項鍊玉石等都能立刻發揮調節作用。平時若規律練習身心調節活動（正念、瑜珈、太極、運動），那麼在諮商過程中需要啟動調節時，會更有效率，調節的效果也更好。

身心調節可從三個面向著手：自動、自主及人際調節。吸拇指、咬指甲、白日夢、吃喝都屬於一種**自動調節**，無意識的轉電視、瀏覽網路或臉書也是，強迫症患者的洗手行為也是，翻白眼也是，是身體自行啟動舒緩自己狀態的機制，但因為無意識所以效果不好也無從調整，而且還經常會造成其他麻煩後果（手指醜、體重失控）。

有意識的深呼吸、刻意轉移注意力、正念／靜坐、運動、看電影、讀書、打電話給朋友聊天、跳舞、唱歌、演奏樂器或聽音樂都是**自主調節**，也就是有意識地調整自己身心狀態，甚至酗酒、濫藥、性、暴力也都算是，只是成本代價很高，效果卻短暫有限。當案主遭遇打擊而使用後面幾種方式安撫自己，例如靠酒精入睡時，我們要向他們說明成本太高不敷成效的問題，引導他們找到適合自己的低成本、甚至無成本的調節方法，像運動或深呼吸；也可以推薦案主回去看書，跟著書上的方法練習（胡嘉琪的《從聽故事開始療癒》很適合推薦）。

比前二種效果更強的是**人際調節**，包括相互凝視、牽手[2]、輕撫／按摩、情感共鳴（共情[3]）、甚至幫貓刷毛也算，能立刻在雙方體內分泌催產素（oxytocin）及腦內啡（endorphins），降血壓並降低壓力荷爾蒙（皮質醇），產生鎮定感與幸福感。人際調節的原則是互相與互惠（mutual and reciprocal），雙方都享受效果最好。

2　可參考影片 Why we hold hands: Dr. James Coan at TEDxCharlottesville 2013

3　Empathy 台灣翻譯為「同理心」，大陸翻為「共情」，字義上共情更接近 empathy 原意。當二人之間發生情感共鳴時，對雙方身心狀態都會產生明顯調節效果。

長期穩定、令人感到安全的關係可以將人際調節效果延伸，只要想起對方，甚至不需要對方出現在眼前，也能啟動安心感與被支持感，迅速緩解焦慮或壓力。這就是為什麼許多人的手機封面放的是心愛的人或寵物的照片。

人際調節就是伴侶諮商與家庭治療背後的重要機制之一，也是我們致力幫案主修復受傷關係的原因。儘管來求助的伴侶暫時還無法有效互相支持，人際調節既是伴侶諮商目標，也是過程主要工作。我們會引導案主教會他們的伴侶如何有效安撫自己，同時讓案主願意接受伴侶的安撫，讓人際調節發揮作用。伴侶們通常都很樂意學，因為能找到有效按鈕迅速讓另一半平靜下來，不但利人利己省下很多災難，還會很有成就感。

高曼發現伴侶的生理狀態（心跳、脈搏、膚電）能準確預測其關係滿意度，甚至比自陳問卷、行為觀察和自陳情緒狀態都更準確（Gottman，1983），甚至可以預測三年後的夫妻關係滿意度：夫妻在對談時生理起伏程度愈大，三年後婚姻滿意度下降愈多（Levenson & Gottman，1985）。換言之，協助伴侶有效調節其身心狀態，對提升關係品質很有幫助。

綜言之，我們會幫忙伴侶對自己的身心狀態變化更敏感，並學會遇到壓力時能及時切斷或避開刺激源，及時啟動自主調節或尋求人際調節；幫助他們學會適時讓身邊人，例如伴侶知道自己狀況不對勁，才能邀請對方提供人際調節支援，或至少停止造成刺激；他們需要學會對對方有效的調節方法，才能發揮效果；對自己有用的調節方法對對方不一定有效，如果堅持對方用自己推薦的方法，如果對方不用就生氣或放棄，認為自己已經盡力協助了是對方不領情，只會讓對方更火大。

雖然問題一時尚未完全解決，但透過及時有效調節自己與對方的身心狀態，伴侶在易起衝突的話題上學會更謹慎齊力處理，至少不會讓火勢更大，還能從互相協助中找回對彼此與對這段關係的信心。當他們看到自己與伴侶的狀態逐漸改善，也會對諮商更有信心、更投入。

身心調節方法的建議書單

身心調節方法牽涉許多生理學知識，愈理解背後運作原理愈能掌握方法，也更願意使用與練習，愈熟練這些方法則效果更顯著。以下是相關推薦書目，其中前二本也很適合直接推薦給案主閱讀。

- 胡嘉琪（2014）。《從聽故事開始療癒：創傷後的身心整合之旅》。張老師文化。
- Stan Tatkin（2018）。《大腦依戀障礙》。橡實文化。
- Stanley Rosenberg（2019）。《迷走神經的自我檢測與治癒》。一中心。
- 胡君梅（2018）。《正念減壓自學全書》。野人出版社。
- Fishbane, Mona DeKoven (2013). *Loving with the Brain in Mind: Neurobiology and Couple Therapy*. NY: Norton.

引導伴侶進行建設性對話

一旦初步控制住火勢（例如協助伴侶學會不再輕易擦槍走

火），並協助雙方將強烈的身心不適緩和下來，伴侶諮商的下一個任務，是協助伴侶好好對話，增進彼此理解與體諒，學習新的、建設性互動方式，以真正解決根本問題，用行話來說就是改變其互動模式的結構。如果順利，這個過程本身就可以增進感情，因為齊心協力克服困難可以讓伴侶感到更親密。

要讓一對不快樂的伴侶能發生建設性對話，自然會遇到許多挑戰。來求助的伴侶通常累積了許多對對方的負面感受，經常認定對方不會改變；而這些扭曲的知覺及判死刑的歸因，會讓伴侶之間的對話很容易陷入情緒發洩與彼此傷害的死胡同。因此伴侶諮商師必須知道如何處理伴侶對問題的負面歸因，如何調整他們對彼此的負面知覺，透過引導讓伴侶發生良性對話，刷新對彼此的看法與感受。

鬆動不利改變的歸因

案主認為問題之所以會發生的原因，也就是對問題的歸因，受限於他們的習慣性思考方式（認知基模）。最常聽到的歸因包括：「**個性**」（「八字」、「星座」是同一類型的延伸）或「**原生家庭**」（「媽寶」、「公主」）。這些歸因基本上都是認定：**對方不會改變！**所以除了帶來絕望與無力感，對於評估伴侶關係自然一點幫助都沒有。至於「渣男」、「茶婊」已經不算歸因，純屬罵人洩憤。

歸因像濾鏡一般，有放大知覺的效果。當一個人對伴侶有較正面的歸因（「他是老實人／她很善良」），會自動將對方的負面行為對自己的影響最小化，將對方正面行為對自己的影響最大化，因此正面歸因會對關係中的摩擦產生正向調節效果，長久下來效果會愈來愈顯著。反之亦然，如果一個人對伴侶的歸因偏向負面，會自動放大對方犯的錯、甚至只記得對方的負面行為，對於對方的正面行為視而不見、不記得或視為理所當然，因而對關係產生耗損。長久下來，感情遲早被耗損殆盡，走向分手。

歸因還有延續效果。在伴侶關係中，歸因傾向一旦建立就容易持續沿用，不易改變。放大加上延續效應，長期下來會讓伴侶認定對方不可能改變，因而陷入絕望與無力感。如果不設法鬆動這個信念，伴侶諮商很容易陷入抱怨與批鬥大會式的情緒發洩，無法展開建設性對話。

重量級正向心理學者馬丁．賽里格曼（Martin Seligman，2009）指出，人都有樂觀或悲觀的習慣性歸因型態。當遭遇負面經驗時，樂觀歸因型態的人通常會認為問題是「**暫時的**」（unstable）：遲早會過去；「**特定的**」（situational）：只在特定情境下才會發生；「**個人的**」（internal）：因為我做了什麼使它發生（如果下次小心一點就可以避免）。反之，悲觀歸因型態的人遭遇負面經驗時，往往認定問題是「**永久的**」（stable）：就這樣了不會過去；「**普遍的**」（global）：不論什麼情境總是會發生；「**外控的**」（external）：不是自己可以控制或影響的。

許多研究已證明，擁有幸福婚姻與不幸福婚姻的伴侶，其歸因方式不一樣（Bradbury & Fincham，1990；Holtzworth-Munroe & Jacobson，1985）。幸福婚姻伴侶的歸因習慣是樂觀型，傾向將另一半的負面表現歸因為暫時、情境性的，例如「她最近狀態不好、他現在不會這樣了」；而在不幸福婚姻中，同樣負面行為多半被歸因為穩定的、全面的、內在的，像是「他總是很自私、他就是這樣的個性、他永遠不會變！」當伴侶逐漸形成固定的歸因模式，對方與歸因不符的行為容易被忽略，能支持歸因的行為則被放大，形成所謂**基本歸因謬誤**（Fundamental Attribution Error）。這就是為什麼時間愈久，不良的夫妻關係會愈演愈烈，最後總是彼此指責對方人格有問題！

前來求助的伴侶，如果已經習慣採用悲觀歸因思路，對於他們的關係困擾常會認定已經不可挽回；或因長期受問題折磨而失去能量，陷入悲觀歸因循環。無論是哪一種，都需要先鬆動其悲觀歸因信念，才能讓當事人開始看到希望以及可施力的線索。如果諮商能成功改善伴侶關係滿意度，原本悲觀歸因的伴侶也可能可以學會使用樂觀歸因來面對逆境，增加生活中的力量感與掌控感。

運用關係問句

受困伴侶講的故事，格式經常是「他多可惡過分、我多可憐委屈」，而且往往一再重複講幾個經典事件。有些案主愈講愈激動停不下來，如果試圖打斷還會被抗議「讓我講完」，可惜重複講這些悲劇敘事只會強化受害者立場，對減輕當事人的痛苦沒有任何幫助，也不會導向良性對話。在個別諮商中，一個願意傾聽的諮商師也許可以帶給案主暫時性的情緒抒發，但在伴侶諮商中，抱怨的對象就坐在一旁，如果允許其中一方盡情抱怨，另一方遲早受不了被迫反擊，或者關上心門冷漠以對以減輕痛苦，導致彼此溝通更困難。新手伴侶諮商師如果因為不好意思打斷而讓案主長篇抱怨，對治療有害無益。

許多心理師很怕：「他已經很可憐了，我還不讓他講！」。如何不讓當事人覺得被打斷，同時能改變他的敘事內容？我們的建議是「**問適當的問題**」。粗糙的提問像是「你感覺怎樣？」在個別諮商中可能無傷大雅，但在伴侶諮商中卻有很大風險，如果抱怨一發不可收拾，再回頭可能已經半小時後，而另一位伴侶已經胸口插滿刀滴著血。同樣道理，同理當事人的痛苦與無力感在個別諮商可能無傷大雅，在伴侶諮商中卻極易踩雷。和個別諮商師相比，伴侶諮商師的提問在格式上與會談節奏上都必須更精確到位，否則很容易出事翻車。

伴侶諮商師透過「**關係問句**」來讓問題背後的關係脈絡浮現。關係問句是**任何能讓案主揭露更多關係脈絡的提問**，像是「當時你很生氣，他知道嗎？他的反應是？」「他這樣反應，那你怎麼回應他？」相對於關係問句，個人內在問句更關注探討當事人的內心感受、想法信念與行動意圖。伴侶諮商師也會視需要使用這些提問來探索個人內心世界，但個別諮商師不見得會使用關係問句讓關係脈絡浮現。如果善用關係問句，只有一位當事人出席的諮商也可以處理關係議題，換言之，**伴侶諮商的定義不在於出席人數，而在於使用的探索工具以及背後的理論視框**。

靈活運用關係問句的祕訣，**在於諮商師的理解視框**。如果諮商師只熟悉個人心理學理論，習慣探索內心世界，很難想到如何問出關係問句。必須對關係動力培養出一種敏銳知覺，無論看什麼戲、聽什麼故事都能看出其中關係流動的痕跡，自然開口皆關係問句了。那麼如何培養出對關係動力的敏感度呢？讀系統理論（包括本書）、從事伴侶會談、接受伴侶或家庭治療的督導都會有幫助，等到逐漸培養出初步的敏感度後，無論看電影、與家人親友相處、坐捷運，都會看到關係無所不在，畢竟這世上何處無關係呢？關係敏感度會隨浸泡時間逐漸昇高，因此愈有經驗的伴侶諮商師愈敏銳，愈能從蛛絲馬跡中看到關係模式，問出帶來柳暗花明效果的提問。

就像高明的追蹤師可以從事故現場看出幾天前、甚至幾個月前在這裡發生過什麼事，描繪得徐徐如生，如臨現場。

「下樓」與「端盤子」：下探與邀請回應

有時候諮商師確實需要詢問關於事件得來龍去脈資訊來進行評估，我們稱之為「**前探**」，就是讓當事人說更多；但有經驗的諮商師都曾遇過，當事人的敘述在事件內容的層次打轉，不斷提出更多資料來證明對方可惡自己可憐，不知不覺把諮商師當「公正第三者」要求評評理。這樣的諮商必然陷入僵局，所有伴侶諮商師都知道自己不能做判官，但不一定知道怎麼脫身，帶領案主走出這種說話模式。

另一種問法我們叫「**下探**」，設法讓當事人從一個不同的層次說話，但仍繼續探討同一件事。例如問一位怒氣沖沖抱怨先生都不表達的太太，當她努力試圖靠近先生卻得不到任何回應時，她心裡怎麼想？太太說她不知道先生在想什麼，讓她感覺先生離她很遠，是不是對她已經失去興趣……。透過諮商師引導，當事人能逐漸把原本說不清、甚至說不出口的話講出來，就有機會讓另一方可以聽懂，並針對新內容進行對話，讓對話往不同結果方向開展。

在此新手伴侶諮商師容易遇到幾種困難。一種是**問不出下探問句，只會問前探問句**，搞得資訊愈來愈多但都是在同一層面打轉，伴侶間的對話只是重複之前爭執，結論也必然陷入之前的僵局；第二種是**容易飄走**，跑去問其他事情，深入不下去。這種模式通常都是習慣性，不斷開啟新探問，每一個探問都只問到淺層，問不下去就跑到別處另掘一新井，而且通常沒有自覺自己漂走了，需要督導幫忙拉住定錨，學習深耕一口井，持續往下深探；第三種是**一口氣**

下探十八層，讓當事人難以回答，或者當事人回答了，但他的伴侶還在上層，一開口就重傷在下面深度自我揭露的當事人，不但沒有治療效果還會導致嚴重副作用（日後吵架時伴侶會針對另一半的脆弱點精準打擊，導致爭執加劇）；還有一種問題，是讀完本書這一節後依樣畫葫，硬套範例問句，**期待案主說出範例中的內容**，結果自然失望落空。每一位案主下樓後可能浮現完全獨特的內容，諮商師只能引導下樓，不能預先期待一定要聽到某種特定反應才算成功，否則很容易自己覺得卡住，其實是聽不見案主給的可用資訊。

下探還必須配合「**端盤子**」。每次引導其中一方下一層樓，要適時邀請另一方針對下樓後揭露的重要素材做出回應，讓另一方也隨之下樓。如果雙方距離太遠，一方已經掏心掏肺，另一方卻冷嘲熱諷，必然會嚴重打擊掏心掏肺的一方，讓他轉為防衛或反擊，並再也不願打開心房，讓往後對話更難往良性發展。伴侶諮商中，下樓與端盤子乃交錯進行，範例如下：

範例 6-1　下探（「下樓」）與邀請回應（「端盤子」）

* B1～B6 表示下探程度，B1 指下探一層，B2 指下探二層，「B1 前探」指在同一層面多問些訊息

樓層	妻說	諮商師問／答	夫說
1	他都不講話。不論我怎麼問，他一點反應都沒有，我快被他逼瘋了…… ➡	問妻：當妳努力靠近先生卻得不到任何回應時，妳心裡怎麼想？	

樓層	妻說	諮商師問／答	夫說
B1	我完全不知道他在想什麼，感覺與他距離很遠	問夫：你知道你太太感覺離你很遠嗎？ 你也覺得離她遠嗎？	我不知道。 看事情……有些事我確實不想多說
B1前探		問夫：哪些不想說？為何不想說？	說了就吵起來，也沒辦法解決
B1	我寧可你說出來！吵都比冷暴力好！ ⇦	問妻：妳知道他是因為不想吵所以不說嗎？	
B2		問夫：可是你不想吵對不對？為什麼吵架對你那麼為難？	⇨ 因為太痛苦了，我會整晚無法入睡，第二天一早還要上班。
B2	我更痛苦！ ⇦	問妻：妳知道他會這麼痛苦嗎？	
B2		這樣下去你們倆都很痛苦。但如果你不能瞭解你先生為何那麼痛苦，你就無法知道怎樣能幫他減輕痛苦；無法減輕他痛苦你就無法讓他願意和你講心裡話。	

樓層	妻說	諮商師問／答	夫說
		對夫：你想避免爭吵所以不講話，可是你有沒有看到，你愈不講她愈痛苦、生你氣，就愈想找你吵架！不講話不但無法解決你們的衝突，還會惡化衝突。	
B3		問夫：當你們討論事情，讓你最痛苦的是什麼？	無論我說什麼她都批評、生氣，感覺說什麼都不對。
B4	（急著解釋。〔省略一萬字〕）；我不知道	問妻：妳知道他這麼在意妳的反應嗎？妳知道妳的否定會影響他這麼大嗎？也許他沒妳想的離妳那麼遠。	
B5	當你愈來愈不說話，我不知道我們的關係究竟發生什麼事，我很害怕你是不是已經對我沒興趣了……	問妻：妳現在知道了，有什麼想法？	

樓層	妻說	諮商師問／答	夫說
B5		問先生：你知道她心裡有這個擔心嗎？你能理解當一個太太以為先生對她沒興趣時，感受到的傷害嗎？	不知道。我沒想過她感覺受傷……。
B6		你能讓她知道你對她真的沒興趣了嗎？這是她內心很大的恐懼。	這陣子因為那些事我確實比較心煩，不想面對你，但我沒有……

仔細閱讀上面的範例，能不能看出：諮商師的下探問句，引導夫妻的對話逐級向下開展，讓原本不會說的內容出土，因此整個對話過程呈現一種「推進感」[4]。推進到一定程度時，就會發生有助於修補關係的「修復性對話」。

調整知覺

來諮商的伴侶，心裡都累積了不少怨氣與怒氣，這些怨與怒會影響他們看待另一半的方式，簡言之就是怎麼看怎麼不順眼。這個知覺上的扭曲會導致各種負面歸因，讓積怨愈來愈深，使得彼此溝通愈來愈困難，愈來愈容易起爭執，更難以好好對話。

4　「推進感」，therapeutic movement，參見趙文滔博士論文 Tracking the movement of therapeutic change process: A qualitative analysis of therapy with Taiwan families, (2007) 的研究成果。

如果能成功引導伴侶進行建設性對話，在對話中伴侶就有機會聽到關於對方的內心話（新內容），或者其實對方之前講過很多次但當時沒聽進去，今天在諮商中突然聽懂了的內容，例如對方的苦衷。這個聽進去、聽懂就有機會更新對對方的知覺，進而調整對對方的感受、態度與行為反應。

伴侶諮商師有不少方法可以操作，來協助伴侶調整對對方的知覺。例如當一方抱怨時，問他抱怨的是對方過去的還是現在的行為，讓當事人意識到已經出現變化；或提出現場的互動來提醒當事人，他的另一半在現場的行為表現和他抱怨的不一樣，以啟動新知覺窗口；還可以去核對對方行為背後的意圖，例如去問先生他不願多說背後的為難與考量，知道出發點是善意的雖然不能改變結果，但可能有助消氣；透過「脈絡化」，即把事件行為背後的來龍去脈浮上檯面納入考慮，讓行為的意義與之前認定的歸因有所不同，亦可拓展理解上與反應上新的可能性；而去詢問「例外時刻」更是直接主動去尋找有利於更新知覺的線索。

綜言之，本章具體說明伴侶諮商師在衝突處理階段，也就是莊園模型「二樓」的各項工作內容，包括偵測並停止伴侶間破壞性互動模式、緩和身心激動狀態及引導伴侶進行建設性對話。透過下探與邀請對方回應，讓伴侶進入一種良性的對話，逐漸調整伴侶對彼此的知覺，並讓他們對問題的歸因從悲觀、不可控的，轉換為樂觀、可努力的，達成所謂「修復性對話」。

當修復性對話在諮商室發生的片刻，伴侶雙方以及諮商師都會體驗到一種溫馨而明顯的情感流動，讓現場所有人都更確信：受傷的關係是可以修復的，而且值得花心力修復！

第七章
強化伴侶間的牽繫

儘管伴侶在諮商師面前總是呈現烏煙瘴氣的故事，他們很可能也有好的一面。從樓房模型來說，即使二樓失火冒煙，一樓可能完好無損，甚至當初其實蓋得很紮實，可以經得起一場小火的考驗。反過來說，如果一對伴侶倉促成婚，關係建立初期累積許多摩擦懸而未決，避而不談，當遇到比較大的內外部挑戰時，結構不穩的一樓很可能無法挺過風暴，讓整棟樓房轟然坍塌。

因此評估一對伴侶關係的基礎如何，是伴侶諮商必要的一環。當諮商師站在樓房前準備衝進火場救人時，如果沒有評估一樓狀態就直衝二樓，萬一救到一半突然塌陷，可能會摔成重傷；或者發現必須一面上樓救火一面下樓重砌梁柱磚牆，疲於奔命又顧此失彼。反過來說，如果一對伴侶擁有堅固的一樓，即使二樓目前火勢嚴重，房子能修復的機會會比一樓殘破不堪、搖搖欲墜的另一對伴侶來得樂觀。這個對屋況的評估，讓伴侶諮商師對於即將面臨的挑戰程度以及所需時程，有個可以估計的根據，同時也讓伴侶心理有準備，可以忍受動工期間的不適。

除了評估屋況與處理衝突，諮商師還可以幫忙伴侶強化一樓的基礎，讓關係更穩固健康。強化關係基礎的工作可以在發生問題之前進行，作為一種保養，就像汽車每五千公里要進場檢查油水、胎壓，確保行車安全；也可以在遇到衝突時進行，有點像一面在二樓滅火，一面同時在一樓加強梁柱結構，避免坍塌。換言之，可以針對一般情侶或夫妻進行，也可以用在臨床上前來求助的伴侶之間。

根據本書提出莊園模型，我們將伴侶關係的基礎稱為「**一樓**」。為了讓伴侶諮商師知道如何有效進行強化伴侶關係基礎的工作，本章會具體說明一樓的理論內涵。我們根據臨床經驗整合了幾個理論（見表 7-1），提出以「**多層次牽繫理論**」（Multiple bonds theory）為核心的新框架，其中包含靜態層面、動態層面以及文化層面。在本章後半段，我們會具體說明在諮商中如何操作這些概念，來協助伴侶強化他們的情感連結。

表 7-1　莊園模型的一樓內涵

核心理論	多層次牽繫理論（Grunebaum，1990）
靜態層面（梁柱）	「愛的地圖」：伴侶對彼此的瞭解與掌握程度
動態層面（家具）	邀請與回應—建立與保養牽繫
文化層面（裝潢）	華人伴侶的獨特連結風格（請見本章稍後的說明）
感情增溫	感情增溫會談（情感循環）（蕭維真，2016）
	外遇伴侶的感情增溫（蔡芳晏，2020）
其他強化情感牽繫的方式	「關係歷程親密曲線」（台北關係研修學院，2020）
	「關係距離場測量」（Soloman & Tatkins，2011）
	愛的姿態（Love pose, Soloman & Tatkins，2011）

多層次牽繫理論

多層次牽繫理論（Multiple bonds theory）由阿諾德·格倫鮑姆（Arnold Grunebaum，1990）提出，他認為伴侶間的情感連結可以同時發生在不同層面，像是依附、友誼、性、承諾或社交網絡，其中每個層面都有其發展脈絡，滿足某些功能。比如說，你們原本是同學，那麼你們的關係是從「友誼」開始往上發展的；如果你們在社團認識，那麼你們會有共同興趣嗜好作為彼此交流的基礎；又，如果你們上了床，你們的關係會立刻出現極為不同的質地；或是如果你們一開始是砲友後來變成情侶，和一開始是筆友的伴侶，性質與發展路徑會相當不同。

格倫鮑姆主張，一對伴侶如果能在愈多層面發生連結、每一條連結發展得愈深，關係品質就會較好。伴侶的每一條連結就像是能傳遞情意的輸送管道，當管道愈多愈通暢，伴侶間的情感交流自然愈頻繁，關係也愈經得起外部挑戰而更穩定，滿意度也會更高。換言之，擁有共同朋友、雙方都投入與承諾、與親友往來密切，對於伴侶關係的品質都會有幫助，而且多多益善。

一般習慣把 bond 翻譯為「連結」，但中文的「連結」詞意過於廣泛，並不限於伴侶或家人關係。我們（蕭維真與趙文滔）左思右想，決定用「**牽繫**」來指稱伴侶或家人關係中的情感連結，因為 1. 中文的「關係」二字正是用「絲線」作為隱喻，形容關係的具體畫面就是「千絲萬縷」、「藕斷絲連」；2. 中文的「牽手」也意指伴侶，牽起對方的手即是與對方進行情感交流；3. 當諮商師協助伴侶修復關係創傷時，隱喻的畫面很像在修補斷裂的線路，讓彼此重新連線。因此我們決定將 Multiple bonds theory 稱為「多層次牽繫理論」。

根據多層次牽繫理論，伴侶關係就像一束粗細不等、纏成一捆的線路，其中比較粗的線組成伴侶關係中的主要連結，其他細線則輔助、強化主線，增加關係的多元性與樂趣。線路暢通的伴侶情感交流自然順暢；若線路稀疏、狹窄、阻塞、損傷甚至斷裂，情感交流必然枯竭斷訊，伴侶間必然疏離冷淡，偶而傳送的訊號也很容易被扭曲誤解，引發衝突。

例如，一對夫妻除了一起養育子女共同持家之外，沒有任何其他交集或情感連結，意謂著這一段婚姻乃以責任為主，沒有其他調味；萬一責任愈來愈沉重，又遇到意外的天災人禍打擊，關係很可能岌岌可危；另一對伴侶，他們除了責任共擔之外還有不同層面的情感交流，他們都喜歡看劇、都喜歡旅遊、喜歡一起做菜，那麼他們的情感牽繫必然更厚實，關係可能更禁得起考驗。

當伴侶前來求助，諮商師可以評估他們牽繫的**層面**與**品質**，層次愈豐富、連結愈粗實，關係愈可能穩健；如果其中一條主纜線斷裂損傷，例如信任，那麼他們的關係很可能已經岌岌可危，彼此陷入痛苦絕望，隨時可能有一方想放棄。諮商師會仔細盤點檢視伴侶之間有哪些牽繫，每一條牽繫的品質狀態，然後告訴伴侶他們有哪些牽繫仍完好，哪些牽繫待修復。讓伴侶知道他們的關係尚有好的基礎，可以讓他們更客觀評估關係狀態，對修復更有信心；讓他們知道關係的傷口在哪，可以讓他們更願意與諮商師一起努力修復；工作目標明確，也利於日後評估諮商成效。本章稍後的說明會展示，當伴侶開始重整一樓時，二樓的救火與修繕工作也會事半功倍，進行得更順利。

愛的地圖（梁柱）：伴侶對彼此的瞭解與掌握程度

現在我們來介紹一樓的梁柱，也就是基礎建設。經年累月相處的一對伴侶，自然會瞭解彼此的喜好與禁忌，高曼稱為「**愛的地圖**」，也就是心中儲存著一張伴侶的偏好與禁忌的清單。愈清楚對方的好惡，愈能知道如何投其所好來增進相處時的融洽與親密。換言之，根據高曼這位一生研究關係的學者的看法，親密感的基礎不在於浪漫驚喜，浪漫驚喜像跨年煙火，沒有伴侶能靠放煙火維持長遠關係；親密感的基石在於彼此瞭解，然後在生活中運用這份瞭解去體貼、照顧對方。

這份體貼與照顧，會默默進入伴侶的心，讓伴侶對這份關係感到幸福與感激，即使日後伴侶間發生摩擦衝突，不會立刻放棄，願意投入心力嘗試解決問題。也就是平時善待彼此所累積的點點滴滴，彷彿是銀行存款，金額隨時間逐漸累積；發生摩擦則像提款，小摩擦是小額提款，大衝突是鉅額提款；當提款金額超過存款餘額，就會出問題。換言之，平時勤儲蓄有助於遇到挑戰時能順利克服困境。這個概念高曼稱之為「**感情帳戶**」，威拉德．哈利（Willard Harley）則稱之為「愛情銀行」（Love Bank）。

諮商師可以從一個人對他的伴侶的喜好與禁忌的掌握程度，推測他心中愛的地圖的「解析度」。解析度愈高自然愈好用，解析度愈低，代表一個用鷹架臨時搭建、結構不穩的一樓。諮商師可以鼓勵伴侶開始去重視、去注意伴侶的喜好與嫌惡，讓愛的地圖解析度逐漸提升，讓感情帳戶資金充沛，不怕金融海嘯衝擊。

邀請與回應（家具）——建立與保養牽繫

本書第二章介紹如何保養親密關係時，提到過高曼提出的「邀請與回應」這個概念。「邀請」（bidding）是一種對對方有興趣、想與對方交流情感的任何舉動，可以透過任何形式，例如問候、詢問對方、邀請一起做一件事；也可以透過非口語的行動傳遞，例如握手、輕拍、擁抱等（關懷撫觸）；微笑、做鬼臉、飛吻等（表情）；搔癢、打鬧等（玩耍撫觸）、開門、讓座、幫忙拿東西等（服務）、甚至只是發出一個聲音：笑、嘆氣、口哨、呻吟，或是兩人專屬的特定聲音，讓兩人在滿街人群中可以立刻找到彼此。形式不拘，重點是向對方「發出一個邀請」。

一方發出邀請後，對方如何回應就成為決定關係品質的關鍵。高曼總結出三種伴侶反應，決定一段關係接下來往截然不同的方向發展：**接納、抗拒**與**忽略**，也就是正面回應、負面回應、以及不回應。在第二章我們說過，正面回應自然最有助促進情感交流，負面回應則帶來反效果，但對關係傷害最大的卻是沒反應，把對方當空氣、冷暴力。如果你記得本書第五章提過「築牆」（Stonewalling）是「末日四騎士」中最嚴重的警訊，應該不會感到意外。

簡言之，費心思搞浪漫也許可以帶來刺激新鮮感，但真正讓關係的基礎穩固，甚至開花結果的秘訣，是在每天日常生活中適時發出邀請，同時把握住伴侶發出的每一次邀請，不要漏接讓球落地打碎。

社會文化背景脈絡（裝潢）：華人伴侶的獨特牽繫風格

一對伴侶從約會、選擇在一起、相處、維繫關係，過程充滿各種考慮，也很難不受周遭人、所處社會文化環境的影響，因此一對台灣夫妻與美國夫妻、或與在美國長大的華裔夫妻，在關係中重視的、感受的、做出的行為都不會一樣，而這些差異背後必然有文化的影響。在評估他們的關係牽繫品質時，自然必須將這個社會文化背景脈絡納入考慮。

儘管很少會有心理專業人員反對將文化納入考慮，但本地專業養成教育中，無論是理論與研究成果，絕大部分來自翻譯教科書，因此所謂在諮商中將文化納入考慮多數僅止於口惠。少數科系有針對「多元文化」開授專門課程，但無論教材來自翻譯或本地學者，內容討論的重點其實是「多元」，也就是面對不同膚色、性別、種族、社會階級時的敏感度及尊重、實踐公平正義，在西方社會這是會出人命的重要議題。尊重多元當然重要，但台灣心理專業人員更關心的，可能是代代相傳、深深影響本地伴侶擇偶、表達情感、處理衝突等等的「生活文化」，這些卻無法透過倡議多元來學習。

想像一下我們在諮商室可能遇到的情境：一對六十歲出頭的夫妻前來諮商，先生來自南部大家族、太太娘家在北部。你能感受到這位先生顯然很愛他太太，而他愛太太的方式很含蓄委婉，他默默補位承擔起許多太太不擅長的事，即使與他自己做事風格差異很大，他從未對太太說過一句重話；太太來自一個軍人家庭，全家人表達情感的風格都很直來直往，遇到這個悶葫蘆先生，經常把她急得半死、氣到吐血。諮商師當然可以針對這對夫妻的「追逃模式」進行工作，但如果意識到二人文化背景的巨大差異，對於如何協助他們瞭解彼此的情感牽繫風格，收到對方表達的愛意，會很有幫助，所謂「追逃模式」可能就自然消融，不一定需要處理。

下一對夫妻，三十幾歲，先生工程師太太會計師，二人講起話來邏輯清晰、節奏飛快，唇槍舌劍的程度簡直像在諮商室進行辯論賽。當諮商師費了九牛二虎之力讓二人回憶當初喜歡彼此的點，太太說欣賞先生老實可靠，先生說喜歡太太不亂發脾氣，害諮商師差點在心裡原地往生，不確定再花洪荒之力是否真能挖出石油。稍後太太隨口透露先生發生車禍後那段時間是他們夫妻關係最好的時刻，先生眼眶立刻溼潤，說那時太太辛苦地照顧他，他一輩子還不完這筆恩情債。諮商師心裡突然浮現「同甘苦共患難」這句俗語，對這句話背後承載的情感內涵有了更深一層的體悟，學到下一次可以去哪裡找華人夫妻的牽繫。

關於如何將社會文化背景脈絡納入考慮，辨識華人伴侶的獨特情感牽繫風格，儘管已經有大量本地學者關注、嘗試進行研究，但目前為止恐怕尚未能找到有系統的理論視框及工作方法。因此本節只能以案例情節來呈現，希望喚起伴侶諮商師的敏感度，在諮商過程中目睹時，能及時捕捉，善於運用。

感情增溫會談：讓伴侶關係透透氣，常保新鮮

一棟房子要住得安全舒適除了要有梁柱、家具、裝潢之外，還有「通風」問題。一對伴侶之間情感的牽繫是否豐富而堅韌，是否定期保養確保情感交流暢通，是否發展出專屬於二人的獨特情感交流管道，都會影響伴侶在面對外部挑戰時的存活率，以及彼此心中的幸福感。伴侶諮商師可以透過「感情增溫會談」，協助伴侶強化情感牽繫。這是一套本地研發的獨特工作方式，以下具體說明之。

「**感情增溫會談**」（The Rekindling Interview）是趙文滔、許皓宜（2012）提出，經一系列研究釐清其工作過程並確認其臨床成效的一套諮商程序，目的是協助伴侶找回、深化、或修復關係上

的牽繫。與傳統伴侶諮商不同的是，對象可以是任何伴侶，不需要等關係出現困難才進行修補，因此可用來為伴侶關係進行保養與健檢（蕭維真，2016）；但也可針對已出現困難、來尋求諮商的伴侶，與特定諮商介入搭配，進行「動手術與補氣血並行」的伴侶諮商。有研究支持這樣的作法對真實臨床案例能產生療效（蔡芳晏，2020）。

根據多層次牽繫理論，無論在一起時間長短，一對伴侶必然累積許多層面的牽繫，有些堅實穩固如跨海纜線，強度足以支撐一段遠距關係；有些則傷痕累累甚至藕斷絲連，一不小心就會引發斷線危機（分手）；還有些牽繫因各種因素年久失修甚至斷裂，導致交流困難。無論堅固、傷痕累累或斷裂，伴侶自己不一定清楚他們目前有哪些情感牽繫管道，其連結的頻寬與訊號的品質如何。感情增溫會談的任務，就是確認、強化與深化伴侶間的各種牽繫，或修復受傷的重要牽繫。

蕭維真（2016）的研究發現，經歷感情增溫會談後，伴侶可能會出現下列反應。這些反應可以作為增溫效果指標，出現愈多代表增溫效果愈顯著：

1. 感覺彼此更靠近，更親密；
2. 更理解、更感激、或更欣賞對方；
3. 重燃熱情，像回到戀愛的感覺；
4. 提高對這段關係的滿意程度；
5. 增加對這段關係的信心（相信二人未來能持續發展）。

感情增溫會談包含四個核心步驟。這四個步驟可根據會談過程狀況彈性運用，調整其順序，或重複其中某一步驟以提煉或加深某項牽繫。以下對話範例摘錄自蕭維真（2016）論文研究中，接受感情增溫會談的真實伴侶。

步驟一：盤點牽繫

1. 回憶

透過提問，邀請伴侶主動回憶起與牽繫相關的經驗，例如：

(1) **如何在一起的過程**：「怎麼認識的？」、「誰開口提出要在一起？」、「如何決定願意和這個人結婚？」
(2) **對方吸引自己的點**：「對對方的第一印象是？」、「對方最吸引你的是？」、「對方有哪些讓你很欣賞的特質？」
(3) **特殊時刻**：「對方做過最讓你感動的事？」、「對方經常打動你的日常小事、習慣或儀式？」
(4) **其他關係牽繫經驗**：當對方生病／出事時、曾共同面對困境低潮

2. 聚焦

諮商師從伴侶的故事中聽到有潛力的線索，邀請伴侶針對某一主題分享可能與牽繫相關的經驗。即使看似負面的經驗，可能可以提煉出強大的牽繫……

(1) **外遇經驗**：「外遇發生後，你怎麼知道自己還想跟這個人繼續走下去？」、「後來他做了什麼讓你逐漸恢復對他的信任？」

(2) **過去關係受傷經驗：**「他這樣讓你失望，你曾考慮過離開，是什麼讓你最後決定留下？」、「是什麼讓你放不下這段感情？」、「曾經分手了，後來怎麼決定復合？誰提出的？」

(3) **韌力（resilience）經驗：**「是什麼讓你願意等他狀況好點，再去主動和好？」、「這些年來，你怎樣去包容那些他讓你受不了的點？」

步驟二：提煉深化牽繫

1. **打光（highlight）突顯牽繫：**將伴侶間的連結點凸顯出來以強化牽繫，例如：

伴侶 A：我覺得誠實跟坦白對我來說很重要，因為可以給我安心的感覺，我不需要猜測他在講這句話的時候是不是其實心裡在打算、是不是像他表面說出來的那樣，我不喜歡去猜背後的動機……

諮商師：**而他恰好就是很坦誠的人！**

伴侶 A：非常，就是即使我不問，他也會自己講，對（笑）。

2. **從個人特質的描述，提煉出牽繫：**當伴侶描述對方特質或行為時，諮商師進一步探問或釐清**這些特質對關係的影響**，將討論焦點從對方個人特質轉到兩人互動模式，協助伴侶看見牽繫，以及這份牽繫對當事人的獨特意義。例如：

伴侶 B：他是一個心胸很開闊的人，他常說，別人就是這樣子啊，或者是世界就是這樣子啊，不需要去糾結在無法改變的事情上面。

諮商師：**為什麼這個這麼吸引你？**

伴侶 B：因為我很容易糾結（笑）

諮商師：**所以你很需要一個，可以對這個世界這麼包容的一種……、可以讓你自己不要那麼……**

伴侶 B：會讓我覺得好像其實也沒這麼嚴重吧，然後就慢慢地就可以覺得真的是沒那麼嚴重。

諮商師：**喔，他給你一種力量，讓你可以比較平靜。**

3. **鼓勵伴侶表達在關係中的情感內涵**：在當事人的分享中探問、鼓勵他進一步表達其中的情感，提煉出情感面的牽繫。例如：

伴侶 C：傾聽是他大學原本的訓練，所以我能很放心的把我的事情跟他講，他會回應出能理解我心情的回應，我就可以沒有負擔的跟他講。

諮商師：**那種講出來被理解的那種感覺是什麼？**

伴侶 C：就有人懂……因為我很少跟別人講比較內心的東西，那時候可以這樣講，一來是覺得他跟我的生活圈比較遠，可以比較放心講……（**諮商師：可是越講就越覺得他很能懂你**），對，他懂…傾聽是我覺得滿重要，而且是我欣賞的地方。

諮商師：**所以那個傾聽會讓你跟他有一個很深的連結對不**

對，你本來不容易對人講的東西，但你講出來他很快抓得到，讓你更願意跟他講，**那個連結就越來越強**。是這樣嗎？

伴侶 C：是這樣。

4. **揭露未表達（或與表面字義不一致）**的情感：如果當事人不擅於表達情感，諮商師可以反映他的內心情感狀態，協助他把沒講出來的情感牽繫揭露出來。下面這段對話，雖然當事人說的是他的伴侶表達太誇張，但諮商師聽出他的感受是正面的，協助他把這部份正面感受表達出來。

伴侶 D：有時候，就是剛才講的那些事，他都能給予誇張的回饋，我還會跟他講說：你有沒有太誇張！

諮商師：**對，可是你的心裡還是滿開心的。**

伴侶 D：對啊，就開心還是會有，就他並不會吝嗇給予肯定。

5. **提煉牽繫中的意義**：當伴侶正在經驗牽繫中的強烈情感時，諮商師可以協助釐清其中的意義，來深化牽繫。

伴侶 E：前陣子我跟家人有摩擦，其實我與家人的關係並不是很好，有時候我會跟他講，但也不會講太多他也親眼看過我跟家人講電話的情景，口氣其實是很差的（停頓 15 秒）但儘管就是，這麼不好的態度口氣（開始哽咽）呈現在他面前（停頓 21 秒，伴

侶挪動坐近當事人，頭放在當事人肩上，伸手環抱他)，他還是始終認為，還是相信我是一個善良的孩子（伴侶頻頻點頭）

諮商師：**這個對你很重要對不對，有一個人那麼相信你，即使是在你最不好的狀況的時候，還是相信你**（當事人點頭），**這對你的意義是什麼？如果它是有意義的話……**

伴侶E：嗯……應該是說，就是這麼不好的一面，就是跟自己的家人關係沒有那麼好，然後那個互動真的是很不好、衝突，可是他知道我不願意，不願意這樣（哽咽）他還是相信我不想傷害任何人（伴侶點頭）

步驟三：核對知覺，確認另一方聽懂並收下（acknowledge）對方表達的經驗與愛意

諮商師協助伴侶的其中一方表達揭露情感牽繫後，需要與另一方核對，確認他聽到、感受到什麼，因為表達端與接收端常常會出現落差。如果聽的一方沒收到，就糟塌了珍貴的情感表露，也會讓表達的一方覺得挫折。

諮商師可以從聆聽者的反應，判斷他是否有聽見、聽懂、收下，是否被伴侶的分享觸動；也可以從當下的非語言線索，看出二人的牽繫是否穩固，情感是否能順暢流動。

諮商師：**你有聽過他這樣子說嗎？**（另一方臉上出現笑容）**你知道這件事嗎？**

伴侶 F：我有逼問他（露出害羞狀，三人都大笑）

諮商師：**哈哈哈，所以你知道？**（F 笑著說「對」）**那你剛剛聽他講你的時候，心裡有什麼反應？**

伴侶 F：滿開心的（浮現幸福的笑容，對方也微笑）

當聆聽者的回應未能有助於釐清牽繫，例如伴侶覺得被感動的事，當事人淡淡的表示「只是做應該做的」，這時諮商師可聚焦強調彼此間的相互連結（影響、意義……），協助伴侶知覺到他們關係中的某種牽繫。有時這項工作需要反覆確認和引導才能達成。

諮商師：**你知道這件事嗎？**

伴侶 E：他有說過一兩次，但是我覺得，因為本來出去玩就需要一些金援，所以我必須要去分配一下我的資源這樣。

諮商師：**可是你知道原來這個其實對他有滿大的意義嗎？這件事情？雖然你很願意做。**

伴侶 E：有吧（二人皆笑）

諮商師：**嗯，你知道，你知道這個對他意義很大？**

伴侶 F：（看著 E 問）你知道嗎？

伴侶 E：（看著 F 講）因為我覺得滿平常啊，不是都這樣。

諮商師：**對你是很平常，可是對他其實是會放在心上的事情，這個你知道嗎？**

伴侶 E：這個，喔這個我可能，我可能不知道。

諮商師：**那你現在知道，你的反應是什麼？**

伴侶 E：就覺得，嗯……很棒（三人笑）

步驟四：回應對方，使情感循環

當伴侶知覺到彼此的某項牽繫後，諮商師協助聆聽者表達出聽到之後的反應，透過探問、提煉，一方面深化聆聽者對這段牽繫的感受，另一方面也讓伴侶能收到回應，進一步深化兩人的牽繫。

諮商師：**你知道這件事情嗎？你知道這件事對他很重要嗎？**

伴侶 F：沒有像今天知道的那麼清楚。

諮商師：**那你現在有什麼看法？你剛剛聽他這樣講的時候，可以看得出來這件事對他真的是滿大的意義的，你心裡的反應是什麼？**

伴侶 F：就他真的很善良（笑）……在各式各樣的事情上面，只是，大家在關係裡面對彼此都有一些期待，但當那個期待已經高過所能負荷的時候，我覺得要去釐清楚然後當然保護自己是重要的。

諮商師：**所以你還是會很相信他，因為你看到他的那一面，你覺得善良的。**

伴侶 F：有……他其實很少會跟我講，可是從幾次小小的事情上面，我覺得，就是他的善良是真的沒有被看到，是真的沒有被看到。

諮商師：**而你的看到，好像對他是有很大的意義，對不對？**

伴侶 F：嗯。（點頭）

諮商師：**那這件事情對你的影響是什麼？你的看到對他是很有意義的這件事情。**

伴侶 F：我覺得我好像，找到了一個大家都沒看到然後很珍貴的東西，而這很珍貴的一面，好像也只有在我面前出現。有一種很特別的感覺。

諮商師：**是一種你們之間很特別的一種連結對不對？你很相信、看得到他善良的那一面；對他來講也是很重要的一件事，被看見，而且被支持、被相信。**

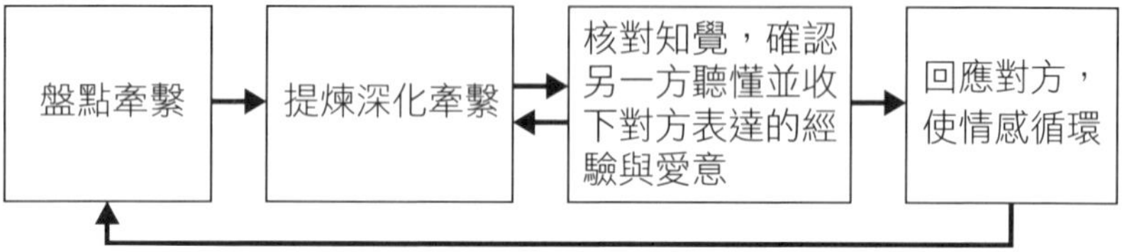

圖 7-1　感情增溫會談四個核心步驟

綜言之，透過感情增溫會談，諮商師可以協助伴侶盤點確認並強化他們關係中不同層面的牽繫強度與品質，讓情感的交流更順利。一方面讓伴侶更清楚對方在關係中的牽繫狀態，即對方受自己什麼特質吸引，自己做了哪些讓對方開心感激，對關係有幫助的事，日後可以繼續比照辦理，甚至更有意願繼續；另一方面也讓伴侶更清楚自己的牽繫狀態，更有意識自己喜歡對方的什麼特質，對方做了什麼感動自己；還可以讓伴侶知道自己平常默默的努力有被對方看見、被對方肯定與感激，知道自己對對方有影響，確認自己在這段關係中的價值，這種關係存在感與價值感除了對維繫關係有幫助，對於自我價值亦有穩固效果；最後還能確認對方的投入程度與心意，可讓伴侶對這份關係更有安全感，對這份關係的未來更有信心，更願意共同努力經營關係。

「感情增溫會談」像定期進場保養，讓伴侶間的情感交流保持順暢，及時排除小障礙，不用等出大事、出車禍再抬進來維修。可惜多數伴侶對關係維繫尚未有「定期保養」的觀念，值得教育者及關係工作者多加倡導，以提昇促進國人關係健康。就和醫療一樣，愈早處理付出的成本會愈低，預後的成效也會愈好。

創傷伴侶的感情增溫

除了保養，感情增溫的方法也可以應用在已經遭遇危機的伴侶。常遇到的挑戰是，諮商師想協助伴侶進行增溫，伴侶卻忍不住想講衝突與摩擦的內容，破壞增溫效果。經驗不足的諮商師會不知如何是好，以為可以讓伴侶抱怨一下再回來增溫；或者無力阻止伴侶抱怨，搞得氣氛愈來愈僵，增溫效果大打折扣，弄巧成拙。

蔡芳晏（2020）的論文研究針對一對經歷外遇事件的夫妻進行十次伴侶諮商，來確認感情增溫會談是否可運用在已經出現嚴重困擾的伴侶，能否緩解他們的痛苦，並釐清是如何達成正面療效的。透過該對伴侶在諮商後的回饋以及六個月後的追蹤，他們之間原本嚴重的緊張關係，以及妻子的恐慌症狀都明顯舒緩。蔡芳晏的研究拓展了感情增溫的應用範疇，確認其療效，並整理出可以促進外遇伴侶諮商中感情增溫的六個面向，且呈現心理師在諮商歷程中如何一步步協助伴侶達成感情增溫。

表 7-2 是針對外遇伴侶的感情增溫可以工作的面向（「任務」），以及每一個面向可以達成的工作目標。

表 7-2 感情增溫的六項任務，及各項任務之子目標

增溫任務	增溫目標
盤點 盤點關係裡的正向成份、支撐基礎，或關係受到衝擊後的正向轉變	一直以來的關懷與付出，被對方看見或感謝
	增加關心與交流
	更加意識到自己愛對方
	得知對方對自己的愛
	即時表達感謝
解方 找出解決困境的辦法	釐清、找出有效安撫伴侶的方法
	找出生氣時仍可以收下伴侶安慰的方法
	找出能安全抒發情緒、平復心情的方法
接收 收到（acknowledge）對方為關係所做的努力	對方將自己的好放在心上
	互相體恤與支持打氣
	伴侶幫忙自己尋找提振心情的方法
心意、意願 對方願意維繫關係	生氣時願意努力嘗試接收伴侶的安慰
	伴侶願意嘗試安全抒發情緒、平復心情的方法
	伴侶願意重建安全感
	伴侶在困境低潮中仍願意嘗試修復關係
清創 處理核心議題，讓兩人能共同面對、修復創傷	兩人成為互相合作，共同面對打擊的隊友
	處理外遇者對伴侶關係的罪惡感
	處理被外遇者對伴侶關係的不安全感
更新 見證關係改善，或增加新的情感交流方式	見證安全感有增加
	見證彼此能謹慎處理衝突，減輕衝突的傷害
	減少諮商頻率後關係仍能維持穩定，見證關係已經走過低潮

增溫任務	增溫目標
	學會建設性互動，讓對方感受到被愛
	了解對方行為背後蘊含的情意

上述不同任務會在諮商過程不同階段出現，反映出心理師會在諮商不同階段針對不同層面進行增溫，各項任務出現在諮商哪個階段請參考圖 7-2。其中有幾項任務重複出現在不同階段，反映出增溫是以遞迴的方式推進。某些任務會重複出現在不同階段，例如「盤點」出現了五次（分別是第 1、3、5、8 及第 10 次諮商），「心意、意願」也出現了五次（第 2、3、4、6 及第 8 次），「清創」出現三次（第 5、6、7 次）而且集中在諮商中後期。這個分佈顯示，感情增溫諮商中的每項任務，會出現在特定情境脈絡中，達成不同功效。

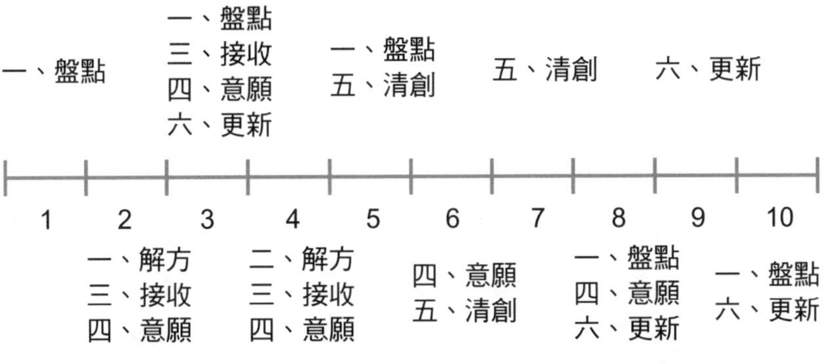

圖 7-2　六項增溫任務在十次晤談裡出現的位置

在進行每一項增溫任務時，諮商師會運用「邀請（盤點）」、「深化」、「核對」與「提煉」四個步驟來達成增溫目標。原則上遵循這四個步驟順序進行，但也有些時候順序會調動，視諮商過程脈絡情況而定。這四個步驟基本上與蕭維真（2016）的研究成果一致，內容請參考前面說明。

儘管與現有其他相關理論的觀點不太一樣，根據蔡芳晏（2020）的研究成果，把外遇伴侶的工作重心優先放在重建伴侶關係，而不是直接修復外遇創傷，或鼓勵道歉與原諒，是實務上可行且有效的作法，而且重建與強化關係在伴侶諮商全程都可進行。持續的關係增溫顯然可以讓伴侶更能準備好進行創傷的修復，不會因為創傷引發的激烈反應而讓伴侶對關係失去信心，想要透過離婚來止損痛苦。

其他強化情感牽繫的工作方式

除了上述結構性的增溫會談，還有很多體驗性活動可以達到促進伴侶間感情增溫的效果，以下介紹的方法乃根據所羅門與塔特金（Soloman & Tatkins，2011）加以改編。

「關係距離場」

這個活動透過體驗的方式，發現關係中不同的距離分別帶給二人的感受。活動約五十分鐘，結束前會有十分鐘讓伴侶分享體驗心得，活動過程讓伴侶全程盡量保持不說話。如果伴侶忍不住說話或不斷發笑，會干擾體驗效果；若伴侶能維持全程眼神接觸，效果會更好。

首先請其中一位伴侶 A 站在場地的底端，另一位伴侶 B 站在離 A 最遠處，彼此面對面，距離可依場地調整，盡量讓二人直線距離最遠。以下是活動進行程序及指導語。

「A，請你注視你的伴侶，試著去感受他在不同位置帶給你的感覺。B，等一下我會請你慢慢的往前走靠近A，請你盡量慢慢地走，走每一步時都去感覺對方和你的距離帶給你的感受，然後停在你想要停的地方，無論想停在哪都沒關係，但請全程注視對方。清楚了嗎？有沒有什麼問題？」

「B你準備好了嗎？現在請開始走。」

B停住後，問B：「你在這裡感受到什麼，讓你決定停下來？」

問A：「這是你心裡希望B停的位置嗎？你比較喜歡他更靠近，還是遠一點？」

「現在，請B往前再走一大步」，問A：「B這樣靠近，讓你感覺比較好、沒差別、還是感覺不好？」

「請B往後退1～2步」，問A：「現在感覺如何？更好、沒差、還是更糟？」

（若退二步沒感覺，可以讓B退至房間最遠端，或開門退出房間。）

「請B原地轉身背對A站」。問A：「現在感覺怎麼樣？更好、沒差、還是更糟？」

「現在請B轉回來（面對A），走過去盡量靠近A、近到完全貼身靠近他，然後維持在這個位置」，問A：「這樣感覺如何？」

「A可以做任何移動，調整到自己覺得舒服的位置」，問A：「現在你感到完全放鬆了嗎？」

問B：「你喜歡他這個調整嗎？」

「如果願意，現在你們可以擁抱彼此，彷彿已經很久沒見面，終於又見到對方的那樣彼此擁抱，然後維持在擁抱中一會兒。」

（**等伴侶開始鬆開，或約 1 分鐘後。**）

「現在我們雙方交換位置，再來體驗一次。」

（**二人交換位置後，重複上述程序。**）

「現在，請兩位分開，找到一個彼此舒適的距離，面對面坐下來」

「請注視對方眼睛，接下來幾分鐘不要說話，好好的看著你眼前的他」

（**2 分鐘後。**）

「請繼續看著彼此。我想請 A 對 B 說：「謝謝你來到我的生命中」。（**A 複述：「謝謝你來到我的生命中。」**）

「我會照顧你」。（**A 複述：「我會照顧你。」**）

「現在換 B 對 A 說：謝謝你來到我的生命中」。（**B 複述：「謝謝你來到我的生命中。」**）

「我會照顧你」。（**B 複述：「我會照顧你。」**）

活動結束後，邀請伴侶分享此刻的感受，及對今天活動的感想。記得讓二人都有機會講話。

以上的體驗活動乃根據人際神經生物學的原理設計，目的在直接喚起伴侶體感性的情感經驗，繞過認知防衛系統加油添醋扭曲否認，直接透露伴侶在關係中的狀態。因此心理師對生理線索要很敏感，才能及時捕捉伴侶在活動過程浮現的各種細微反應；同時要具備人際神經生物學知識，能理解這些身心反應可能透露的關係線索，進而評估伴侶各自的身心狀態，甚至當場設計量身訂做的活動來加強伴侶的體驗，以增進他們對目前關係狀態以及自身反應的理解。因為牽涉大量人際神生物學的知識與工作技術，無法在本章展開說明，有興趣的讀者可以參考瑪莉恩．所羅門與史丹．塔特金（Marion Solomon & Stan Tatkin，2011）的書。

總結來說，本章說明如何評估伴侶關係莊園模型的一樓，也就是伴侶關係的基礎建設的狀態，以及如何透過各種方法促進、強化、或修補這個關係基礎。如果缺少這一環，伴侶諮商容易變成只聚焦處理衝突的調解者；如果沒有、或不知道要持續經營培養牽繫，伴侶關係很容易變成只是同住室友，或是一起過日子的隊友，遲早會走不下去，就像根系發育不良的植物遲早要枯萎。

最後要提醒的是，感情增溫是經研究確認的一套程序，每個步驟有清楚的目標與操作原則，並非只是讓伴侶說說彼此好話、講講正面經驗。根據過去培訓新手伴侶諮商師的經驗，如果沒有真正掌握原則，感情增溫會談過程中伴侶很容易出現爭執，會談當場變調成為抱怨與攻擊，不但沒有增溫效果反而會導致副作用，請伴侶諮商師們使用時務必謹慎。

參考文獻

Marion Solomon & Stan Tatkin (2011). Love and War in Intimate Relationships: Connection, Disconnection, and Mutual Regulation in Couple Therapy. NY: W. W. Norton & Company, Inc.

Stan Tatkin (2018/2023)。《大腦依戀障礙：為何我們總是用錯的方法，愛著對的人？》，橡實文化。

詹椀喬（2023）。華人女兒面對家人反對伴侶關係之歷程——親情與愛情的交互影響。國立臺北教育大學心理與諮商所碩士論文。

蕭維真（2015）。把愛找回來——伴侶諮商感情增溫歷程研究。國立臺北教育大學心理與諮商學系碩士論文。

蔡芳晏（2020）。為關係療傷止痛：感情增溫運用於外遇伴侶諮商個案研究。國立臺北教育大學心理與諮商學系碩士論文。

第八章

維持長期穩定關係

有些人經歷過很多段親密關係，但從未進展到長期穩定階段，總是在熱情退卻之後就認定「不愛了」、「不適合」，急著找下一個對象或婚外情填補寂寞，或者被責任與社會眼光綁住無法脫身而苦不堪言。這樣的人像每次都還沒走到第一個涼亭就喊累回頭的登山客，永遠不會知道山上的風景。

有些人具備婚姻市場上的「好條件」：美貌、多金、身材好、家世背景強大……這些人一旦結束一段感情，只要在社交平台上宣布恢復單身，立刻有人排隊追求，這樣的人也容易沒機會看到山頂風光，因為只要在關係裡遇到任何不順利就立刻換人。反而是大多數「條件平庸」的人，因為沒有人在門口排隊，只好認命努力經營關係，反而比較有機會在一段關係裡走得長遠，欣賞到山頂風景，在心裡悄悄對自己說：「老天爺畢竟還是公平的！」

從本書的三層樓房模型來說，山頂的風景就是所謂「三樓」，只有能把一樓和二樓經營好的伴侶，才有餘裕去蓋專屬他們房子的三樓。二層樓房也足以遮風避雨，為何需要三樓？一段長期穩定的關係，能帶給伴侶什麼額外福利，值得他們努力往三樓擴建？如果知道了三樓有什麼好康，即使你條件好到不乏候補追求者，可能也會願意與一個伴侶好好經營一段千金不換的關係。

能通過考驗進入長期關係的伴侶，在經年累月的累積之下，經常會發展出獨特、外人難以理解的風貌。許多年輕人不能理解父母那一代的婚姻，認為整天拌嘴吵鬧為何不離一離算了；年輕的心理師也可能看不懂年長伴侶的關係模式，因為和翻譯教科書上呈現的很不一樣，如果以教科書為標準，很容易誤以為年長伴侶關係問題重重。

本章討論長期伴侶關係才會出現的產物，也就是伴侶之屋的「三樓」有些什麼內容？能發揮什麼功能？一對伴侶如何能經營出他們獨特的三樓？首先來看看：為何值得長期經營？

長期伴侶關係的紅利

婚姻能促進健康、延長壽命已經是學界共識，不過許多社會大眾可能還半信半疑，以下簡要列舉一些科研證據，增加大家的信心與意願。多個國家的長期追蹤研究結果顯示：**婚姻能延長壽命**。美國研究顯示已婚者比單身人士明顯活得久，而從未結過婚的人又比離婚、分居的壽命更短，男女皆然（Kaplan & Kronick，2006）！六十五至八十五歲美國公民，已婚男人平均比未婚男人多活二．二年，已婚女人平均比未婚女人多活一．五年（Jia & Lubetkin，2020）。換言之，不論婚姻品質，僅僅結個婚，壽命就完勝單身狗，若能維持住婚姻，再贏離婚分居組！

不只延命，**婚姻還能維護健康**，讓你活得更有尊嚴。日本研究顯示，未婚男人比已婚男人因心臟病死亡的機率高出三倍；自一九四八年起，在美國麻州進行的長期研究更明確指出：即使排除年齡、體脂肪、抽菸、高血壓、糖尿病、膽固醇等心臟病高風險因素，已婚男人因心臟病致死率比單身男人低百分之四十六！（參考 The Framingham Heart Study）試問有哪個健康食品能擊敗這個驚人數據！

比起未婚者，已婚癌症病人轉移率較低、接受治療率較高、死亡率較低，且男病人比女病人的已婚保護效應更顯著。針對前列腺癌、乳癌、直腸癌、食道癌、頭／頸癌，**婚姻狀態對癌症存活率的助益甚至高於化療**（Aizer，Chen，McCarthy，Mendu，Koo，Wilhite，Graham，Choueiri，Hoffman，Martin，Hu & Nguyen，2013）！

除了健康紅利，長期穩定的婚姻還有一個小小的附帶好處：**讓你成為百萬富翁**。湯瑪斯．史丹利（Thomas Stanley，2010）訪談了一群淨資產超過百萬美金、白手起家的富豪，發現他們的結婚年數遠超過美國夫妻平均婚齡，而且婚齡長短直接與他們的家庭淨資產成正比，也就是婚姻維持的愈久財產愈多。美國富人排行榜上的長年前三名，婚齡都超過二十五年：傑夫．貝佐斯（Jeffrey Preston Bezos）二十五年，比爾．蓋茲（William Henry Gates III）二十七年[1]，華倫．巴菲特（Warren Buffett）有二段婚姻，第一段婚姻維持五十二年直至妻子過世，第二段截至二〇二四年已經十八年。想要累積財富的人，也許應該認真把婚姻經營好。

如果你之前沒想過財富與婚姻之間存在正相關，仔細想想就會發現很合理。排除那些繼承家產的富二代，才智平庸的人也可能一時好運成為有錢人，但很可能憑自己實力遲早把錢敗光。那些能維持在頂級富豪榜上的精明人，經營婚姻也一樣聰明。反過來講，如果夫妻間天天烏煙瘴氣，必然耗損大量精神，還剩多少力氣可以拼

1　傑夫．貝佐斯於二〇一九年與第一任妻子離婚；比爾．蓋茲與妻子於二〇二一年離婚。

事業？整天心浮氣躁很容易導致衝動消費，亂花錢安撫心情，很難累積財富。

如果你就不服氣，想和研究成果與統計學對著幹來證明人定勝天，請自便。但如果你願意參考研究建議，想多活幾年，想累積財富，請珍惜你的婚姻！如果你希望有好的生活品質與財富自由，在講究飲食、堅持運動、重視養生、努力工作之餘，請不要忘記保養你的伴侶關係，否則有可能功虧一簣，豈不可惜！

下面具體探討，如何提升伴侶關係品質，延長婚姻的保存期限。

共享意義感：伴侶關係長遠發展的核心

高曼提出三樓的核心是「創造共享意義」（creating shared meaning），不過他在這部份的說明有限（僅二頁，見 Gottman，1999：108-109）。本書贊同「共創意義感」是伴侶關係長遠且穩定發展的關鍵要素，可以發揮黏著劑作用，將關係裡各式各樣的元素接合起來，讓二個獨立個體成為一個整體。根據實務經驗，本書進一步主張：三樓至少包含三個面向：「共享意義感」、「共同願景」及「永續發展」。許多聰明伴侶會持續齊力建構一套屬於他們自己的獨特意義系統，這套意義系統能讓伴侶關係持續發展，在遇到逆風時（遲早一定會遇到）則能保護關係度過困境。就像一個好屋頂，能遮風避雨，也能讓整個屋子冬暖夏涼，既省電又省維修成本。可以說，好屋頂是伴侶關係之屋能達到環保永續的關鍵。

從擇偶、決定結婚、一起經歷一連串稱為「生活」的大小鳥事，一對伴侶會愈來愈認識對方與自己的價值系統。婚前認為自己都可以的，婚後發現有些事會讓自己抓狂，就是難以接受；在朋友間總是好好先生的配偶，婚後才發現對家人疾言厲色、斤斤計較。生活像一個公正又無情的篩子，遲早把每個人的真性情浮現出來，偏偏無法像面對同事可以忍耐假裝八小時，然後回家拿老婆小孩出氣，長期在同一個屋簷下相處的伴侶很難騙得了人。這正是長期關係的考驗，過不去這一關就只能被擋在門外，眼睜睜看著門內的幸福伴侶牽手灑狗糧。

如果你在心裡盤算：「那我一定要找一個能接受、包容我一切的人。如果他做不到一定是不夠愛我！」如果連你自己有時候也不太敢面對、不太能接受自己的某些面向，要求伴侶只能含淚收下盲盒不准客訴，會不會有點強人所難？大部分從少女漫畫清醒過來、講一點武德的人，都能接受伴侶關係有一個磨合過程，儘管沒人能保證磨合後一定能修成正果，但確實有方法能提高磨合的成功率。還記得第二章我們提到過阿瑟・亞倫（Arthur Aron）的三十六個約會問題，以及曼蒂・卡朗（Mandy Catron）的親身實驗嗎？定期與伴侶坐下來，逐條檢驗合約是否依然生效吧！

這個磨合過程的核心，就是在形塑一套兩人共享的價值系統。在這個磨合過程中，基於共同生活經驗，一起面對婆媳、教養、房貸、防疫等生老病死，自然會逐漸浮現一些二人共享的價值；原本彼此間存在差異的立場，也會不知不覺地逐漸理解、接受、甚至認同對方的價值，進而融合成二人共同價值體系；其中難免也有些價值自己就是難以接受，但婚姻成功組的夫妻都學會小心擱置這些爭議，不讓它們擾亂大局，有些高手夫妻甚至能拿來彼此開玩笑也不傷感情。不過人家高手有練過，請不要有樣學樣亂開玩笑，搞出事還是自己要面對後果。

在磨合的過程中，只要你忍住不要笨攪局，時間自然具有魔法，讓一對胼手胝足過日子的伴侶，不知不覺將二套價值系統逐漸融合成一套，形成他們自己獨特的一套意義系統。因此，即使是媒妁之言、指腹為婚的伴侶，也可能修得幸福姻緣。

華人傳統文化中，有許多信念會促進這個融合過程，例如「緣」、「報」，讓伴侶甘願認命投入經營關係，讓時間發揮她的魔法。可惜當今有些人認為傳統文化全是陋俗，沒有任何價值，又受個人主義文化影響，一個個長出驚人肥大的自我。二個肥大自我在關係裡彼此廝殺，時間女神也只能站在一旁搖頭嘆息。

從這個角度來看，關係中難以避免的「逆境」，例如配偶生病；失業、破產、小孩出狀況……，這些一般被視為避之唯恐不及的「衰事」，其實有機會讓一對伴侶發展出風雨同舟的情感，如果能堅持度過低潮，這些經歷會轉為養分，將伴侶關係鑄煉得更堅實，更經得起日後的風雨考驗。光是抱持這樣的態度去面對各種逆境的伴侶，都能具備更大的韌力迎接各種關係挑戰，自然提高了修成正果的機率。

反過來說，如果一對結婚幾十年的夫妻，當子女成年、彼此退休後就急著想離婚，也許是沒能從過去胼手胝足的經歷中提煉出正面意義，以至於找不到理由繼續待在婚姻裡。當一段婚姻只剩讓人身心俱疲的折磨，確實很難繼續忍耐下去。

來求助的伴侶通常帶著迫切的危機，讓伴侶諮商師忙著優先處理。當衝突的火勢緩和到一個程度，就有機會介紹一些促進關係長遠經營的觀念與做法，讓伴侶邊復健邊調理，讓關係開始朝向更健康、更低成本的營運模式發展，因此伴侶諮商師必須熟悉以下這些經營關係低成本、高效率的具體方法。如果諮商師能身體力行，在自己的伴侶關係中親身實踐，推薦時必然更具說服力。

連結儀式與信物：日常小心意的「累加效應」優於大動作的「煙火效應」

伴侶之間會自然發展出許多專屬於倆人的獨特事物，像是某一首「我們的歌」、一個特殊景點、一個節日、一個信物等等。這些事物可以在伴侶心中引發某種特殊情感，讓他們感受到彼此的連結，因此成為強化關係的一個象徵。這些信物完全不需要價值昂貴，任何小東西都可以成為承載他們情感記憶的珍貴寶盒。儘管它們不值錢，卻經常比花大錢買的禮物更有紀念價值。

隨著時間，有些伴侶會發展出某些彼此專屬的小儀式，例如出門儀式（親吻、送別）、用餐儀式（堅持上飯桌吃，不看手機、輪流分享一天生活）、睡前儀式（親吻、分享）、安撫儀式（當一方心情不好時）、和好儀式（衝突後）。中文的「默契」[2]一詞正是描述這種情況，這些小默契如果成為二人日常生活中規律出現的習慣，對於強化關係牽繫會發揮滴水穿石的驚人效果。

一般大眾比較熟悉的戲劇性下跪求婚梗，也能達到驚喜的效果，其原理似乎是在驚嚇中讓伴侶深刻記住這個浪漫時刻，成為日後可以反覆回味的甜蜜回憶，特別是日後當對方做出豬隊友行為時，特別適合想起來拯救關係。但比起大動作驚喜，小儀式浪漫因為成本低，可以無限重複，容易達到指數性疊加效果，因此對經營關係的效果絕不亞於大驚喜。其實閱讀本書至此，你大概已經發現了這個規律：**在關係經營上，日常小心意的「累加效應」總是優於大動作驚喜的「煙火效應」**。

2　有些人誤將「默契」當成「**如果他在乎，當然應該知道我需要什麼！**」。這種要求伴侶具備「讀心術」超能力反而是極易引發衝突的迷思，沒有促進關係的效果，且會導致伴侶隨時需要皮繃緊，對關係維繫意願產生反效果。

行事曆上的各種節日，正好提供機會進行上述的連結性儀式，例如農曆年假是家人間刷新連結的時刻，而情人節則是專屬伴侶的節日。如果能好好利用這些節日經營二人專屬的小儀式，經年累月下來可以累積不少關係紅利。同樣的，共同宗教信仰也提供類似的機會，讓伴侶可以在宗教範疇內進行許多有助於關係經營的共同活動，例如一起去教會、一起護持佛事，並在共享的宗教教義下，建構出彼此共享的價值系統。這些共享價值系統可以形成二人關係的堅強內核。

「共享意義感」的核心精神是：無論這個世界多麼令人失望，彼此過去累積多少陰影，現在你們倆可以合力共創一個屬於你們自己的新文化，打造出一個能遮風避雨、冬暖夏涼的小小人間天堂。

共同願景：促進隊友革命情感

如果意義感來自過去經驗積累與提煉，願景就是如何展望未來，二人是否望向同一方向，如果背對背看著相反方向就比較麻煩。當伴侶對於未來具有共同目標，願意朝向目標一起攜手努力，這個努力的過程會讓二人培養出一種革命情感，這種隊友情感與共同目標會讓二人面對各種逆境時，不至於輕易放棄關係。伴侶間常見的共同願景有：生養小孩、存錢買房、經營溫馨家庭氣氛（以療癒原生家庭陰影）、克服生命挑戰（破產、生病）。當成功達成目標後所獲得的滿足感與成就感，也會成為伴侶值得慶賀的回憶，進一步強化二人的夥伴情誼。

在形塑關係願景時，我們都會或明或暗的摻入自己對角色的期待：期待自己成為怎樣的妻子？要做到哪些才算是一個好妻子？期待伴侶成為怎樣的丈夫？哪些行為絕對不可以出現？期待自己或對方成為怎樣的媳婦？期待對方怎樣對待自己……有時候我們很清楚自己想要經營一個怎樣的婚姻與家庭，婚前就與伴侶約法三章，否則寧可不嫁不娶！有時候我們以為我們要求很低，一切都好說，進入婚姻後發現自己愈來愈不快樂，終於搞清楚自己其實有某些很具體的期待！

隱藏版作業系統

每個人對「愛」都有一份自己的理解與想像，有些來自耳濡目染（父母婚姻、浪漫文學、流行文化），有些來自過去親身經歷（創傷與陰影）。這些對關係的理解、期待與信念，深深影響我們在一段關係中的感受與反應，因而從一開始就默默決定了一段關係的發展與結局。例如一個女人如果期待婚姻將她從原生家庭（或其他事件）的傷害中解救出來，她對於關係應該要有的樣貌以及對她伴侶的言行很可能有一套未必言明的要求，而這些要求遲早勢必要在某處落空，畢竟他的伴侶不一定是來立志拯救她的（如果他恰好真是立志來拯救配偶的，恐怕也會有其他困擾）。當期待落空時，她的反應可能會很激烈，並且再次確認「**關係終究會令人失望！**」、「**男人果然不值得信任！**」。

同樣的，如果一個男人期待妻子可以照顧他生活的一切面向，讓他可以無後顧之憂全力衝刺事業，很可能會讓他的妻子既疲累又孤單，對這項未經討論未達共識的分工愈來愈不滿，卻不知如何能讓她的丈夫理解到問題所在。幾年後當妻子終於再也承受不了而提出離婚時，這個男人可能很震驚，完全無法理解究竟太太為何對婚姻充滿失望，甚至氣憤妻子無理取鬧，硬要拆散一個好好的婚姻。

又如果你將伴侶關係視為一種友伴關係，以友誼為核心的平等關係，一起生活，像室友。你對配偶的期待不會太高，像是「應該要負責及時拯救我的心情」，但可能也不會太親近，不會想讓對方知道你內心深處的黑暗面。舉了這些例子，就是想說明這些對關係的期待與信念確實深深影響一段關係的發展。如果關係成敗是果，對關係的信念就是因，而佛教說「凡夫畏果，菩薩畏因」。

不幸的是，這些信念往往無意識，進入關係前連我們自己多半都不知道我們帶著這些信念，往往是在關係磨合過程中，和伴侶一起驚訝地發現這些隱藏版作業系統，目睹這些信念對我們關係造成的影響。未受過專業訓練的人不見得能覺察到自己的關係信念，比較容易抱怨對方很有病、自己好可憐。

透過對話釐清期待

有些伴侶在決定踏入婚姻前會主動核對雙方對各種事務的立場，例如要不要生小孩、要不要與公婆住、要不要買房、房子買在哪等。這個看似瑣碎的對話可以釐清彼此對婚姻的許多歧異信念，避免婚後吵翻天、懊惱，但反悔的代價卻太高。這些常見爭執的底下，多半存在雙方價值觀上的差異，如果未能透過衝突事件主動討論釐清彼此價值差異，即使度過這次危機遲早還會為了別的事情吵起來，也就是治標沒治本。

有些教會會舉辦婚前成長活動，讓伴侶逐一討論，交換彼此對婚姻相關事務的信念與價值觀，例如家庭如何運作、如何表達與接收愛、希望怎樣的教養風格、想教給子女最重要的價值是什麼。這樣的對話可以讓伴侶開始思考自己在婚姻中的價值立場，建立彼此共識，並學習處理差異。

透過這樣的對話，自然能逐漸形塑二人共享的意義系統，達到鞏固關係的效果。這個對話即使婚前沒有發生，婚後也可以，而且最好約定並養成習慣，定期坐下來講一講。因為不同人生階段、經歷各種遭遇一定會刺激二人產生新的想法，立場有所改變也很自然。如果能定期更新彼此對婚姻的信念，持續合力打造影響關係日常運作的意義系統，就像年終掃除或定期保養，能讓家裡煥然一新，常保運作順暢。如果很難排入行事曆規律進行對話，至少在遇到事情時務必坐下來好好談一談；如果遇到較敏感話題，擔心二人談不攏容易擦槍走火，找心理師幫忙協調彼此進行對話也是個很聰明、很划算的選項，畢竟等把房子燒了才去找心理師善後一定要付出加倍的代價。

那如果婚後才搞懂自己的需要，還可以提出要求嗎？首先，每個人在一段比較長的關係裡都會經歷不同階段，如果不能持續要求彼此微調配合，只能按照婚前承諾的合約走，誰敢步入婚姻！第二，如果你的伴侶婚後才逐漸意識到自己的深層需要，儘管可能有點詫異，但你會不會願意在合理範圍內調整自己盡量配合，避免讓他終身抱憾？第三，如果對方抗議「**可是你婚前不是這樣說的！**」你也可以溫柔的提醒他「**可是你現在也和婚前不太一樣了，親愛的！**」

有些期待我們以為對方應該要知道，但對方畢竟沒有讀心術，很難猜到你的心思；即使你的伴侶是心理師，他也不會讀心術，我們向你保證！如果你能體諒你的伴侶已經被工作、育兒、房貸、孝親等折磨到剩半條命，願意幫對方一點忙讓他省去瞎猜做白工，而且避免他猜錯又踩到你的雷氣死你，不如給他一點暗示，如果可以明示就更好，相信他不但會鬆一口氣，而且心裡一定會很感激你。誰知道他感激你之後，會做出什麼甜蜜的小心意或大驚喜。

有些期待我們自己不是不清楚，只是難以啟齒。無論是什麼見不得人的期待，如果沒有越過人類道德文明與法律的底限太遠，我們建議你要不要鼓起勇氣，找個良辰吉時試著向對方說明，也許對方不一定會像你猜想的批評你、瞧不起你。如果你曾偷聽過他批評媒體上的公眾人物出現你心裡的祕密期望，就認定他一定不能接受，對他其實也不公平，因為如果你含著淚和他好好說明為何這件事對你如此重要，誰知道他會怎麼反應；即使他真的還是很難接受，給不了你要的，至少這個祕密不會爛在你心裡，不知哪天從哪裡冒出來，以某種暴走形式大發作。反過來說，萬一他雖然原本很難接受，仍決定用盡全身力氣接受你、成全你，你覺得值不值得冒險一試？

伴侶關係像植物，是活的，需要照料，愈細心呵護長得愈好，甚至長得比你當初預期得更好，出乎你意料之外。照料的祕訣之一，就是不時和對方核對：我們有沒有往彼此心目中的夢想前進？彼此心中有沒有什麼遺憾在默默侵蝕我們的關係？如果記得定期除除蟲、施施肥，必然能讓它長得枝繁葉茂，開花結果。

個人願景成為共同願景

除了共同願景，一個人也可能希望達成一些個人目標，例如攻讀學位、升職加薪、自己創業、去印度旅行半年等等。為了要達成這些個人目標，勢必需要投入相當的時間精力與金錢，必然會犧牲對關係、對家庭的投入，而對伴侶造成一定程度的影響。如果這些個人目標能獲得伴侶的支持與認可，一定會讓我們心裡充滿感激，更珍惜這段關係，日後願意做牛做馬加倍奉還，同時也願意反過來全力支持伴侶去追求他的夢想。如此，個人願景成為二人共同的願景，達成目標時二人都將獲得滿足感與成就感，並且強化關係。

永續發展

除了共享意義與共同願景，本書主張三樓還有一項重要元素，讓關係能比較容易發展得長久，就像有經驗的登山客背包會帶齊必備物品，走起來卻比菜鳥登山客更輕快；菜鳥背著沉重的背包步履蹣跚，關鍵時刻卻發現真正需要的都沒帶！借用環保永續[3]的概念，讓我們來看看如何能讓伴侶關係走得遠，而且愈走愈輕快、享受。

環保永續的核心理念是：「**能滿足目前需求，且日後不至於付出過高代價**」，也就是不能只看眼前，要看得遠、看大局。以下從成本、平衡、健康、信念、靈性五方面探討關係永續經營的祕訣。

成本：切忌不記代價、寅吃卯糧

許多人解決問題時不擇手段，不顧成本，日後遲早要付出代價，甚至禍延子孫。例如婚姻裡得不到安慰就外遇，或是聯盟子女對抗配偶，甚至情緒綁架子女來懲罰配偶。如果把伴侶關係看成一本帳，聰明人零存整付，好整以暇應付臨時超出預算的大筆花費；蠢人寅吃卯糧欠一屁股債，破產清算只是遲早問題。

意氣用事的伴侶，往往看不到他們的子女在默默幫他們償債：有些對親密關係徹底失望，一生不敢踏入婚姻；有些被迫選邊站，不敢在你面前想念對方，替對方說一句公道話；有些擇偶條件嚴苛，在婚姻中堅持各種要求，搞得伴侶莫名其妙苦不堪言。不知道

3　搜尋「聯合國 SDGs 永續發展 17 項核心目標」可以找到本章書寫的參考來源。

有多少子女賠上了他們大半輩子，來收拾、修復父母意氣用事搞出的破壞。

還有些伴侶動輒習慣「出大絕」：威脅要離婚、大鬧公司讓所有同事與上司都知道配偶的醜事、把對方最在意的東西砸個粉碎、翻舊帳羞辱對方。怨氣抒發完畢後，自己是否心甘情願面對後果？如果一不小心搞到無法挽回，會不會後悔？

平衡：佔人便宜遲早要加倍奉還

許多人遇到委屈絕不忍耐，卻不知不覺習慣把別人對自己的好視為理所當然，短期看來佔盡便宜，可是一段失衡的關係能走多遠？如果配偶有一天「突然」表示再也忍耐不下去了要離婚，會不會令你很驚訝？如果對方有一天突然為了一件小事大暴走，或乾脆直接消失不接電話，你能猜到發生了什麼事嗎？

中文有「物極必反」的概念，提醒我們凡事不要走極端，可是在關係裡人們經常容易習慣而麻木，將現況視為理所當然，甚至逐漸變得理直氣壯，認定本應如此。即使配偶忍下來沒發作，也很可能憂鬱症多年總是好不了；等到配偶實在忍無可忍，必然免不了一場風暴，風暴之後二人經營多年的屋子可能已成殘垣斷瓦。那麼這筆帳該算在誰頭上？是忍無可忍提出抗議的人，還是佔人便宜麻木不仁的人？

即使傳統文化或目前局勢可能站在有利於你的一方，如果你夠聰明，真心希望伴侶幸福快樂，想要關係能長長久久，都不應該托大自滿，應該要定期與配偶核對：對方是否滿意目前的安排、心裡是否有積怨，如何能調整。如果能提早及時做出自願調整，即使改變讓人微感不適，卻能避免日後出其不意被迫面對大地震。

健康：身心健康是幸福關係的基礎

如果你的生活型態不太健康：工作壓力極大、作息日夜顛倒、長期出差不在家、長期分居二地、飲食無節制（因為被當作安撫情緒的手段）、缺乏能提供支持的真朋友（酒肉損友有害無益），這些都會侵蝕你經營關係的能力與意願。因為你的生理狀態已經處於瀕臨崩潰邊緣（雖然你很可能不自覺），你的心理空間也會被壓縮得很狹窄（專業術語叫「身心容納之窗」[4]），一點小事就暴走、回到家只想躺平放空，長期下來關係遲早要出事。就像平時不好好照顧身體的人，遇到流感直接肺炎住院，遇到疫情最先中標 GG。

所以聰明的伴侶會協助彼此保持身心健康，而且將自己的健康視為關係中的責任，不是自己可以任性妄為的。就像那句廣告詞，你的健康是你配偶的幸福，但絕不只是性的方面而已。反過來說，當伴侶其中一方生病，一定會給對方、給關係帶來壓力，如果二人關係原本就體質不佳，必然雪上加霜。

信念：有益的信念能提高關係免疫力與抵抗力

體能好的人可以成為運動員，體能技術都好的人可以成為職業運動員，但只有懂戰術、解讀比賽能力強的人才能成為教練。好的運動員都知道心理素質對比賽的重要性，尤其是像總決賽那種高強度的比賽，心理素質甚至可以說是贏得比賽的關鍵。無論對教練或對運動員，正確的認識都很重要。

經營長遠的伴侶關係也需要具備對關係的正確認識，如果腦袋充滿垃圾認知，在遭遇難以避免的挫折低潮時，很難做出好的決

4　請參考本書第六章說明。

定。聰明決定讓伴侶能對症下藥，更快重新站起來；爛決定會讓問題變本加厲，加速惡化、延長折磨，甚至搞到無法挽回。換言之，有益的關係信念可以發揮類似免疫力與抵抗力的效果，讓關係更經得起考驗。

什麼是關係經營的垃圾認知？各種浪漫神邏輯（「一見鍾情」、「讓人痛苦的才是真愛」）；不願花時間認識自己個性、釐清自己需要，寧可聽信星座算命指引；從父母、身邊友人、前段失敗關係陰影總結出來的各種刻板印象：「男人都不可靠」、「財務保障最重要」、「理工直男情商低不是好情人」……我們四周每天充斥太多這種垃圾訊息，再寫下去要得罪更多人，讀者應該已經知道意思了，盼能運用智慧謹慎分辨。

那什麼是利於關係經營的有益認知？如果你把本書裡的資訊當作教條強加在伴侶身上，再立意良善的想法恐怕都會氣走伴侶損害關係。如果能掌握背後原理，本書應該提供不少可以善用的靈感。如果能對這些想法深思熟慮，形成一套自己對關係經營的價值信念，面對伴侶時能有智慧地運用出來，至少可以逢凶化吉，甚至可以克服萬難修成正果。

靈性：從「豬隊友」變「共修」

人類歷史中曾有一段時間，僧侶是少數識字的人，知識受限於宗教權威，導致擁護日心說的伽利略被終身軟禁這類的悲劇。啟蒙時代後，學術界極力與宗教劃清界線以爭取自主發展空間，直到今日，潔身自愛的科學家對待宗教的態度和醫生面對傳染病差不多：能不碰絕不碰，非碰不可時一定把保護做好做滿。

這種實事求是的態度確實蓬勃了科學發展，但顯然也犧牲了部份傳統智慧。儘管專業心理學界對宗教與靈性議題多避而不談，不想被認為不夠科學，本書決定直言不諱，覺得反感的讀者可以自行跳過這一節，態度開放的讀者也許有機會發現珍貴的禮物。

對許多人來說，靈性不等於宗教，而是一種對待生命的實踐哲學。多數人將生活視為生存奮鬥，總是苦於競爭，擔憂匱乏，終日惶惶；修行人則將生活視為提昇自己靈性成長的機會，無論順逆都欣然接納，充分投入體驗。同樣過日子，當你自視為一隻毛蟲或一隻蝴蝶，體驗截然不同。在靈性修煉中許多人體驗過心性的明顯轉化，轉化前後有如毛蟲與蝴蝶之別。

同理，一段伴侶關係可以被視為提供安全的保障，對配偶有期待、有要求、有依賴、有抱怨；但伴侶關係也可以被視為一段旅程，朝向成熟與完整發展，攜手欣賞沿途風光、互相照顧扶持、互相提醒打氣、互相開玩笑找樂子，即使其中一方先下車，你會想念對方，但不會哭天搶地如喪考妣。態度不同，對伴侶關係的體會也截然不同。如果你自己成為愛的容器，自然不再需要費盡心機索求伴侶來愛你；奇妙的是，當你自己充滿愛，你的伴侶也會感受到愛，自然而然也會愛你。

蓋瑞・祖卡夫[5]（Gary Zukav，2015）提出「靈性伴侶關係」的概念，主張伴侶關係是最適合支持協助彼此靈性成長的土壤，成長意指**承諾、勇氣、慈悲、有意識的溝通與行動**，進而逐漸擺脫出於恐懼而做出的種種行為反應。透過「**在每一刻審慎選擇能創造出喜悅與創造性結果的言行**」，讓你的性格與你想要的樣子愈來愈一致，不但可以達成無法單靠自己完成的目標，還可能得到意外的收

5　是的，就是寫出《物理之舞》那本神書的作者。

穫，例如對伴侶、對關係、對生命「悲欣交集」。

祖卡夫在《靈性伴侶關係》一書具體說明了如何將伴侶關係轉為靈性伴侶關係，有興趣的讀者可以參考。如果你原本有一套自己的修行系統與教法，那麼只要把你的修行方法實踐在認真經營你的伴侶關係，應該很容易觸類旁通。某些宗教或靈性傳統有所謂閉關或退省，也都只是階段性方法，沒有不准經營關係，更不該拿修行當作拋妻棄子、獨善其身的藉口。

把伴侶視為「共修」、「旅伴」而不是「相欠債」、「豬隊友」，關係品質立刻有所不同，讓雙方都能舒展，活得愈來愈通透自在，而不是愈來愈沉重想逃。當一個人踏上靈性修行旅程，生命的維度已經升級，很可能不再經常為情所困，也無須依賴配偶來滿足空虛寂寞。說到底，真修行不在深山叢林，而在日常生活行住坐臥中，比起躲到山中獨自清修，與一個配偶維持一種靈性伴侶關係，也許才是真修行。

小結

如果已經修通克服關係之屋前二層樓種種挑戰的伴侶，自然會開始關注如何能讓關係永續經營，而且會驚喜地發現在關係中愈來愈輕鬆、享受、豐富，而且像保險公司的廣告詞：「活得愈長領得愈多」，享受關係紅利帶來的種種福利。

本章說明了經營伴侶關係的三個層面，即共創意義感、共同願景、永續發展。能夠參透並實踐本章原則的伴侶，必然有智慧又有福報，而且會發現自己愈來愈不容易被前面二層樓的各種鳥事打擾、翻車。換言之，修出一個科技環保屋頂，自然就降低了二樓失火、一樓塌房的機率，絕對是一筆划算投資。

參考文獻

蓋瑞・祖卡夫（Gary Zukav）著、蔡孟璇譯（2015/2023）。《靈性伴侶關係：親密關係的療癒與覺醒》。橡實文化。

Aizer AA, Chen MH, McCarthy EP, Mendu ML, Koo S, Wilhite TJ, Graham PL, Choueiri TK, Hoffman KE, Martin NE, Hu JC, Nguyen PL. (2013). Marital status and survival in patients with cancer. *Journal of Clinical Oncology, 31*(31):3869-76.

Gottman JM (1999). *The Marriage Clinic: A Scientifically Based Marital Therapy*. NY: W. W. Norton & Company.

Jia, H. & Lubetkin, E.I. (2020). Life expectancy and active life expectancy by marital status among older U.S. adults: Results from the U.S. Medicare Health Outcome Survey (HOS). *SSM Population Health*, 12:100642.

Kaplan, R.M. & Kronick, R.G. (2006). Marital status and longevity in the United States population. *Journal of Epidemiol Community Health, 60*(9):760-5.

Thomas J. Stanley & William D. Danko (2010). *The Millionaire Next Door: The Surprising Secrets of America's Wealthy*. Taylor Trade Publishing.

第九章

原生家庭經驗對伴侶關係的影響

「原生家庭拖累我們的人生！」如今已成為人人琅琅上口的心理學流行語，諮商中經常聽到案主抱怨：「沒辦法，我原生家庭就這樣……」。「原生家庭」幾乎變成一種「詛咒」，人生一切不幸的根源；有些案主認定配偶的種種問題皆來自原生家庭的「污染」，言下之意是與自己無關，也無從改變。

為了避免「原生家庭」被汙名化，變成婚姻不幸的藉口，甚至拿來做為批評伴侶的武器，本章打算對這個議題好好進行一番梳理。伴侶諮商師需要熟悉各種議題究竟如何在代間進行傳遞，能辨識出可調整的因素，知道在晤談中如何介入以改善伴侶關係。

本章想釐清：究竟哪些原生家庭經驗會對伴侶關係帶來負面影響？是否也有正面影響？影響究竟如何發生？代間傳遞的惡性循環能被打破嗎？最重要的當然是，究竟如何打破負面代間傳遞的詛咒？如何補充原生家庭欠缺的，如何修補原生家庭損壞的，讓世代間的惡性循環就此打住，讓好的模式能傳遞下去？如果心理師心中有比較清晰的地圖，自然更有信心協助伴侶重拾對婚姻的信心，讓伴侶不至於輕言放棄。

不過「原生家庭如何影響人的一生發展」這個題目實在太大，即使限縮到「原生家庭如何影響一個人的伴侶關係」，都還是遠超過一個章節、甚至一本書可以討論的範圍。因此本章先介紹童年逆境經驗，讓讀者意識到原生家庭經驗可能影響的深遠程度與各種症狀表現；再梳理現有研究成果，確認哪些是研究已確認有影響的，希望可以排除一些以訛傳訛的鬼故事；最後是說明伴侶諮商師如何運用現有研究成果與諮商方法，協助伴侶化解來自原生家庭的影響，恢復對關係的信心，學習新的、好的關係相處模式。說明如何工作的部分會與理論及研究成果交叉進行。

在進入長篇說明之前，先劇透結論：**原生家庭經驗確實會影響伴侶關係，但並不是沒救**，希望讀者在閱讀下面內容時能提醒自己堅持住，不要輕易陷入汙名化迷思。

童年逆境經驗

如果有一種童年經驗，讓一個人成年後罹患各種身心疾病的機率全面顯著上升：得心臟病的機率是沒有這種經驗者的二・二倍、罹患癌症機率是一・九倍、罹患慢性支氣管炎、肺氣腫機率三・九倍、中風機率二・四倍、糖尿病機率一・六倍、患性病機率二・五倍、嚴重肥胖機率一・六倍、心情憂鬱機率四・六倍（過去一年有兩週以上）、試圖自殺機率十二・二倍、使用非法藥物機率四・七倍、注射藥物機率十・三倍、染上抽菸習慣機率二・二倍！

你會不會想知道自己有沒有這種經驗？如果你是醫事人員，你是否應該知道你的病人／案主有沒有這種經驗？

以上嚇人數據是美國內科醫師文森・費利堤（Vincent Felitti）與流行病學專家羅伯特・安達（Robert Anda）在一九九五－一九九七年對十七萬四百二十一（17,421）名美國成年人進行研究後，發表現在稱為**童年逆境研究**（Adverse Childhood Experiences Study，ACE）的劃時代發現（Felitti，Anda，Nordenberg，

Williamson，Spitz，Edwards，Koss & Marks，1998）。

這份研究問世的過程也很戲劇性。一九八五年，費利堤醫師遇到一起頑固型減肥失敗案例，病人成功減肥後在六個月內復胖了四十五公斤，令醫師百思不解，察遍並排除所有可能生理因素後，意外發現病人四歲時曾被性侵；費利堤醫師開始詢問其他病人，竟然發現了一百八十六件相同病例，他再請聖地牙哥減重診所的五位同事看診時詢問後又發現一百例。費利堤醫師一九九〇年在一場肥胖症研討會發表這二百八十六例的發現，被現場多數醫師同行冷嘲熱諷，因為與當時主流醫學看法衝突太大。研討會後費利堤醫師並沒有認慫，八年後發表教科書級別的研究成果。

可惜歷史總喜歡重蹈覆轍。十年後（2008）在舊金山執業的醫師娜汀・柏克・哈理斯（Nadine Burke Harris）又遭遇一次類似的情況。她治療一個嚴重發育不良的七歲男孩，察遍並排除所有想得到的生理因素還是無法改善；接著又遇到第二例（嚴重氣喘）、第三例（第一型糖尿病），讓有公衛背景的哈理斯醫師想起經典的一八五四年倫敦霍亂疫情事件，她開始懷疑：除了拼命處理接連上門卻治不好的病人，這些病例之間究竟有什麼關聯性，難道他們也「喝了同一口井水」？「井水」裡到底出了什麼問題？無頭蒼蠅般摸索了很多年後，哈理斯醫師意外發現費利堤醫師十年前發表的研究成果。她先是興奮：終於找到了支持她臨床觀察的證據！接著火大：為何醫學院沒告訴她，害她苦苦摸索了十年！

哈理斯醫師針對她的兒科病人進行一樣的童年逆境經驗調查，結果一樣驚悚。她甚至發現：這些遭遇逆境的兒童出現學習或行為問題（例如過動症〔ADHD〕）的機率是一般人的三十二倍！你沒看錯，不是三・二倍，是三十二倍。對哈理斯醫師的故事有興趣的讀者可以參考《深井效應》這本書。

後續研究不斷揭露令人冒冷汗的發現。相對於沒有受虐經驗的孩童，曾經受虐的孩童（父母教育程度、收入都類似）皮質醇濃度明顯較高，皮質醇的分泌也不規律：晨間的皮質醇濃度比無受虐的孩子低，但夜間與整天平均皮質醇濃度比無受虐的孩子高，也就是調控壓力荷爾蒙的機制失衡，需要時上不去，該降時又降不下來；即便他們已經不再經歷創傷事件，十二到十八個月後他們的海馬迴變得更小，表示負責學習與記憶的腦區繼續萎縮，過去的經驗持續損害他們的腦神經系統；即便是二十年前遭到虐待，體內依然有四種發炎指標比沒受虐經驗的人高，顯示免疫系統遭到童年逆境經驗的損害會延續到成年後；這些人的端粒縮短，意思是壽命變短，且經歷過的童年逆境愈多，端粒縮短的機率愈高。

如果你懷疑費利堤和哈理斯醫師研究對象是來自貧困弱勢社區，所以數據才如此嚇人，你又誤會了。費利堤與安達的研究對象七成為中產階級白人，多數為大學教育程度，結果有六成至少經歷過一種童年逆境經驗，近八分之一的人經歷過四種以上，顯示童年時期經歷創傷是相當普遍的事。

如果你認為那是美國數據，台灣不一樣，來看看本地研究結果。兒福聯盟在二〇二一年收集全台一千五百零五（1,505）份高三學生的資料，發現有百分之三十二・四（32.4%）經歷過童年逆境，其中百分之十四・三（14.3%）有一個創傷經驗、百分之七・二（7.2%）有兩個、百分之五（5.0%）有三個、百分之五・九（5.9%）有四個以上的創傷經驗；四個以上逆境經歷的高三學生中，無論是過動、發展遲緩的比例都明顯大於在童年逆境問卷中，未滿四分的學生。儘管比例上約略是美國數據的一半（60% vs.

32.4%，12.5% vs. 5.9%），但約每三名台灣高中生就有一名曾經歷童年逆境，比率並不低，而且對身心發展確實造成了明顯的影響。

成年前經歷的各種逆境經驗，也許當事人自己不覺得有什麼，會說「都已經過去了」，其實深深影響人一生的身心發展與健康。這些影響自然也會不知不覺帶入婚姻中，讓伴侶關係一波三折。

以下是童年逆境經驗的調查問卷，可以幫助瞭解自己與案主，填完問卷後請先不要急著慌張厭世，如何修補本章稍後會討論。前10題是原版研究採用的題項，本書採用創傷治療專家胡嘉琪博士的中譯，比較貼近中文語境；最後三題是胡嘉琪針對近代華人社會補充的三種逆境經驗，可以合併考慮。

表 9-1　童年逆境經驗問卷調查（胡嘉琪編修，2019）

在你成長過程中，在你十八歲生日之前，是否有遭遇過以下狀況？

題項	符合者請打勾
1. 爸媽或其他大人（例如家中長輩或學校老師）——常常或不時——惡言相向，羞辱、咒罵、貶低、打擊你？或是作些事情讓你擔心你有可能會受到肢體上的傷害？	
2. 爸媽或其他大人（例如家中長輩或學校老師）——常常或很常——動粗，推你、用力抓人、打耳光、對你丟東西？或是把你打得黑青瘀血或受傷？	
3. 有沒有大人或比你大五歲以上的人，曾經亂摸你、調戲撫弄、或要你摸他們的身體？或想要讓你跟他們性交（口交、肛交或生殖器接觸）？	

題項	符合者請打勾
4. 你會不會常常覺得家裡沒人愛你、沒人認為你很重要或很特別？或是家人之間不親近、不會彼此照顧或支持？	
5. 你會不會常常覺得吃不飽、要穿髒衣服、覺得沒有人會保護你？或是，家中大人總是喝醉酒、嗑藥腦袋不清楚，所以沒辦法照顧你或帶你去看醫生？	
6. 在你十八歲之前，你爸媽（或主要照顧你的家人）離婚、分居或過世了。	
7. 你曾經常常目睹家人間暴力，例如互相推擠、用力打人、用力抓人、打耳光、丟東西、踢人、揍人、或是不只一次拿刀或槍威脅彼此？	
8. 曾經常常跟酗酒或吸毒的人住在一起？	
9. 家裡有人罹患憂鬱症、其他精神疾病？或有家人曾經自殺過？	
10. 家裡有人進過監獄坐牢嗎？	
11. 曾遭遇經濟上的大起大落（破產欠債，或股票大跌造成家業衰落），對整個家庭造成巨大壓力？	
12. 居住環境曾經歷過重大天然災害（例如地震、風災）對你的環境造成重大損傷？	
13. 求學過程中，曾經受過同學或學長姐的霸凌、虐待或其他傷害？	

（以上每一個打勾的項目算 1 分（沒打勾算 0 分），
總共得：＿＿＿＿＿分）

婚姻模式的代間傳遞：文獻整理，及伴侶諮商工作重點

確認了童年家庭經驗確實對人的一生發展影響深遠，接下來讓我們針對可能影響伴侶關係的種種面向，根據目前已發表的中英文研究成果，梳理原生家庭對一個人的影響。

相關的國內外研究數量意外地多，資料龐雜，結果眾說紛紜。本章先聚焦摘述婚姻模式的直接代間傳遞，即父母婚姻狀態是否對子女婚姻造成影響；再探討婚姻模式的間接代間傳遞，呈現其他會代間傳遞的家庭經驗對子女婚姻的可能影響，例如管教風格、暴力模式等，讓伴侶諮商師對這些因素提高辨識力與敏感度；同時穿插說明代間傳遞的過程路徑，也就是這些模式透過怎樣的過程傳遞，如何傳遞，讓伴侶諮商師看到能促發改變的關鍵節點。

直接代間傳遞：父母的婚姻狀態對子女的婚姻確實有影響

德國社會學家迪克曼（Andreas Diekmann）與瑞士經濟學家施密德海尼（Kurt Schmidheiny，2008）檢視東西歐與美加十五國的研究成果後，確認了離婚或婚姻不穩定的代間傳遞是普遍存在的一個現象，也就是父母離婚會增加成年子女離婚的可能性（Amato & DeBoer 2001；Booth & Edwards 1989；Glenn & Kramer 1987；McLanahan & Bumpass 1988；Mustonen et al., 2011；Webster et al., 1995）。相較於父母婚姻完整的人，父母離婚的人離婚的機率高二倍（Amato & Deboer，2001）；父母失和情況愈嚴重，其已婚子女考慮離婚的可能性愈高（Amato，2001）；夫妻雙方均來自離婚家庭，其離婚的機率比夫妻只有一方來自離婚家庭的機率高出許多（Wolfinger，2003）；離婚時子女越年幼，負面影響越大

（Amato，1996，Amato & Rogers，1997）；對女兒的影響大於對兒子的影響（Bumpass，Martin & Sweet，1991）。

如果你仍覺得國外研究太嚇人，我們國情不同，國內研究結果其實不遑多讓[1]，正反面影響的證據都有。子女知覺到父母婚姻關係愈佳者，對婚姻的態度越積極正向（柳杰欣、吳麗娟、林世華，2009；羅晴筠，2021）；子女知覺父母破壞性衝突及衝突中的負向情緒反應，對於子女的婚姻吸引性以及婚姻觀感有顯著負面影響（劉怡婷，2021）；父母離婚者較可能「還沒想過」要結婚，而父母維持婚姻但高衝突者則傾向於「不想結婚」（唐嘉妤，2020）；無論子女從事高科技產業／理科（林盈聿，2006）或教職／文科（施佳慧，2008），都能看到影響。因為一個人對婚姻的態度和對婚姻的承諾呈高正相關（古芸妮，2005），結果就是受父母影響的婚姻態度會影響一個人的離婚率。

用白話說就是：父母婚姻關係好是可以傳遞給子女婚姻的一項祝福，而父母婚姻關係不好會被子女帶入婚姻成為負擔，國內外研究成果都已實錘確認。

這種影響在大學生身上也能看到。相較於非雙親家庭，來自雙親家庭的大學生傾向知覺父母衝突為「建設性衝突」，並對婚姻抱持較正面態度；相對的，非雙親家庭大學生傾向知覺父母衝突為「破壞性衝突」，面對父母衝突時的情緒不安全感較高，對婚姻的態度也較為負面（吳佩宜，2015）；當父親在衝突時採「整合式溝通」與「逃避」的方式，大學生對婚姻態度持較正向看法，若採

1　不搜尋不知道，一搜尋嚇一跳，知覺父母婚姻對各種年齡子女的婚姻／伴侶關係各種層面影響的研究，是國內碩論熱門題目，足見大家對這個議題的關注與興趣。

「情緒攻擊」及「肢體攻擊」的方式，則對婚姻態度持較負向看法（陳慧娥 2004）[2]；對「愛情」的態度亦然：大學生知覺父母婚姻關係的共同相處、情感表達及意見一致性越高，則其對愛情的態度愈正向（陳語箴，2014；黃郁琇，2022；楊素芬，2013）。

這種影響自子女青少年時期即顯現。父母關係和諧程度對高中職學生認為「婚姻必要性」、「婚姻長久性」、「婚姻之感受」、「結婚的意向」、「未來婚姻長久意向」都有顯著影響（李閏華，1993；林喬瑩，2006；戴靜文，2002）；對國中生的異性交往／交友態度亦然（陳美秀，2003；陳嘉玉，2004；李育忠，2000）。不過這些年輕人自己並不覺得有受影響，根據游秀慧（2007）的質性研究，受訪的青少年說他們的愛情相處「不同於父母親，傾向以理性溝通來維持，也不會依父母親的形象來選擇異性交往對象，主要憑靠感覺」，不禁令人替這些年輕人捏把冷汗。

即使因各種理由堅持不離婚（例如：「給孩子一個完整的家」），如果父母婚姻關係出問題，孩子就會受影響而出現各種情緒或行為症狀（Emery，2004；陳婉琪，2014）；父母婚姻長期處於衝突狀態比父母以平和方式分手對子女帶來更多的負面影響（Jennings，Salts & Smith，1991）；若父母婚姻不愉快，其子女傾向陳述較多自身的婚姻問題（Booth & Edward，1990），成年後易出現不佳的親密互動方式，最後出現與父母類似的夫妻溝通不良問題（Amato，1996；Katz & Gottman，1994）；即使不離婚，父母婚姻不穩定對其子女的婚姻承諾也會產生負面影響，使其婚

2 陳慧娥（2004）這份針對文化大學五百六十六名大四學生的碩論研究結果只確認了父親的影響，母親解決婚姻衝突的方式對子女的婚姻態度未達顯著。

姻較不穩定（Amato & DeBoer，2001）；布斯（Booth）與愛德華（Edwards，1989）及帕梅拉·韋伯斯特（Pamela Webster）等人（1995）甚至指出：成年子女的婚姻與家庭受父母不快樂關係的影響遠大於父母離婚的影響！

陳婉琪（2014）針對台灣大型資料庫（有效樣本三千四百一十〔3,410〕），例的研究成果也呼應上述結論：持續的婚姻內父母衝突，對子女心理狀態具有顯著負面影響！父母感情不佳，子女心理健康就差（出現焦慮、憂鬱等症狀）；父母感情不佳但始終維持著婚姻，子女會一直處於高焦慮狀態；父母若離婚，子女負面心理症狀顯著減少；父母離婚後，劇烈爭吵的頻率並未減少，但離婚後之父母衝突不再對子女心理健康具有負面影響。

倒不是要鼓勵離婚，但如果不離婚的理由只是「為了孩子」，真的可以鼓勵案主再考慮清楚。「**為了孩子所以勉強維持完整的家**」、「**孩子不知情，好像沒有受到影響**」顯然是自欺欺人，也許只是拿孩子當藉口，逃避面對自己沒有能力採取必要行動的無力感。

但是當然也不鼓勵伴侶完全不考慮子女，只考慮自己感受決定關係分合，那又落入另一個極端，做出來的決定未考慮周全，日後很難不懊惱後悔。有些人在婚姻中太痛苦，於是斷然逃走甚至人間消失，搞得配偶、子女痛苦不堪，日後很難面對不諒解的子女，甚至無法面對自己心中的悔恨。

外溢效應：父母婚姻還會影響子女其他層面

不僅影響子女對婚姻、對感情的態度與行為，父母婚姻不睦對子女的影響還會「外溢」到其他層面，包括婚前性行為、婚後生育意願及對外遇的態度。當青少年感受父母的婚姻關係愈差，其所知覺的父母行為控制會愈少，但父母心理控制則愈多，導致「性交行為」及「性交行為意向」機會提高（柯澍馨、陳怡文，2007）；父母婚姻關係可以預測國中生對婚前性行為的態度（陳嘉玉，2004）；單親家庭子女對婚前性行為比較開放，對婚姻較存有懷疑、悲觀的態度（李育忠，2000）。

相較於父母維持不快樂婚姻關係，父母離婚或維持快樂婚姻關係的成年子女結婚意願較高，其生育意願也越高（鄭羽芹，2023）；父母婚姻衝突頻率高者相較頻率低者，對外遇抱持較開放態度（鄭媛元，2017）。

除了與婚姻直接相關的變項，其他如子女的身心適應、偏差行為、學業表現、同儕關係、自我概念等都已經確認深受父母婚姻關係影響，而教育程度、自尊、社會支持等因素又已被證實與婚姻滿意度有關。不過相關研究成果已經遠超過一個章節、甚至一本書可以交待，因此在此打住。

總之，父母婚姻狀態影響子女的婚姻態度與結果已經是多方重複確認了。如果遇到堅持自己未受影響的嘴硬當事人，心理師至少無需動搖，可以把力氣用在思考如何溫和地引導他看到關聯性，尋求積極改善之道；另一方面，如果遇到把配偶原生家庭經驗當婚姻問題的終極歸因，一切問題都是來自對方原生家庭，很可能只是挫折無奈下的歸因偏誤，可以引導他看到伴侶互動可能重塑矯正性經驗，逐漸取代原生家庭習慣的不利模式，因此還是可以懷抱希望，不用立即放棄努力、放棄配偶。

婚姻模式代間傳遞的過程因素：伴侶諮商的施力點

以下討論的幾個面向，每一個都可以寫好幾本書，因此這裡只點到為止，有興趣的讀者請根據本書建議的方向，自行延伸閱讀。

分化

除了直接影響子女的婚姻狀態及對婚姻的態度與信心，父母的婚姻還會影響子女的許多其他因素，間接影響到子女的婚姻，例如「分化」：父母雙方的分化程度直接影響子女的分化程度（吳麗娟，1998），而夫妻與原生家庭的分化程度與其婚姻滿意度正相關（張彤筠，2015）；父母自我分化可能經由父母教養態度，再經由子女自我分化與子女因應策略而影響子女適應（吳麗娟，1998）；親職化女性容易在婚姻中複製照顧者角色，渴望獲得補償，因在「施與受」間不易平衡，容易患得患失，因而難對婚姻許下長期承諾（莊慧美，2012）；約七成的大學生以不同程度的形式介入親子三角關係，進而影響大學生在親密關係中的適應（黃宗堅、周玉慧，2009）。

可以說「分化」就是廣義上的「打破代間傳遞」。當伴侶試圖減低來自原生家庭的影響時，適度重新調整與原生家庭、尤其是與自己父母的關係，原本伴侶關係中的困難就比較容易突破。但分化並不是「切斷」，貿然切斷會有後座力與反效果，蠻橫要求配偶切斷與父母的情感聯繫更是大忌，會在婚姻中留下陰影，日後遲早要加倍奉還。坊間許多民眾有這種一廂情願的誤解，例如對「媽寶」的敵意；許多一知半解的名嘴、YouTuber 也助長了這種偏見。家庭治療師，特別是鮑恩（Bowen）學派，有許多理論與方法，可以有效調查、辨識代際重複出現的關係模式，促進代間分化。

分化過程對西方親子不容易，對亞洲親子，難度與挑戰恐怕更大。亞洲家庭的分化過程經常讓親子雙方都掙扎得很辛苦，即使子女成年後也不一定能修成正果，經常是持續一生的功課。分化這個題目受到亞洲各國學者的高度關注，在台灣發表的研究論文就超過百篇，其中有些發現值得深思，例如子女的孝順程度不但不會阻礙分化，還會促進分化，相當違反直覺！對分化的文化脈絡因素有興趣的讀者請參考趙文滔等人著（2016）《在關係中讓愛流動》一書第十章。

伴侶其中一方（或雙方）對原生家庭的情感依附或生活依賴特別深，代表他有能力與人建立親密關係，其實可以算優點；但婚後可能會干擾夫妻間發展牽繫，形成二人情感同盟，又成為一個潛在破壞因素。理想的情況下，伴侶親密應該與親子分化平行發展，逐漸摸索出一個新平衡；如果過程不順利，例如父母過度擔憂無法放手、子女習慣依賴懶得調整、或子女無法適度抵抗父母的介入，就會讓配偶陷入痛苦，華人社會的婆媳議題正是這個過程不順利的代表性現象，顯示華人伴侶關係與親子分化的連動比西方伴侶更緊密，挑戰自然也更高。

依附

依附型態也會代間傳遞（Obegi，Morrison & Shaver，2004；歐陽儀、吳麗娟，1998；歐陽淑貞，2014），父母的婚姻狀態會透過依附關係傳導而影響子女對婚姻的態度（柳杰欣、吳麗娟、林世華，2009；黃郁琇 2022）。具體的說，如果父母婚姻的親密或和諧出問題，會透過子女的逃避型依附或是焦慮型依附風格，間接影響子女的婚姻感受性及婚姻長久性（鐘珮純，2008）。

近年來依附理論成為心理學顯學，人人朗朗上口，其實約翰．鮑比（John Bowlby）在一九六〇年代提出時，遭遇行為學派（當時主流）打壓，默默無聞多年；後來哈利．哈洛（Harry Harlow）以一系列恆河猴實驗，花了近二十年才讓主流心理學界逐漸接受依附理論，這個過程在《愛在暴力公園》[3]一書中有精彩的描寫。

雖然熟悉，不過社會大眾應用依附理論的方式比較接近算命：好奇自己屬於哪個分類，然後怨天尤人或否認其準確性。如果想適當運用依附理論來增進伴侶關係，成人依附經驗量表（AAI）是極好用的工具，可協助伴侶雙方分別重新整理原生家庭的依附經驗，學習彼此協助對方重建安全依附，本章最後會舉例說明如何應用。

依附理論指出，人是多重依附的生物，過去的負面依附經驗可以在下一段正面經驗得到修復，無論是師生、密友關係皆有可能，而伴侶關係則是能療癒過去依附創傷的最好機會。在諮商中協助伴侶逐漸學會有效的回應方式，讓伴侶親眼目睹逐漸減少的衝突頻率與逐漸緩和的衝突張力，就能將伴侶間衝突轉化為增進親密關係同時修復過去創傷，一舉兩得的良機。

教養

教養方式是另一個已確認會代代相傳的模式（吳齊殷、高美英，1997；孫旻儀，2009；齊雪芬，2011；歐陽儀、吳麗娟，1998）；親子間依附關係未必直接代間傳遞，但會透過父母教養方式影響子女依附模式，而間接進行代間傳遞（歐陽儀、吳麗娟，

3　書名乍看無厘頭只是令人無語的翻譯，無損其內容精彩呈現依附理論艱苦發展史。

1998）。

教養議題是暢銷書排行榜上長年熱銷，資料可謂汗牛充棟，本書無意越俎代庖蹭熱度，僅針對伴侶諮商中的可能應用略舉一二。因為教養是人生最有挑戰性的任務之一，對某些人來說難度不亞於賺到年薪百萬，因此當我們在教養困境中掙扎時，才／最可能開始反思自己父母的教養風格對我們的影響；在與配偶對比時，則容易突顯自己繼承而來的教養核心價值觀；因此養小孩可能開啟我們重塑與父母關係，也就是分化的機會。

與其堅持自己的教養方法與價值比較好，不如思考配偶的方法有什麼道理與優點，合作協商出一個截長補短的融合版教養原則，這樣不但改良更新了教養方式，還可以與伴侶形成合作隊友，而不是互扯後腿的仇家。在諮商中伴侶可以探討雙方各自如何受父母教養風格的影響，形成對目前親密關係的重要價值信念與習慣行為，然後選擇與學習發展出一套雙方都能接受的新教養模式。透過教養合作成功經驗，伴侶也可以培養與增進親密感。

暴力

很不幸的，婚姻暴力也會代間傳遞（沈慶鴻，1997；2001a；李自強，2013），也會對目睹的子女產生深遠影響（沈慶鴻，2001b）。親歷或目睹暴力都會改變生理系統對壓力的反應模式，導致長期而層面廣泛的後遺症，其中的症狀之一就是從受暴者成為施暴者，形成代間傳遞。這方面的理論與工作方法近年來發展迅速，一言難盡，這裡想提醒讀者，創傷工作的思路與手法與一般諮商截然不同，而伴侶諮商中的創傷工作複雜度與難度比個人諮商更高，建議伴侶諮商師務必熟悉創傷理論，接受創傷工作訓練，遇到時才不會弄巧成拙。

家庭暴力很難靠當事人一己之力打破循環，如果不認真處理代代相傳的機率極高，影響層面既深且廣，因此我國法律規定強制性介入，提供助力與資源協助當事人脫離泥淖。心理師如果得知婚暴或家暴訊息，依規定必須限時通報啟動系統，沒有通融餘地，因此需要盡力向案伴侶說明通報的強制性（沒選擇），可以帶來哪些幫助，接下來會發生的流程，以減低當事人阻抗；必要時可以與受理的家暴社工直接聯繫，商討介入策略，避免被沒經驗的社工粗暴介入破壞諮商信任關係，中輟治療。

當伴侶一方曾經歷創傷級童年經歷，會很容易在特定事件或情境中反應激烈，讓配偶覺得莫名其妙；當事人一開始多半也會愧疚自責，覺得自己確實難搞；因事件源頭在很多年前，創傷相關記憶經常被防衛機制壓抑住而難以浮現，讓當事人的相關記憶模糊，自己也講不清楚。指出伴侶的過激反應其實是一種創傷反應，能讓雙方都鬆一口氣：當事人覺得被平反，不是自己難搞，他也很無奈；配偶得知能做點什麼協助當事人從創傷中復原，多半也願意學習，不再覺得無助、折磨永無止盡。所以如果與家暴伴侶工作，創傷相關知能訓練是必備條件。

部份學者主張家暴案不適合伴侶諮商，這個議題討論起來一言難盡，這裡只講本書立場。家暴相對人（施暴者）分很多類型，有一種威脅型（比例約佔一成）應該停止伴侶諮商，否則有極高風險；許多相對人同時合併藥／酒癮問題，也必須納入評估與治療，否則諮商成效相當有限。但其他類型相對人並無同等風險，為了安全至上一律停止伴侶諮商並不符合當事人福祉，因為許多伴侶希望維持關係，但強制個別諮商很容易往反方向發展。所以本書主張應該謹慎評估後決定是否進行伴侶諮商，且與社工密切合作，持續監控家暴行為頻率。進一步的討論可參閱《錯的是我們，不是我：家暴的動力關係》。

溝通模式

離婚家庭的成年子女在面臨衝突時，會模仿父母婚姻的溝通模式來處理其婚姻問題，使其也容易出現與父母相同婚姻結果（Bumpass，Martin & Sweet，1991；Martin & Bumpass，1989）。換言之，婚姻模式的代間傳遞有部分是透過耳濡目染的無效溝通模式傳導。

各種原生家庭經驗中（家庭氣氛、衝突因應、尊重與接納、鼓勵表達），「鼓勵表達」最能預測婚姻滿意度（黃宜翎，2017）。也就是說，父母間、親子間的良性情感表達習慣，最能幫子女提高未來婚姻滿意度。

不良溝通模式多半不知不覺承襲自家人關係，當與伴侶發生摩擦時最有機會意識到自己的慣性溝通模式，快要失去配偶時則最有動機下決心學習調整。在伴侶諮商中，可以協助雙方釐清各自原生家庭的溝通習慣，有助於提高當事人的覺察，協助他重新學習比較適合的溝通模式；同時可讓另一方理解、進而體諒配偶的溝通風格其來有自，較有耐心包容或協助對方調整。

鼓勵伴侶改變的施力點可以這樣說：無論承襲的溝通模式在原生家庭多麼有效、多麼熟悉，如果對配偶無效、甚至造成傷害，自然不好再繼續堅持，應該與配偶協商、磨合出一套適用於二人的新模式。假如先生與家人解決衝突的一貫模式是「冷處理」，遇到特別痛恨「冷暴力」的太太（例如焦慮型依附）就行不通，必須願意學習及時表達，否則事後恐怕要花十倍力氣去安撫崩潰的太太；如果先生嘗試後發現及時安撫效果顯著，太太反應正面，衝突時間大幅縮短，頻率顯著降低，自然很樂意努力學習調整自己的「出廠設定」習慣。

回顧各自原生家庭的工作很適合在配偶面前進行，可以協助配偶理解當事人的困難點其來有自，比較容易發展出體諒與包容；還可以指導配偶學習如何有效因應當事人的「發作」，能更有效化解危機，這樣不僅當事人會很感激，配偶也會對自己安撫伴侶的能力愈來愈有信心，豈不雙贏？如果當事人創傷比較深，可以同時輔以個別治療，但伴侶諮商不一定需要停。新手的直覺反應多半是停止伴侶諮商轉介個別諮商，錯過協助伴侶共患難重建關係的大好時機。

婚姻承諾

所謂「婚姻承諾」（marital commitment）是一種個人主觀態度，由個人的行為意圖及心理依附構成，是個人對維繫長久伴侶關係的企圖、信念及決策歷程（Le & Agnew，2003；Johnson，1991；Rusbult，1983）。婚姻承諾愈高愈可能表現出正面的衝突處理模式（伊慶春、楊文山及蔡瑤玲，1992）；相對的，父母離婚的子女較不相信永恆的婚姻，對離婚的負面評價較小，對離婚抱持比較接受的態度（Amato & Booth，1991；Amato，1987）。

介紹婚姻承諾的概念是因為，有一篇國內論文研究（廖秀茸，2005）發現，父母的婚姻穩定度是通過子女對婚姻的承諾，再經由子女的夫妻溝通行為，間接影響子女的婚姻穩定（見下圖）；而父母的婚姻穩定度（在子女眼中）無法直接預測子女自身的夫妻溝通

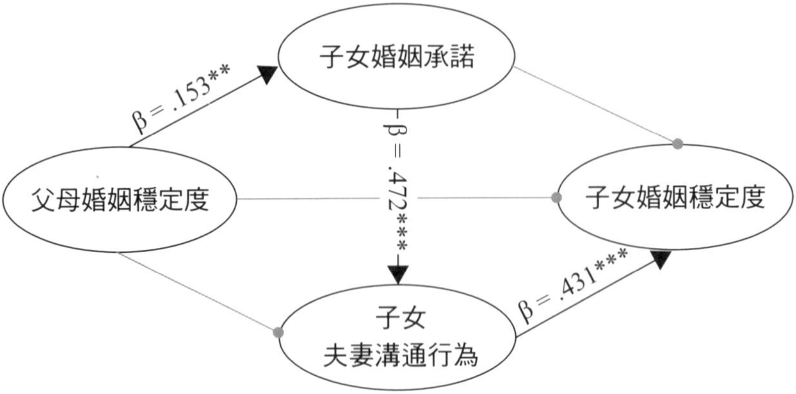

註一：控制變項——家庭收入、教育程度、初婚年齡、婚前同居與否、性別

註二：*p < 0.5　**p < 0.1　***p < 00.1

圖 9-1　父母婚姻穩定度經由子女婚姻承諾、夫妻溝通，對子女婚姻穩定度產生間接影響（上圖參考廖秀茸，2005，47 頁，圖六）

行為（未達顯著）；但子女的夫妻溝通行為可以直接預測其婚姻穩定度（達到顯著水準）。

用白話來說：父母並不一定「直接破壞」子女的婚姻，但他們會破壞子女對婚姻的信心與承諾的勇氣！也就是諮商師要探問的是伴侶對婚姻承諾的態度與信念，來檢查受父母不良婚姻的損害程度。

如果一個人對婚姻的態度明顯有所遲疑，例如是否要結婚？婚姻能長久嗎？可以信任配偶嗎？還是終究只能靠自己？可以發生婚前性行為嗎？願意生小孩嗎？這些遲疑的背後多半有耳濡目染的過去影響；如果伴侶其中一方對於某些情況反應特別激烈，例如外遇（或只是異性社交活動）、財務吃緊或性別平等，這些激烈反應的背後很可能有創傷經驗被啟動。

因為對婚姻沒信心，這些子女在與伴侶溝通時比較容易反應激烈或提早放棄（當然也可能因其他原因學到不良溝通模式，例如前面提過的承自父母耳濡目染的溝通壞習慣），進而對伴侶關係造成破壞。

因為那些過去經驗多半長期存在，當事人很可能認為理所當然，歸因為是自己的信念與個性，認定不可改變；在伴侶諮商中如果能還原故事脈絡，找到經驗源頭，可能可以協助當事人重建安全感，減緩或徹底改變面對伴侶時的激烈反應。這樣做一舉二得：既改善了目前的伴侶關係，也修復了過去的家庭陰影。

原生家庭經驗確實會影響伴侶關係，但並不是沒救

資深登山客的背包一定會帶齊必備物品，但走起山路卻比菜鳥登山客的步履輕快；菜鳥背著沉甸甸的背包步履蹣跚，關鍵時刻卻發現真正需要的沒帶，卻帶了一堆磚！

心理師可以幫忙伴侶盤點他們各自不知不覺走私了什麼，重新打包整理行囊，讓伴侶關係旅程的行李更輕便，能走得更遠。整理原生家庭經驗就像出發前檢查背包，確認裡面夾帶了哪些曾經有用但現在已經用不到的物件，和這些紀念品進行告別後拿出背包，以減輕背包重量；再想想自己接下來的旅程可能會需要什麼，把真正重要的東西放入。檢查背包的過程說不定還會意外發現一些之前不知道用途，現在突然發現很有用、很難得的好物，那正是我們的父母及祖先留給我們的禮物。

從小到大，當我們學業表現不佳、同儕關係不良、適應新環境遇到困難、甚至出現偏差行為被責罰，我們常以為是自己不夠好、

不夠努力，而且身邊的人也都是這樣數落我們，搞得愈來愈沒自信。也許其實是不知不覺受到家裡烏煙瘴氣的氣氛影響，也許我們的父母真的已經盡了全力，因為他們的父母很可能狀態也不太好，而當時的時空環境可能比現在更艱辛，能存活下來已經不容易。與其怪罪父母把我們搞砸了，不如想想如何能從此中斷代代相傳的不利模式，給自己以及下一代一個更好的開始。

來求助的案主可能從沒想過自己從原生家庭走私了不少私貨進入自己的婚姻，搞得婚姻出現危機，還以為都是自己搞砸的；或者正相反，把所有婚姻問題都怪罪自己或配偶的家人，結果不但解決不了任何問題，還把關係搞得更僵。因為就算我們心裡有數自己的家人並不完美，聽配偶用不屑的口氣數落家人，還是會令人受不了想反擊「你家人也好不到哪去」。

坊間關於原生家庭的污名化相當氾濫，像是「媽寶」、「公主病」、「毒性教條」、「情勒」等等，每隔一陣子還會推陳出新。伴侶經常帶著這些誤解怒氣沖沖地進入諮商，急著向心理師告狀，暗示一切問題錯不在他，對方比較有事，對方全家都很有事！如果伴侶諮商師不能明察秋毫，很容易掉入糞坑，即使奮力爬出也難免一身惡臭。聰明的伴侶諮商師會小心避坑，引導伴侶去探討有解的思路，不要靠近或逗留惡臭無解的死胡同。

諮商可以協助伴侶學習彼此幫忙，補充原生家庭欠缺的，修補原生家庭損壞的，應援對方的努力，讓跨代惡性循環就此打住，讓好的模式傳遞下去，福澤子孫。如果伴侶彼此幫忙，齊心協力，這件事不但可以做到，過程還能增加兩人共患難的一體感，讓關係更堅固，因此沒理由輕言放棄，視婚姻、伴侶為洪水猛獸，敬謝不敏！。

不知道關係還有救、正考慮放棄的伴侶，如果平時有做善事積陰德，能遇到熟讀本章、訓練有素的心理師協助，就可能出現轉機。當伴侶喪氣進來、笑著走出諮商室，心理師不但積了功德，還會充滿多巴胺，回家的路上不自覺哼起音樂。

在伴侶諮商中應用成人依附經驗訪談（AAI）

喬治、卡普蘭與梅恩（George，Kaplan & Main，1985）曾發展出一套探問成人依附經驗的訪談方法（The Adult Attachment Interview protocol, AAI），以十幾個問句，讓一個人與父母的關係迅速浮出水面，以評估一個人的依附模式。這樣的訪談可以協助一個人快速意識到自己在親子關係中潛移默化習得的反應模式，在伴侶面前輪流進行 AAI 更可以讓配偶深入瞭解為何自己會有那些反應，進而比較容易發展出體諒與包容。

這些問句可以按順序逐一提問，如果當事人回答不太出來某些問句時，可以用其下的子問句來拓展、深化探問；也可以掌握其精神後，在諮商過程的適當時機，靈活運用其中部分問句。所羅門和塔特金（Solomon & Tatkin，2011）在他們的著作《親密關係中的愛與戰：伴侶治療中的連結、疏離與互相調節》（*Love and war in intimate relationships: Connection, disconnection, and mutual regulation in couple therapy*）有一段詳細描述如何對伴侶使用 AAI（在第五章〈伴侶訪談〉〔The partner interview〕），有興趣的讀者可以找來看。

● 成人依附經驗訪談（AAI）問句

1. 可不可以告訴我，小時候你住在哪裡？跟誰住？

1.1　在哪裡出生？是否搬過家？當時家裡人做些什麼行業？

2. 就你記憶所及最早開始，你會怎樣形容你和父母親的關係？請選擇五個形容詞來形容你和母親的關係，就記憶中最早開始，5 歲、12 歲也可以。

2.1　能否舉例，記憶中有沒有一個事件可以說明你剛才說的（和母親關係的第一個形容詞）

2.2　關於第二個形容詞的舉例（記憶）？

2.3　如果你母親生氣，她通常要多久才會恢復？

2.4　她常生你的氣嗎？

3. 請選擇五個形容詞來形容你和父親的關係，就記憶中最早開始。

3.1　（參考 2.1～2.4，問對父親的看法）

4. 你認為你和父親還是母親比較親近？為什麼？和另一個為什麼沒有這種感覺？

5. 你小時候，當你生氣你會做什麼？你能舉一個例子嗎？大人（誰？）會怎麼處理你？

5.1　當你受傷，你都去找誰？能記得一個例子嗎？

5.2　當你生病，都是誰照顧你？還記得當時發生的畫面嗎？他會怎樣照顧你？

5.3　你小的時候，有沒有人抱你？親你？可以和我分享一個這樣的記憶嗎？

5.4　你小時候，晚上誰陪你上床睡覺？那時他們會做什麼？

5.5　你小的時候，當你難過、哭的時候，誰會來安慰你？他怎樣安慰？他安慰得如何？（1～10 分，1 最差 10 最棒）還記得這樣的一次經驗嗎？

6. 就你記憶所及，第一次是什麼時候和父母（或其他主要照顧者）分開？當時你的反應是什麼？你記得當時父母（照顧者）的反應是什麼嗎？
   6.1　記憶中還有其他的分離經驗嗎？
7. 就你記憶所及，有沒有被父母拒絕、排擠的經驗？
   7.1　當時你幾歲？當時你做什麼？
   7.2　你認為當時父母為何這樣拒絕你？你想他們知道當時讓你覺得被拒絕了嗎？
   7.3　你小時候，你的父或母曾經向你道歉過嗎？
8. 你的父母曾經以任何形式威脅過你嗎？無論是懲罰或半開玩笑？
   8.1　他們曾虐待過你嗎？當時你多大？經常發生嗎？
   8.2　你覺得這個經驗影響了你現在的行為反應嗎？會影響你接觸自己孩子嗎？
   8.3　有家人之外的人曾經虐待你嗎？
   8.4　在你小時候，有其他讓你很害怕的事嗎？
9. 整體來說，你認為你的早年經驗是否、如何影響你目前的身心狀態？
10. 你認為在你小時候，為什麼你的父母會那樣對待你？
11. 在你小時候，有沒有其他的成人讓你感覺親近？或是對你重要？
12. 在你小時候，曾失去父母、兄弟姊妹、或其他家人嗎？
   12.1　還記得當時的情況嗎？當時你多大？
   12.2　你當時的反應是什麼？
   12.3　他的過世／離開是突然的，還是有準備的？

12.4 你還記得你當時的感覺嗎？

12.5 你對這件事的感覺，後來／如今有所改變嗎？

12.6 你去參加了喪禮嗎？

12.7 這件事對你父母、整個家其他家人的影響是什麼？

13. 記憶中，有沒有其他對你來說是創傷的事件？
14. 長大後，你和父母的關係是否有明顯的改變？
15. 目前，你和父母的關係如何？

    15.1 常聯絡嗎？

16. 你目前和自己的孩子關係如何？

    16.1 當你與他分離時，你的感受與反應如何？

    16.2 你曾擔心他嗎？

17. 如果你可以有三個願望，二十年後，你希望你的孩子變成如何？
18. 你有沒有從你自己的童年經驗中，學到什麼？
19. 你希望你自己的孩子，可以從他和你相處的童年經驗中，學到什麼？

判斷親子依附是否安全的指標有：主動表達重視與父母的關係，描述自己和父母「很親」，記憶的內容前後連貫一致（coherent/consistent）；迴避型的人，記憶內容較不連貫、自相矛盾，或舉不出實例，可能會說想不太起來小時候的事，描述傾向簡短、抽象、模糊，用「正常」來形容與父母的關係，隱微的抗拒回答這些問題。

焦慮型的人記憶內容也不太連貫，回憶時容易伴隨憤怒、恐懼或消極態度，想起與父母親相關的回憶時，突然無法控制的流淚，有些會說不知道為什麼自己會哭，描述傾向冗長、瑣碎、文法錯亂、喜歡用虛詞（呃……、……的部分、很那個……）；錯亂型（Unresolved/disorganised）的人談到失落及受虐相關經驗時，會出現明顯的邏輯錯誤，有時會陷入長沉默，或講些拍馬屁的幹話。

案例：在伴侶諮商中整合原生家庭經驗

筱慧氣鼓鼓的抱怨上週與志宏的爭執。她口中描述的志宏聽起來根本就是個冷血渣男，筱慧說她不能理解為何志宏不願幫忙，明明只是舉手之勞。

志宏滿臉無辜的解釋，他當時正在趕一個重要工作忙得焦頭爛額，根本沒有任何心力應付太太的急促要求。志宏說夫妻倆幾乎每天吵，什麼小事都能吵，諮商師問「這樣很累吧？」志宏嘆一口氣點頭。

志宏認為是因為二人都太有個性，遇到事情誰也不讓誰。諮商師心裡知道歸因到個性不和是無解的死路，問二人究竟在爭什麼，爭的那口氣下面究竟是什麼東西過不去？筱慧回答不出來陷入沉思，志宏想了半天說「我很不喜歡被逼的感覺，一定要照她的方式，而且必須立刻去做」。

諮商師問志宏：「你過去有什麼被逼的陰影嗎？你父母？你老闆？」筱慧立刻接話：「他媽媽！」志宏點頭說他媽媽非常強勢，於是他學會充耳不聞、忽略媽媽的咄咄逼人。諮商師恍然大悟：「難怪你對太太的求援充耳不聞，甚至有點刻意忽略，結果氣死你太太！」志宏眼睛一亮，似乎從沒想過二者的關聯。

筱慧眼眶泛紅說她感受不到先生的愛，她認為志宏心裡根本不在乎她。諮商師想起上一回諮商中志宏流著淚對妻子表達愛意，不太理解為何筱慧感受不到先生的心。諮商師問她：「我可以問嗎？你和你父母的經驗如何？能感受到他們愛你嗎？」筱慧瞬間爆淚，說小時候父母很忙，上大學時她堅決住宿，心裡其實是絕望而離家出走，即使放假也不願回家。筱慧說她爸爸給錢很大方，那是他愛家人的方式，難怪當志宏和她計較家裡財務狀況時，筱慧立刻認定先生不愛她。

諮商師對志宏說：「你太太過去被愛的經驗有缺憾，感受愛的能力受到損傷。我知道你很愛你太太，但如果你沒有對準焦點，加大力道，你太太就容易感受不到，而一個感受不到愛的太太很容易找老公吵架，你懂嗎？」志宏點頭。諮商師問筱慧，先生怎樣做最能讓她感到被愛？筱慧說好好聽她說話，在她需要的時候支援她，不要當豬隊友。諮商師教志宏要時時提醒自己：「你太太不是你媽，她是來求援的，不是來逼你，你要忍住不用老習慣忽略太太，要學習聽她說話。你能做到嗎？」

志宏毫不猶豫地點頭說可以，但筱慧不太相信。諮商師提醒筱慧，如果她對先生沒信心，不給先生機會學習嘗試，先生就一定做不到！筱慧立刻開竅，轉身輕拍志宏手臂說：「我相信你一定可以！」

參考文獻

Amato, P. R. (1987). Parental divorce and attitudes toward family life. *Journal of Marriage and the Family, 50*, 453-461.

Amato, P. R. (1996). Explaining the intergenerational transmission of divorce. *Journal of Marriage and the Family, 58*, 628-640.

Amato, P. R. (2001). Children of divorce in the 1990s: An update of the Amato and Keith (1991) meta-analysis. *Journal of Family Psychology, 15*, 355-370.

Amato, P. R., & Booth, A. (1991). Consequences of parental divorce and marital unhappiness for adult well-being. *Social Forces, 69*(3), 895-914.

Amato, P. R., & DeBoer, D. (2001). The transmission of marital instability across generations: Relationship skills or commitment to marriage? *Journal of Marriage and the Family, 63*, 1038-1051.

Amato, P. R., & Rogers, S. J. (1997). A longitudinal study of marital problems and subsequent divorce. *Journal of Marriage and the Family, 59*(3), 612-624.

Booth, A., & Edwards, J. N. (1989). Transmission of marital and family quality over the generations: The effect of parental divorce and unhappiness. *Journal of Divorce, 13*(2), 41-58.

Booth, A., & Edwards, J. N. (1990). Transmission of marital and family quality over the generations: The effect of parental divorce and unhappiness. *Journal of Divorce, 13*, 41-58.

Bumpass, L. L., Martin, T. C., & Sweet, J. A. (1991). The impact of family background and early marital factors on marital disruption. *Journal of Family Issues, 12*, 22-42.

Deborah Blum（2004）。《愛在暴力公園》。遠流。

Diekmann, A. and Schmidheiny, K. (2008). The Intergenerational Transmission of Divorce: A Fifteen-Country Study with the Fertility and Family Survey. No 4, *ETH Zurich Sociology Working Papers*, ETH Zurich, Chair of Sociology.

Emery, R. E. (2004). *The truth about children and divorce: Dealing with the emotions so you and your children can thrive*. Viking.

Felitti VJ, Anda RF, Nordenberg D, Williamson DF, Spitz AM, Edwards V, Koss MP, Marks JS. (1998). Relationship of childhood abuse and household dysfunction to many of the leading causes of death in adults. The Adverse Childhood Experiences (ACE) Study. *American Journal of Preventive Medicine, 14*(4): 245-58.

George, C., Kaplan, N., & Main, M. (1985). *The Adult Attachment Interview protocol*. Unpublished manuscript, University of California at Berkeley.

Glenn, N. D., & Kramer, K. B. (1987). The marriages and divorces of the children of divorce. *Journal of Marriage and the Family, 49*(4), 811-825.

Jennings, A. M., Salts, C. J., & Smith, T., Jr. (1991). Attitudes toward marriage: Effects of parental conflict, family structure, and gender. *Journal of Divorce & Remarriage, 17*, 67-79.

Johnson, M. P. (1991). Commitment to personal relationships. In W. H. Jones, & D. W. Pelman (Eds.), *Advance in personal relationships* (pp.

117-143). London: Jessika Kingsley.

Katz, L. F., & Gottman, J. M. (1994). Patterns of marital interaction and children's emotional development. In R. D. Parke & S. G. Kellam (Eds.), *Exploring family relationships with other social contexts*. (pp. 49-74). Hillsdale, NJ: Lawrence Erlbaum.

Le, B., & Agnew, C. R. (2003). Commitment and its theorized determinants: A meta-analysis of the investment model. Personal Relationships, 10, 37-57.

Linda G. Mills（2004）。《錯的是我們，不是我：家暴的動力關係》。商周。

Martin, T. C. & Bumpass, L. L. (1989). Recent trends in marital disruption. *Demography, 26*, 37-51.

McLanahan, S., & Bumpass, L. (1988). Intergenerational consequences of family disruption. *American Journal of Sociology, 94*(1), 130-152.

Mustonen U, Huurre T, Kiviruusu O, Haukkala A, & Aro H. (2011). Long-term impact of parental divorce on intimate relationship quality in adulthood and the mediating role of psychosocial resources. *Journal of Family Psychology, 25*(4): 615-9.

Nadine Burke Harris（2018）。《深井效應：治療童年逆境傷害的長期影響》。究竟。

Obegi, J. H., Morrison, T. L., & Shaver, P. R. (2004). Exploring intergenerational transmission of attachment style in young female adults and their mothers. *Journal of Social and Personal Relationships, 21*(5), 625-638.

Rusbult, C. E. (1983). A longitudinal test of the Investment Model: The development (and deterioration) of satisfaction and commitment in heterosexual involvements. *Journal of Personality and Social Psychology, 45*, 101-117.

Solomon, M. & Tatkin, S. (2011). *Love and war in intimate relationships: Connection, disconnection, and mutual regulation in couple therapy*. New York: W.W. Norton & Company.

Webster, P. S., Orbuch, T. L., & House, J. S. (1995). Effects of Childhood Family Background on Adult Marital Quality and Perceived Stability. *American Journal of Sociology, 101*(2), 404-432.

Wesber, P. S., Orbuch, T. L., & House, J. S. (1995). Effect of childhood family background on adult marital quality and perceived stability. *American Journal of Sociology, 101*, 404-432.

Wolfinger, N. H. (2003). Family structure homogamy: The effects of parental divorce on partner selection and marital stability. *Social Science Research, 32*, 80-97.

古芸妮（2005）。未婚男女婚姻信念、婚姻態度與婚姻承諾之相關研究。中國文化大學心理輔導研究所碩士論文。

伊慶春、楊文山、蔡瑤玲（1992）。夫妻衝突處理模式的影響因素：丈夫、妻子、和夫妻配對樣本的比較。中國社會學刊，16期，25-54。

吳佩宜（2015）。大學生知覺不同形式父母衝突與情緒安全感、婚姻態度之相關研究。臺灣師範大學教育心理與輔導學系碩士論文。

吳齊殷、高美英（1997）。嚴酷教養方式的代間傳遞。張笠雲、呂玉瑕、王甫昌主編，九〇年代的台灣社會：社會變遷基本調查研究系列二（下）（頁 215-247）。中央研究院。
吳麗娟（1998）。父母自我分化、教養態度對青少年子女自我分化、因應策略及適應影響之研究。教育心理學報，30(1)，91-132。
李自強（2013）。家庭暴力的代間傳遞：一位觸法少年的個案分享。亞洲家庭暴力與性侵害期刊，9(2)，121-136。
李育忠（2000）。父母婚姻關係親子互動對高中職子女異性交往相關研究——台東地區單雙親家庭之比較。台東教育大學碩士論文。
李閏華（1993）。父母婚姻關係對子女婚姻態度影響之研究——以台中市未婚在學學生為對象。東海大學社會工作學系碩士論文。
沈慶鴻（1997）。婚姻暴力代間傳遞之分析研究。彰化師範大學輔導學系博士論文。
沈慶鴻（2001a）。婚姻暴力代間傳遞之探索性研究。實踐學報，32，99-134。
沈慶鴻（2001b）。由帶間傳遞的觀點探索婚姻暴力對目睹兒童的影響。中華心理衛生學刊，14(2)，65-86。
兒福聯盟（2021）。「2021 台灣童年逆境經驗研究」調查。兒盟倡議，2021-12-01。https://www.children.org.tw/news/news_detail/2682
林盈聿（2006）。未婚男性性別角色態度、知覺父母婚姻關係對婚姻態度影響之研究——以北部地區高科技產業人員為例。臺灣師範大學人類發展與家庭學系碩士論文。
林喬瑩（2006）。高中職學生異性相處、知覺父母婚姻關係與其婚姻態度之研究。嘉義大學家庭教育研究所碩士論文。
施佳慧（2008）。國中小學未婚教師婚姻態度之研究：知覺父母婚姻關係及親子情感之影響。臺灣師範大學人類發展與家庭學系碩士論文。
柯澍馨、陳怡文（2007）。父母婚姻關係、父母控制對青少年子女婚前性行為影響之研究。台灣性學學刊，13(1)，31-50。
柳杰欣、吳麗娟、林世華（2009）。適婚男女知覺父母婚姻關係、依附關係與其婚姻態度之相關研究。教育心理學報，40(4)，641-662。
唐嘉好（2020）。結婚？不結婚？年輕成人的結婚意向：父母婚姻關係、代間關係與婚姻態度的影響。臺灣師範大學人類發展與家庭學系碩士論文。
孫旻儀（2009）。國中教師管教方式代間傳遞模式之相關因素探討。政治大學教育研究所博士論文。
張彤筠（2015）。新婚夫妻原生家庭系統分化、依附類型與婚姻滿意度之相關研究。暨南國際大學碩士論文。
莊慧美（2012）。女性親職化及其對婚姻關係「施與受」之影響與轉化。高雄師範大學輔導與諮商研究所博士論文。
陳美秀（2003）。國中生知覺父母婚姻衝突、負向緒情緒經驗與異性交往態度之相關研究。高雄師範大學輔導研究所碩士論文。
陳婉琪（2014）。都是為了孩子？父母離婚負面影響之重新評估。臺灣社會學刊，54，31-73。
陳嘉玉（2004）。國中生知覺父母婚姻關係、父母管教態度與其異性交友態度之相關研究。中國文化大學心理輔導研究所碩士論文。

陳語箴（2014）。親密關係研究：知覺父母婚姻關係、與父母依附關係對大學生愛情觀之影響。中山醫學大學心理學系暨臨床心理學所碩士論文。

陳慧娥（2004）。雙親婚姻衝突與不同性別大學生婚姻態度之相關研究——以私立中國文化大學為例。中國文化大學心理輔導研究所碩士論文。

游秀慧（2007）。複製愛情？——知覺父母婚姻關係與親子互動對青少年愛情態度影響之探究。銘傳大學教育研究所碩士論文。

黃宗堅、周玉慧（2009）。大學生親子三角關係類型與親密關係適應之研究。中華心理學刊，51(2)，197-213。

黃宜翎（2017）。新婚夫妻原生家庭經驗、夫妻親密關係與婚姻滿意度之相關研究。暨南國際大學諮商心理與人力資源發展學系輔導與諮商研究所碩士論文。

黃郁琇（2022）。大學生知覺父母婚姻關係對其親密關係態度之影響——以依附風格為中介角色分析。臺灣師範大學社會工作學研究所碩士論文。

楊素芬（2013）。墳墓或天堂——父母離婚大學生的婚姻態度。靜宜大學社會工作與兒童少年福利研究所碩士論文。

廖秀茸（2006）。婚姻穩定度之代間傳遞及其解釋路徑。世新大學社會心理學研究所碩士論文。

齊雪芬（2011）。兩代母親知覺建設性教養行為的代間傳遞。臺灣師範大學人類發展與家庭學系碩士論文。

劉怡婷（2021）。知覺父母衝突對婚姻態度之影響——以復原力為調節變項。中正大學犯罪防治研究所碩論文。

歐陽淑貞（2014）。中途學校少女與親職化父母依附關係代間傳遞之研究。南華大學生死學研究所碩士論文。
歐陽儀、吳麗娟（1998）。教養方式與依附關係代間傳遞模式之研究。教育心理學報，30(2)，33-58。
鄭羽芹（2023）。父母婚姻關係對成年子女生育意願之影響。元智大學社會暨政策科學學系碩士論文。
鄭媛元（2017）。台灣成年人的外遇行為界定與態度傾向：父母婚姻關係的影響。輔仁大學兒童與家庭學系碩士論文。
戴靜文（2002）。青少年不同背景變項、依附風格、知覺父母婚姻衝突與婚姻態度之相關研究。嘉義大學家庭教育研究所碩士論文。
羅晴筠（2021）。知覺父母婚姻關係對子女婚姻態度的影響——以父母教養方式為調節變項。淡江大學教育心理與諮商研究所碩士論文。
鐘珮純（2008）。父母婚姻關係、親子依附風格與子女婚姻態度關係之研究。政治大學教育研究所碩士論文。

第二部

實務篇

案例一

找回親密的遠距夫妻

一段以「感情增溫會談」為起點的伴侶諮商

● 作者：林冠伶 臨床心理師

先鞏固感情基礎，再處理衝突

這對夫妻是太太看到「伴侶感情增溫會談」的文宣主動報名的。太太認為他們真正需要的是伴侶諮商，但很擔心目前的感情不夠穩固，若直接進入諮商談兩人的衝突太緊張了，便與先生一起來先進行感情增溫。

這對夫妻的前三次會談進行的是「感情增溫會談」。這是一種以增進伴侶情感牽繫為目標，專注在活化與深化伴侶間的情感連結，或修補受傷的牽繫，而不直接處理衝突的一種伴侶諮商工作方式，可以比喻為鞏固伴侶關係地基的一種工作。直到第四次會談，才開始處理他們之間的衝突與困難。

因此這個案例的工作過程與一般的伴侶諮商不太一樣，一方面能展現感情增溫會談的工作歷程，另一方面也可以看到如何先透過增溫增進伴侶關係的基礎，讓後續的伴侶諮商更順利。

案例背景

這是一對分隔兩地的遠距夫妻，太太和三歲的孩子在台灣，先生在國外工作而頻繁兩地奔波，這樣的生活持續了三年多。Covid-19 疫情後，先生每次往返前後都需要隔離好幾天，夫妻相聚格外辛苦。

聚少離多之下，兩人的衝突越來越頻繁，再加上這幾年先生不斷提出希望再有第二個孩子，讓太太很遲疑，擔憂目前的關係如此脆弱，是否能經得起多一個孩子的挑戰。這是太太覺得需要伴侶諮商的原因，他想和先生好好討論這件事情。

第一次會談

回憶過往的美好

伴侶感情增溫的第一次會談，主要是透過一連串提問，協助伴侶回憶起與情感牽繫有關的經驗，以喚起、活化他們對彼此的正向情感。

當這對伴侶開始回憶十五年前初相遇的時刻，我觀察到他們臉上的神情從原本的有點疲憊，開始漸漸出現笑容，語調也越來越輕鬆。太太說先生當時幽默健談，先生說太太當時開朗愛笑，彼此都被對方深深吸引。不過太太隨即感慨：「那時真好，生活沒有太多壓力，我們現在好像沒有這麼多熱情了……」先生立刻幽默地挑眉說：「只是少了費洛蒙而已啦，要不要我等等去打針補一下就回來了。」太太當場笑出聲來並回先生一個白眼，讓我現場重溫他們之間玩鬧的輕鬆氛圍，彷彿三人一起暫時回到過去。

提煉過去關係中的珍珠

十五年來，他們多半分隔兩地，但我看到二人對維持這段關係都付出很大的努力：兩人原本分別在不同城市進修，完成學業後決定一起搬到先生工作的城市定居；後來太太帶孩子回台灣，先生辛苦地往返兩地與妻小團聚。

我問太太：「是什麼讓你願意搬過去支持他？」，問先生：「太太決定跟你搬去J城，對你的意義是什麼？」增溫會談不只喚起回憶，還要從回憶裡提煉出珍珠，也就是對彼此的情感，讓他們不要錯過自己擁有的好東西。

談到這裡太太突然有感而發：「我本來以為我們的關係很脆弱，現在看來這十五年竟然有這麼多事發生，每一次都不只是做了一個決定而已，而是因為我在意你、你在意我，才能在一次次的衝突後達成妥協。現在想想，我們的感情其實還滿堅固的啊！」先生有點驚訝：「原來你一直認為我們的感情很脆弱啊！但我從來沒這麼想過，雖然有很多衝突，但那是因為我們很確定想與對方繼續下去，才願意去克服很多事情。」

第一次會談結束前，二人都感覺跟對方更親近了，開心地表示很期待下一次。

第二次會談

修復受傷的牽繫

伴侶感情增溫的第二次會談，主要是從伴侶的故事中找尋有潛力的線索，以修復受損傷的牽繫，並找出關係中的韌力經驗。

我問他們有沒有感覺過陷入谷底，沒信心能繼續走下去的時候，他們說在決定結婚的過程，是他們的關係最低潮的時刻。當時他們分別在不同的城市求學，先生希望太太能搬到自己即將工作的城市，以結束兩人長年聚少離多的日子，也希望可以進展到下一個階段：結婚。

先生說自己習慣追求明確地人生目標，但他知道心思細膩的太太做決定需要時間，因此從求婚到婚期間隔了三年，讓太太能有所準備，但當時太太的猶豫不決讓他既生氣又失望。他說搞得像是他在逼婚，好像結婚只是他一個人的期待！太太接著說真的感覺像被逼迫，當時對未來還有好多不確定。太太還說當時先生撂下一句「如果不一起生活，也就沒有繼續下去的意義了！」讓她的壓力爆表！

當增溫遇上衝突，該怎麼辦？

在感情增溫會談中與伴侶一起重溫谷底經驗，是為了探索關係中的韌力，幫助伴侶更清楚當時是什麼幫助他們渡過難關。但回憶受傷經驗自然也很容易碰觸到痛苦，出現彼此抱怨與指責，對治療師的考驗是：如何不讓兩人陷入爭執，讓增溫的效果功虧一簣。

談到上面這段谷底經驗時，會談室裡的氣氛變得有點緊張，太太表情凝重地說：「那種被逼迫的感覺，跟我們一直以來的衝突很像，當我在那裡適應不良或產後憂鬱時，我不斷說『我不行了』，他不斷說『可以的』、『我也很努力了，沒有人不辛苦，但我們就是要撐下去……』。每次他這樣說我就更痛苦。」先生急著解釋：「我也不想逼啊！但有什麼辦法，總要做個抉擇，我們兩個之中總要有人去解決問題啊。而且我們也都同意，剛結婚的那幾年我們特別親密，那時如果沒有逼的話，會有今天的好嗎？」此話一出，太太立刻爆氣：「你看就是這樣子！我很痛苦，你只會跟我說撐過去就好，我覺得你根本沒在管我的痛苦，就是在逼我啊！」衝突一觸即發，此時治療師如何回應相當關鍵。

我看懂了他們之間的互補性互動：先生覺得太太容易猶豫不

決，於是跳出來成為果決擔當，為二人的關係下一步提出明確時程表；太太認為先生總是專注在達成目標，不在乎自己的痛苦，因此對這份關係更沒信心，對於邁向關係的下一個里程碑更猶豫不決。在一般的伴侶諮商中，此刻會是一個好機會去探索他們二人怎麼搞成「逼人—被逼」的互動模式，但當時我提醒自己堅定維持增溫目標，於是我問：「你們一個感覺被誤會在逼迫對方，一個感覺被對方逼迫，想必都很不舒服，那當時你們為什麼仍然決定要和對方結婚，邁下個階段？」

太太似乎仍陷在被強迫的情緒裡，說當時很多長輩都站在先生那邊給自己壓力。我不放棄地追問：「我相信以你這麼小心謹慎的人，你一定是考量了各方面才做的決定。頂著這麼大的壓力下，最後究竟是什麼原因讓你做下這個決定？」幾輪追問後，兩人竟不約而同給了同樣理由——「因為再也找不到比對方更好、更適合的人了！」

對太太而言，先生對在一起生活的堅持，既有壓力但也給她安全感和歸屬感，而這是太太過去沒有體驗過的。她自小父母離異，輾轉在不同親戚家長大，從沒經驗過歸屬感。先生的堅持讓太太感受到：「不管怎麼樣這個人都會在，我不是孤單的！」。

對先生而言，太太的深思熟慮正是他最欠缺的緩衝，他自認一向勇往直前，碰到困難也不怕碰撞，但太太會提醒他慢下來，幫忙他分析並提出建議，讓他更清楚方向，也更有信心。先生說：「我很信任她，只要有她在、只要我們一起，我相信我們能面對很多的困難和挑戰。這是我很確定是她而不是別人的原因。」

讓他們有機會從對方口中明確聽到：「再也找不到比你更好、更適合自己的人了！」，很可能重新觸動他們彼此心中原有的愛意，這份愛意在頻繁衝突之下很可能被深埋在地下，讓他們誤以為彼此關係不好而失望挫敗。透過感情增溫，這份愛有機會重新出土，滋養他們的關係。

心理師的話

伴侶諮商師在諮商過程中可以選擇處理衝突、幫助雙方調節身心，並協助他們學會及時打住破壞性的溝通模式；但也可以視情況選擇堅持聚焦在感情增溫，即使伴侶當時即將或已陷入衝突。在此案例中，當二人對彼此的愛意被調動加溫，原本衝突的議題就能被他們以一種非常不同的氣氛進行處理，結果自然更容易化解僵局。第二種介入的選擇，需要伴侶諮商師真心相信感情增溫的作用，在會談氣氛陷入僵局時才能堅持。

第三次會談

「我想跟你並肩同行」——找到彼此舒適的距離

第三次會談，我讓這對伴侶透過體驗活動來深化彼此的情感交流[1]。

過程中讓我印象最深刻的是，當太太站在原地看著先生逐漸走遠時，她說：「我的心情很難過，這很像我們的日常，先生走在前面講電話或想事情，我和孩子走在後面，有時我們跟丟了他也沒有發現，彷彿我們被他遺忘了。」當太太靠近一點看著先生的背影，

1 具體活動步驟的說明請見第七章〈強化伴侶間的牽繫〉。

她變得心疼：「他駝著背看起來很辛苦，像肩負沉重壓力，讓我很想抱抱他。」先生聽完立刻轉身擁抱太太，安慰說：「雖然我現在身在台灣，但都還是在忙工作，忙起來就沒有注意你的感覺，我很抱歉……」

這個久違的擁抱，不是治療師要求出來的尷尬硬抱，也不是伴侶其中一方提出索求另一方無奈配合的演戲，而是在那一刻他們發自內心想安慰彼此。這種真情流露，是許多怨偶求之不得的珍貴片刻，讓在一旁的我都能感受到空氣中充滿了溫柔。

真正進入伴侶諮商——建設性對話的展開

經過前面三次會談的暖身，太太希望針對是否生第二胎這個敏感話題好好地進行討論。她希望這一次兩人能一起做出決定，不要再像過去陷入「逼迫－被逼」的感覺。但在進入敏感的關鍵話題前，有些他們之間的溝通障礙需要先清理。作為伴侶諮商師，我的任務是釐清干擾他們對話的阻礙，清理埋藏累積的各種情緒，以協助他們突破過去僵局，展開不同以往的建設性對話。

陷入「誰比較辛苦」的競賽

先生告訴我，太太帶著孩子搬回台灣後這幾年，不管二人溝通什麼事情，最後都像一場「誰比較辛苦」的競賽，兩人搶著細數自己的辛苦。

太太選擇和孩子回到台灣生活，讓先生很失望，因為一起生活是他對家庭的期待，所以他頻繁地往返，疲憊時他會生太太的氣：「為什麼只有我一個人在辛苦奔波！」太太感受到先生的失望和疲憊，她試著想安慰先生，卻發現不管做什麼都安撫不了先生，因為那些都不是先生期待的一起生活，挫折之餘，太太也會指責先生不能體諒自己獨自育兒的辛苦。在遠距離的緩衝下，他們逐漸減少交流以避免衝突，但也讓筋疲力盡的兩人愈來愈孤單。

每當試圖討論第二胎的話題時，太太試圖告訴先生獨自育兒太辛苦了，拒絕先生的提議；先生抱怨自己承擔家計也不輕鬆，希望說服太太試試看，二人就這樣陷入僵局。

二個人都孤單又挫敗

有一次他們在我面前再度陷入「誰比較辛苦」的競賽。隔離期間有一次先生請太太帶孩子來飯店樓下探望，太太怕干擾孩子作息而拒絕；先生很氣，細數自己回家一趟的辛勞，認為太太說的困難都是藉口；太太忙著解釋希望安撫先生，幾輪安撫無效後她也不滿先生無法體諒育兒的辛苦，也開始細數自己的難處。最後先生憤怒地撂下「不管，你就是要來，有問題你自己想辦法！」太太只好帶孩子去探望，但再次讓她感覺被逼迫。

在先生激動地表達中，我感受到先生強烈的失望，不只被太太拒絕，還有他獨自一人到處奔波積累的疲憊與對妻小的思念。我與先生確認他的感受，一方面讓先生感到被聽懂，另一方面也希望幫助太太看懂：這個在她眼裡「動輒爆氣」的先生，其實是太想念他的家人。

心理師：先生，我感覺你的生氣，不只是當下太太拒絕了你而已，好像你累積了很久的想念，因此看不到他們才會讓你非常失望，是嗎？

先生：是啊，我為了這個家一個人在那裡那麼辛苦，我常常回到那個空蕩蕩的房子，看著那間沒開封過的嬰兒房，你知道那種心情嗎？我很想念他們，我覺得我被拋下了。

心理師：所以那天太太說他有困難無法去看你，你覺得很難過？

先生：對，我就是很想念你們，才冒著染疫風險，忍受隔離的痛苦回來，我不懂你為什麼就是不願意，我覺得你就是不想嘛！

心理師：所以你很在意太太那天說沒辦法帶孩子去看你，因為對你來說好像是太太有沒有想你，是不是在乎你的一個證明，是嗎？

先生：是啊，我覺得她就是不想啦！她沒有那麼想念我，沒那麼在乎我。

先生語氣變得比較平靜，這時太太急著想解釋自己沒有不在乎，我請她給我一點時間。

心理師：你很難接受太太說有困難，因為你太失望了。你很生氣地要求太太去看你，因為你很想確定太太是在乎你的、太太是想念你的，是嗎？

先生：是啊，用求的求不到，就用生氣的，而且連這個也要要求。

心理師：嗯，所以就算用生氣的方式要到了，你還是很失望，覺得連這樣也要強迫，那太太到底有沒有在乎自己？

先生點點頭。

心理師：可是太太妳是不是覺得很委屈，妳努力做了那麼多在乎先生的事，但當妳做不到先生的期待時，那些努力通通都不算數。

太太：對啊，我真的盡力了，我不是不願意，也不是不想。我的困難你都說是藉口，讓我覺得你在逼我。既然你都不聽我的難處，那我就直接先拒絕你，跟你強調我辦不到。

心理師：是什麼原因讓你決定先拒絕他？

太太：因為我不想再經歷我的困難被他當成藉口，「這都不是困難」會讓我覺得他在否定我；他對我很失望，我會很挫折。

心理師：所以你說「我辦不到」不是因為你不在乎先生，而是你害怕面對先生的失望，先拒絕就不會有後面那種被否定的感覺。可是這會不會也讓妳先生必須更用力要求，用生氣、讓妳感覺逼迫的方式，才能得到妳的回應，感覺妳真的在乎他。

太太：是啊。

原來，先生急切地要求太太探望，是想確認「你在乎我嗎？你想念我嗎？」因此當太太表達有困難，先生的解讀是「你根本不在乎我」而更加失望。當太太提出有困難卻不被先生接受，會感到先生對她失望，被先生否定，因此習慣用先拒絕先生的方式來保護自己避免被否定。太太的拒絕讓絕望的先生用更強烈的力道要求太太，讓太太感到被逼迫。這樣的戲碼不斷重複，讓二人都愈來愈孤單、挫敗。

學習表達情感需要

經過前一次諮商中雙方激烈的表達後，我很好奇他們後來如何？太太告訴我：「上次結束後，我在電梯裡就抱他說『你辛苦了，你為了我們自己一個人留在那裡，你真的辛苦了。』」我問先生被太太安慰的感覺如何，先生說：「滿好的，覺得她有理解我的辛苦。平常不開心大家掉頭就走，根本沒辦法好好聽下去。聊開來我也能理解她當媽媽這角色也很不容易，她一個人帶孩子回台灣，我很失望，但大家都是辛苦的」。

斷線多年後，他們之間情感的線路似乎重新接通了，但接下來的挑戰是他們如何透過新接通的線路，學習協助彼此修復之前留下的傷痕，同時避免再度掉回舊的爭執模式。也許是自己的辛苦終於被太太理解，這一次先生不再激烈強調自己的痛苦，他的口氣緩和不少，開始向太太表達內心的脆弱需要。

先生：我常常覺得我一個人在那邊，感覺不到關懷，有種被放牛吃草的感覺。

太太：沒有啊，我滿常傳照片給你的，我幾乎每天都有傳照片給你，你忘記了嗎？我每天傳小孩的照片影片啊，我會傳我的午餐或我今天做了些什麼。

先生：我知道，唉～沒有啦！（先生低下頭嘆了一口氣，太太打算繼續說……）

心理師：太太你先等一下。先生，你剛剛嘆一口氣說沒有啦，你在想什麼？

先生：我知道她做這些事情是想讓我感覺參與其中，但我就覺得……（停頓幾秒）我覺得我沒有被問候到，在那裡沒有感受到任何溫情，就像是沒有被問說「**你在那裡還好嗎？**」「**你今天在幹嘛啊？**」我知道她有跟我分享她和孩子的生活，但對我的關懷少得可憐。

心理師：所以，你知道太太用她的方式在表示她在乎你，可是你在那裡更需要的是被關心，像你剛剛說的有人問候你過得好不好，這是你很需要的，是嗎？

先生：是啊。我在台灣可能就不需要，去快樂的地方可能也不需要，但是我在那裡環境險惡，我就特別需要你的關心。

太太：可是我還是不太確定要怎麼讓你感受到關心，你可以告訴我可以怎麼做讓你感覺被關心嗎？

先生：關心就是關心，還要我跟你說怎麼關心喔！（嘆氣）如果我問你我要怎麼對你浪慢，你會不會生氣！

太太：不是啊，我也有努力試過，像是你生日時我找你朋友去陪你慶生、我找阿姨去幫你煮飯，我也有想過關心你工作，但我不想你下班還煩心工作，而且工作上的事情我也不知道可以怎麼幫忙你，我真的不太知道還可以做什麼。

我感受到太太的提問讓先生很氣餒，太太又開始落入解釋自己的習慣，我嘗試幫助他們進一步談下去。

心理師：先生，你一定感覺滿氣餒的，為什麼在一起這麼久了，太太還是不知道你需要什麼樣的關心。可是太太也碰到了困難，她不知道該怎麼讓現在的你感受到關心。有什麼是你希望太太為你做的嗎？

先生：妳做的那些其實我有感受到心意，我也知道妳有努力（深呼吸，停頓幾秒）。我想我需要的可能是你更頻繁地聯繫我，像是多找機會讓我們三個人一起視訊，偶爾孩子睡了妳可以主動打電話跟我聊天，我覺得這可能是我更想要的。我需要跟妳說說話，需要跟妳交流，需要知道妳在關心我、想念我，工作上的壓力聽我說一說就好，不一定要給我什麼建議。

不同於之前兩人急著以細數自己的辛苦互相較勁，這一次他們在說出自己需要的同時，也會照顧對方的感受。先生雖然對太太不知道怎麼關心自己感到氣餒，還是說出「我有感受到你的心意」「我知道你有努力」以安撫太太害怕被否定的心情。有了先生的安頓，太太也願意再詢問先生需要她怎樣表達關心。

太太：我本來以為你需要的是很具體、很實質的照顧，所以我在台灣做不到那些的時候，我很挫折，很怕你對我失望。但原來你需要的是噓寒問暖的關心，讓你知道我有在掛念你，這我做得到啊！

先生：我之前也沒有想得很清楚，我只是一直覺得我在那裡好孤單、好想念你們，想念久了就變得好生氣，但現在我知道你的關心和想念才是我需要的。

在這段婚姻裡一直習慣獨自外出打拼的先生，終於能夠脫下憤怒的盔甲，向太太清楚表達自己的情感需要，讓先生的孤單感和太太的挫敗感都能找到安頓的解方。

需要的是隊友，不是出意見的軍師

下一次諮商，他們決定討論是否生第二胎的問題。當太太表達對多一個孩子的擔憂時，先生沒有像之前急著精神喊話「再怎麼累都要撐下去！」，也沒有把太太的困難當藉口否定，而是安慰太太，與她討論；太太也試著理解和尊重先生的期待，不像過去總是說「沒辦法，我辦不到！」。他們成功地擺脫了過去討論這個話題時經常陷入的「逼迫—被逼」的模式，順利地進行討論。

太太很怕自己會再度陷入第一胎時的產後憂鬱，希望與先生討論如果再發生，兩人能怎樣一起度過。先生很理性地列出資源、擬定解決問題的計畫，希望能安撫太太；但對太太來說，這樣的安撫就像「只出一張嘴的軍師」，不僅對憂鬱的心情一點幫助也沒有，還會讓太太感覺被說教、被否定。

太太告訴先生：在憂鬱狀態下，她最需要的是被拍拍頭與同理的話「妳辛苦了，真的很不容易！」太太記得最令她感到安慰的一次經驗：先生回到家剛放下行李，就對兒子說「媽媽要不行了，我要帶她去約會囉」，讓她深深感覺被理解。先生聽完立刻說：「沒問題，下次我拍頭拍到你腦袋壞掉，週週帶你去購物治療！」太太開心極了：「那你現在就可以這樣鼓勵我。」

諮商結束前，他們一起決定備孕第二胎。他們都很清楚這個決定將要面對很多的挑戰和辛苦，但此刻的他們有幽默感又有活力，和諮商開始時兩人的疲憊模樣判若二人。也許是因為這一次他們不再是各自孤軍奮戰，而是攜手並行。

心理師的話

打穩地基再上樓，處理伴侶衝突的另一種工作模式

在這個案例中，我們從「感情增溫會談」出發，幫助這對伴侶關係的地基更穩固，再上樓處理衝突的火場，這個工作順序讓諮商過程進行得比較順利。一般在處理伴侶衝突時，治療師要幫忙拔刺消毒、提煉重點，避免伴侶只聽到指責和攻擊，而聽不見彼此真正想表達的期待和需要。但在這個案例中，當伴侶關係的基礎穩固了，他們在衝突中比較能聽進去對方的需要，例如太太在激烈交流後聽懂了先生爆氣背後的想念和孤單，諮商後主動去擁抱安慰先生，讓後續的諮商進展得更順利。

即使治療師已經將爭執中刺耳的話，拔刺消毒後端給另一方，有時候對方都不見得願意收下，甚至會抗議「為什麼是我要先改變？」而陷入僵局。然而經過感情增溫會談，伴侶開始自然流露對彼此的在意，願意學習用對方比較能消化的方式表達不滿，主動去照顧對方的脆弱。例如在這對伴侶在討論太太如何關心先生的那段對話中，先生即使失望也不忘記說「**我知道妳有努力**」、「**我有感受到妳的心意**」去照顧太太怕被否定的心情，也讓太太繼續願意瞭解先生的需要。

最後一次諮商時，太太為這段諮商歷程下了很好的註解：

「能在這邊把十幾年的感情做個整理是非常珍貴的，就像一台老車進廠保養，我很慶幸我們在這麼年輕的時候來做這件事情，而不是到關係無法修復的地步才來。」

「感情增溫會談」就像是為伴侶關係進行健檢與保養，不用等到關係出現衝突或裂痕時才忙著補救卻為時已晚，事倍功半。

先生認為諮商對他們的幫助分為三個層面：

「來這裡了解衝突的結構和循環，學會怎麼避免衝突，我覺得這個是心理師妳帶動的諮商效果。但另一個改變是感情增溫帶來的效果，感情增溫會談就很像我們關係的堅韌被第三方認證，偶爾我們討論事情會氣氛緊張，就會覺得『沒關係，再多討論一下，我們的關係沒那麼脆弱』，很多時候就有繼續談下去的空間了。另外，感情增溫會談幫我們重溫親密感，回家自然會想多親一下、多抱一下……就是我們體驗過增溫後，會想要重溫那種親密。」

治療師的視野選擇能影響伴侶關係

先生的回饋讓我再次深刻體認：**治療師的視野選擇，能影響伴侶對他們自己關係的知覺，進而影響對彼此的感受、意願與互動方式**。儘管伴侶諮商的起點通常是因為危機事件、衝突或僵局而來，如果治療師能帶著感情增溫的視野，從危機與僵局的硝煙中提煉出關係底層尚完好的情感基礎，會幫助伴侶對他們自己的關係更有信心，進而提供伴侶解決衝突需要的安全感，讓伴侶在諮商過程中，從原本被迫面對不堪轉為主動想靠近彼此，重溫關係的美好，因而自然更有意願去調整自己照顧對方。

如果治療師過度聚焦在衝突與僵局，很容易與求助的伴侶一起陷入無力與絕望感；然而，若治療師選擇調整視野，就有機會展開伴侶關係的新可能性。也透過見證這一對夫妻，以及其他許多對夫妻的正面經驗，讓我更有信心，將感情增溫運用於伴侶諮商中，可收事半功倍之效。

作者簡介

林冠伶　臨床心理師

現職

- 捷思心理治療所／所長
- 捷思身心醫學診所／臨床心理師
- 社福機構合作心理師

專業認證

- 高考臨床心理師執照（心理字第 1491 號）
- 台北關係研修院（若水學堂）伴侶諮商培訓／講師、助教

專長

- 婚姻／伴侶諮商、親密關係議題、家庭關係議題、人際關係議題

案例二

看見伴侶關係中的牽繫

感情增溫會談運用於婚前諮詢

● 作者：蕭維真 諮商心理師

案例背景介紹

玉婷和書凱是一對交往六年的伴侶，兩人從學生時期認識，目前正規劃進入婚姻。兩人期待透過感情增溫會談回顧這段感情的點滴，讓彼此更確定要進入下一個階段。

我們一共進行了三次會談，每次會談中間相隔二週～一個月不等，在這三次的會談裡，我以感情增溫的角度，細細盤點了他們關係中的牽繫。

案例故事

如果一對伴侶沒有想談的問題，還需要諮商嗎？在伴侶諮商中，如果不談問題，還可以談什麼？

我們都相信預防勝於治療的概念，然而諮商卻總被使用為治療，很少用於預防，伴侶更是常常吵到要分手、離婚了，才以孤注一擲的心態試試看伴侶諮商。當我接觸到「感情增溫會談」時，發現這是一個機會，讓伴侶不需要爭吵，就能聽到對方說出自己想聽的話，像是：伴侶想確定自己是否有被愛、自己的付出有沒有被看見、自己是不是吸引對方的……等等。在感情增溫會談裡，心理師會幫助他們，從伴侶口中聽到這些答案。

第一次會談

因為努力，才能走到一起

第一次會談在簡單的寒暄之後，我們從兩人怎麼認識到交往的過程，開始回看這段關係。兩個人講起認識的過程時，因為記憶久遠，都有點模糊不清，需要心理師幫忙梳理和抓重點，當玉婷說到一開始認識書凱時，就覺得似乎可以變成好朋友，聽到「好朋友」這個關鍵字，我趕緊追問下去對彼此的印象和感覺：

心理師：所以當時妳就覺得好像可以跟他變成好朋友？

玉婷：對，會覺得他有好像是可以變成閨蜜的那種個性。

心理師：可以多說點嗎？那種好像可以變成閨蜜的感覺是什麼？

玉婷：就是很好聊天，有聊不完的話的那種感覺。

心理師：當時就覺得聊起來是可以很暢快的。那你去教會時，對她的第一印象是什麼？

書凱：我覺得她滿主動關心人的，那時候也覺得她滿可愛的（玉婷笑）

心理師：（看見玉婷笑，趕快把握追問）她怎麼樣可愛呢？

書凱：就覺得她個性滿活潑、滿體貼的，她那時候很關心我的狀況，可能剛好我那時候也滿缺乏人家關心的。

心理師：當玉婷主動關心你的時候，你是什麼感覺？

書凱：就有人會關心我，那我就會跟她聊天這樣，也覺得滿聊得來的。

心理師：好像玉婷比較主動，她會主動聯繫你、注意到你，讓你們可以聯繫起來，然後發現很合得來。他當時候有告訴妳他覺得妳很可愛嗎？

玉婷：有嗎？你有嗎？我忘了欸。

玉婷轉向書凱，一邊笑一邊問他，此時兩人已經從一開始的拘謹轉為放鬆的姿勢，隨著講到對彼此的好印象，氣氛也慢慢熱絡起來。了解了認識的契機，我緊接著探索兩人後來是如何對彼此有好感的。兩人認識聊了一段時間後，書凱先對玉婷產生喜歡的感覺，並且試圖追求玉婷，但一開始玉婷並不認為兩人適合在一起，還想要提出一些高標準來把書凱嚇跑。

原來一開始兩人的舞步是一個想靠近，一個卻後退，這讓我更好奇，玉婷為何後來會願意答應交往呢？玉婷說，是因為看到書凱的改變，才覺得兩人可以有未來。於是我轉向書凱探問他改變背後的心路歷程，書凱說當時就很煩惱兩人未來的生涯規劃會讓兩人無法生活在同一個城市中，也因此調整自己的未來計畫，玉婷聽到書凱當時就如此認真的考慮他們的關係，感到非常驚訝。玉婷在這裡似乎是再一次感受到「書凱對關係的看重」，我認為這是他們之間的一個牽繫，因此在這邊繼續探問下去。

心理師：妳現在知道原來他當時就那麼重視妳，妳的感覺是什麼？

玉婷：（想了一下）我有一點驚訝，因為一直以來我好像就是把個人放在關係前面一點點，就是在決定結婚之前我會把個人放在關係前面。

心理師：所以當妳聽到他只是要跟妳在一起就考慮這麼多，這是讓妳有點驚訝的

玉婷：就是一開始交往，或是熱戀期過後吵很兇的時候，我都是覺得如果有問題解決不了，那我們現在分手還來得及，我的心態都是這樣，但他都是覺得我們在交往，所以有問題就去解決，他不會放棄，我由衷覺得他在關係裡很可以犧牲自己，就是跟我比起來那個程度差太多了。

心理師：好像他對關係願意付出或犧牲的程度和意願，對於維持你們的關係是有影響的？

玉婷：我覺得很有影響。

書凱：就是只要我放棄這個關係就結束了。

玉婷：對。就是一開始追求的時候，我其實拒絕他非常多次，如果是我遇到這樣的狀況，我就會覺得好啊，你拒絕我，那就算了，我是那種比較絕對的個性，可是他就不是這樣。

心理師：所以有一個人這麼堅持，不會因為妳的拒絕就輕易放棄妳，反而為了妳調整未來的方向，這讓妳有什麼感覺嗎？

玉婷：嗯……很驚嘆怎麼有人能這麼犧牲自己，覺得很強，因為我做不到。

我試著想要引導玉婷感受這份牽繫，深化「書凱對妳的看重」在她心裡的感受，但此時我發現玉婷的回應是比較理性的，不過因

為在會談初期，我選擇不要追問得太緊，而是先把這個現象放在心上。

心理師的話

感情增溫會談與一般伴侶諮商不同之處在於，感情增溫會談的目標在促進兩人關係更靠近，並透過呈現兩人關係中已有的亮點和養分，來強化彼此的連結和親密感。在感情增溫會談中我們不特別去處理兩人的衝突或差異，而是看見兩人如何在這些差異中繼續攜手前進。

第一次會談主要在建立關係與探索兩人的關係歷史，通常可以從邀請伴侶述說彼此認識的過程、定情的過程（bonding process）開始，心理師主要可以探問當初對彼此的印象、吸引彼此的地方、選擇和對方在一起的原因，有時也可以聽到他們當時曾經遇到的一些阻礙，但兩人一起跨越了障礙才能走到現在。

透過以上的探問，可以喚起兩人最初相愛的回憶，使會談慢慢加溫。另外，約翰．高曼（John M. Gottman）曾經提出若是一對激烈衝突的夫妻，在回憶過往時仍然能夠感受到正向和愉快的情緒，則代表這對夫妻的關係還不致於糟到無法修復的程度，反之，若夫妻在回憶過往時只能想起對方討厭的地方，這對夫妻能夠修復關係的可能性便較低。因此透過探問關係結合歷程，也能觀察到伴侶目前的關係品質、能否增溫的難易度。

這部分對新手心理師較困難的地方是，心理師必須在瑣碎的事件中，敏銳分辨言談中出現的牽繫，並持續聚焦、反映、深化兩人的牽繫，而不能流於只是把事情講一遍而已。

能夠走下去，是因為彼此的不放棄

雖然玉婷認為自己沒有書凱那樣願意為關係犧牲奉獻，書凱卻提出他看見的不一樣的地方，他覺得在後來的交往過程中，其實是玉婷願意在磨合過程中持續不放棄這段關係，才是他們能繼續走下去的關鍵。

心理師：當時吵很兇的時候，你感覺到玉婷也沒有輕易放棄，是嗎？當時她做了什麼讓你感受到這一點？

書凱：就是兩個人在一起的時候會一直刺到對方，那她被刺到很痛，可是每次受傷之後卻願意再次相信，相信很多、很多次，然後我一直跌倒，她就再次相信。

心理師：她願意包容、等候你改變，沒有放棄你、沒有離開。

書凱：對，這件事情我勢必要改，但是我沒辦法那麼快改的時候，她其實可以選擇離開的，但是她沒有選擇離開，所以我們的關係繼續了。

玉婷的「包容」、「相信」、「沒有放棄」，看起來也讓書凱很感動，我判斷這也是一個重要的牽繫，因此繼續在這裡透過探問，邀請書凱回憶和述說更多他的感受，來深化這個牽繫。

心理師：她的包容有給你不一樣的影響嗎？或是當你感受到這樣的包容的時候，這給你什麼感覺？

書凱：就是看到她這樣子的時候，我就會對自己說，對啊，你不可以再這樣子傷害她，然後就會更努力去改變，可是有沒有辦法改變，我也不知道，但最後就發生了，就改變了。

心理師：所以她的包容跟等候對你來講也是一個支持的力量，你沒辦法給她保證，她卻願意相信和等待，讓你能夠面對自己比較軟弱的部分。

書凱：對，就會讓我想到說，我以前交往的女朋友，她們看到這個部分，受不了就離開了。但她，她就是堅持到我改變這樣子。

心理師：她有一份堅持跟其他人不一樣，她沒有輕易放棄對你的信心，而這份信心和堅持對你來說是種鼓勵，讓你也可以堅持下去。

書凱：對，我的改變是，如果到一百分才算是改變，一開始真的累積得很慢，可能是零點幾的累積，如果中間她放棄了，我可能就會退回零這樣，但是因為她一直給我機會，讓我可以不斷慢慢累積，然後到一個階段就過去了。她的支持對我的改變非常重要。

隨著我持續地聚焦和反映，書凱也越說越多、越說越清楚，我標明玉婷的等候包容對書凱來說是一個「支持的力量」，書凱也感受到更多這份力量已幫助他多次面對自己軟弱，但卻不放棄改變的希望。書凱說著說著，從聲音中就能聽出他的感動。好不容易挖出來的寶藏，浪費掉就太可惜了，我趕緊轉向玉婷，希望她能感受到自己的堅持對書凱的意義。

心理師：妳知道這件事嗎？妳的不放棄，讓他感受到支持，對他的改變來說是非常重要的。

玉婷：我覺得那時候我心裡想的好像不是我要支持他改變，那個不放棄可能是，就是我會想起當初決定要交往的時候，我相信這是神的祝福，所以那時候我就相信，如果當初神是這樣應許的，那這件事情是可能會改變的。其實在我覺得算了、我好想要放棄的時候，他就改變了，剛好在那個剎那，他就改變了，其實我覺得是神幫助我繼續決定去相信，相信那個應許

心理師：對妳來說可能是對神的信心，但也因為妳很相信神，沒有輕易懷疑他到底是不是對的人；妳的信心、等待和忍耐，對他要走過那段過程來講，是好重要的力量。這件事妳知道嗎？妳對神的信心，是可以成為書凱的力量的。

玉婷：好像沒有這樣想過。

書凱：應該我們都沒有這樣想過。

心理師：那現在你們發現這件事，你們心裡的反應是什麼？

講到這裡，書凱默默擦了眼淚，玉婷則抽了一張衛生紙給他。

書凱：我要哭了。

玉婷：你已經哭了。（笑）

心理師：很感動。

玉婷：其實一直以來我都覺得我不是一個很會經營關係的人，或說我覺得我很容易放棄關係，或是過去的經歷會讓我覺得我不能在關係中做我自己，因為如果他們覺得我一定要怎樣，但我就沒辦法的話，這些經驗都讓我覺得我不是一個可以經營長期關係的人，但剛剛聽完這段後我覺得原來，（哽咽），我可以做我自己，也可以愈來愈會經營關係，我本來覺得這是一個天生的事情，但剛剛聽完後覺得原來這是可以學習的，也覺得原來自己可以是這樣的人，應該是滿訝異的吧。

心理師：妳本來以為自己不行，現在發現其實妳是可以做得到的。

玉婷：對，因為可能有時候我對一些事情很堅持，對某些人來說會覺得很難搞或很奇怪，但我就覺得這件事情就沒什麼好說的，就是這樣子。

心理師：而書凱沒有覺得妳難搞，而且這次妳的堅持成為他的力量。

玉婷：我覺得他的不放棄是讓我知道說，原來關係不會只到這邊，因為那時候我們真的吵很兇，可能以前我覺得吵架吵到十，差不多就該分手了，可是那時候發現原來那是可以一直往上的，然後後來就發現原來就算是五十，原來還是可以被解決的，就對承諾有一個新的認識。

心理師：所以妳還經歷到關係中就算有衝突，也是可以被修復的，而且妳依然可以做自己，不需要把自己凹成不喜歡的樣子。

玉婷：對，對，這部分是我自己也還滿訝異的收穫。

心理師：這樣聽起來你們的關係裡有一種韌性，其實你們都無法肯定自己能包容對方到什麼程度，可是就在這一次次的衝突中，你們沒有放棄彼此，你們有一種信心，沒有完全失去希望，這讓你們一次又一次地試著前進一點，然後關係就能夠走下去了，而且彼此都有成長，是不是這樣？

書凱：是欸，從她的身上我發現原來我自己也可以慢慢改變，雖然這些東西我本來覺得我不需要改變，而且覺得我不可能改變，因為這就是我家人的習慣，但說真的，如果她沒有堅持，我沒有改變的話，可能也不會有人想跟我走下去。

心理師：她的堅持幫你面對生命中不可能的挑戰，而你的不放棄，也讓她體會到關係的韌力、做到自己原本以為做不到的事，你們都對彼此產生很好的影響力，這也是你們關係中很珍貴的寶藏，對嗎？

書凱：對。

心理師的話

在感情增溫過程中，心理師會反覆做「探問」、「深化」和「邀請回應」三件事。當心理師聽到可以增溫的牽繫時，便會從其中一方開始聚焦，邀請這一方描述更多感受、經驗、意義，同時深化、呈現這份牽繫的內涵後，再邀請另一方感受和回應，目標在雙方都能感受到這份牽繫，引出情感的流動。

有些時候伴侶不一定能表達得那麼順暢，或是聆聽的那一方不一定有感覺，此時就需要心理師聚焦、標明（highlight）那些感受，協助個案深化對牽繫的感受。

在成功的感情增溫裡，會發現一個牽繫可以引出另一個牽繫，如同上述對話中，伴侶從「書凱對關係的看重」，談到「玉婷在關係中的不放棄」帶給書凱「面對軟弱、持續嘗試改變的力量」，也是透過心理師的聚焦，伴侶越說越多、感受越深，這就是深化的過程。

第二次會談

互補是關係中的加分

第二次會談中，我把探問的重心放在邀請兩人分享對方吸引自己的地方，不只是關係初期，也包含經年累月的相處之下，欣賞對方的地方。我先邀請玉婷分享書凱吸引她的地方，仔細找尋可以深化的線索，再邀請書凱回應。

心理師：交往到現在，書凱有哪些地方吸引妳，讓妳願意跟他結婚？

玉婷：我覺得是……他對於變動是非常自在的，這件事讓我比較有安全感，因為我自己對變動比較沒有安全感，他就可以很自在地把事情處理掉。

書凱：她的意思應該是說，本來我們計劃做一件事情，但因為一些原因需要變動，因為她對變動會比較焦慮，但如果我能帶領她一起比較正面看這個變動……

心理師：可以讓妳沒那麼慌，可以穩住。

書凱：對，就是穩住。

心理師：這個穩住能讓妳比較有安全感？

玉婷：對，能讓我比較少焦慮感，比較安心。

書凱：真的？（轉過去看玉婷）

玉婷：我後來發現的，就是之前雖然他會處理，但我還是會焦慮，但現在我發現比較可以告訴自己說，因為他在處理，我可以放心。

心理師：所以是隨著相處越久之後，也越能信賴他，放心交給他處理。你知道你當下能穩住，對她很有幫助嗎？

書凱：知道一點點，我自己覺得我們兩個個性不一樣，有些事情可以交給我來做就好。

心理師：那你現在聽到你擅長處理變動的這個特質，能帶給她安全感，你的心情是什麼？

書凱：滿開心的，其實我在工作上大家會覺得我是很穩很平的，就算很多事情砸到我身上我還是穩穩的，可能心裡有點起伏，但這個起伏相較其他人是小的，如果這件事情對她是很有幫助的，我覺得很開心，就是以後知道怎麼樣讓妳比較舒服（看向玉婷），妳會焦慮的事情可以我來做就好。第一個是覺得被肯定，而感到開心，第二個是覺得在這個關係中我是有貢獻的，所以開心。

心理師的話

「書凱的穩定可以讓玉婷有安全感」是這一段探索到的牽繫，當玉婷講完之後，我向書凱確認知不知道這件事情，雖然書凱先前只有些微意識到這件事對玉婷的幫助，但透過這段過程，書凱馬上回應他覺得很開心，也這認為這對他們未來的相處有益處，這樣增溫的循環又完成了一回。

進一步加強兩人之間感情增溫的效果

在交往初期書凱原本做事比較隨性，常常讓玉婷覺得答應了又做不到、不能信任，但在許多溝通後，書凱也學會了兩人對承諾的定義是不同的，開始練習自己做不到的事情就明確地拒絕、不用有誤會的方式溝通。這樣的調整磨合，讓書凱履行承諾的機率變高，玉婷也才開始比較能放心交給書凱。

談到這裡，兩人對於「答應後是不是一定要做到」有了一些討論，兩人的立場還是不同，但感情增溫會談裡我決定不特別處理他們的差異，而是回到關係層面，想辦法反映他們之間的牽繫。

心理師：有些事情兩個人習慣不一樣，還是可以繼續溝通，但至少你們剛剛講的是在過去的磨合裡，兩個人都有更理解對方是什麼樣子，然後也找到一些方式去調整自己和對方相處，對嗎？

書凱：對，最近真的比較少吵架了，我說的話她都能聽進去和改變，她是受傷比較慢好，但是聽到別人的需要可以很快改變，我是受傷比較容易好，但不容易改變。

玉婷：他是要聽懂，他不是不願意做，如果他懂了他願意做就會很快，但是要他聽懂不知道要幾年。

書凱：真的，一件事情要溝通好幾年，不是所有人都能辦到，她是不喜歡重複的人，卻要被重複傷害；她不喜歡重複講，但又遇到一個一件事情要重複講才能聽懂的人，還願意繼續下去、還願意跟我結婚，可以看得出來她有多愛我（笑）。

玉婷：（大笑）你的重點竟然是放在我有多愛你，自己感動自己！

心理師：她對你的好，你是真的有感受到的對不對？

書凱：對啊，我剛剛這樣想一想，就真的覺得妳很愛我啊（笑）。

把焦點放在兩人之間的牽繫，而非兩人之間的意見不同，這樣的處理方式，也讓伴侶的眼光從兩人的不一樣，轉移到兩人對彼此的付出和心意。

接著，我邀請書凱也分享玉婷吸引他的地方是什麼。書凱分享玉婷很會做計畫的特質是吸引他的，兩個人有很好的互補；我邀請玉婷分享她聽到的感覺，玉婷剛開始沒什麼反應，我嘗試聚焦在「這是很吸引書凱的地方」，再繼續探問，玉婷慢慢開始覺得自己的特質可以幫到對方還滿好的。

我邀請兩人想想，還有哪些特質是對方吸引自己的。書凱想到玉婷很會開玩笑，可以讓每天生活都很有趣，書凱在描述時，玉婷在旁邊臉上一直帶著笑容，不時會大笑出來，當書凱形容玉婷的開玩笑是「耍白痴」的時候，這樣的描述絲毫沒有冒犯到她，反而還聽得津津有味。我邀請玉婷分享她聽到的感覺，玉婷簡單說了句「滿開心的」，但臉上的笑容讓我知道，伴侶的欣賞她都有聽進去。

在這次會談中我看見，伴侶之間的差異，可以成為關係中的火藥，但也可以因為兩人願意為對方調整和帶著欣賞的眼光，變成互補和加分。

心理師的話

在深化牽繫的過程中，除了透過伴侶的表達評估增溫有沒有成功以外，觀察伴侶之間的非語言反應也是很重要的線索。當伴侶之間情感流動時，兩人會有許多非語言的交流，例如：互相看對方、因對方說的話而大笑、肢體碰觸來表現親密或安慰……等等。

在增溫的過程中，有時候也不一定能成功促發情感的流動，但分享這些互相欣賞的點，仍然可以累積關係中的情感存款。

第三次會談

在彼此不一樣之處，用愛包容理解

因為玉婷要出差兩週，一個月後我們才進行第三次會談。這次會談我把重心放在邀請兩人分享彼此做過讓對方感動的事情。

書凱想到玉婷對他的了解，是他很感動的地方，這份了解讓玉婷會主動幫忙書凱做一些事情，書凱知道玉婷其實會希望他能改變，但仍然願意包容他原本的個性。而「包容」是他們感受到兩人都願意為彼此做的事。書凱繼續分享，當他某一天突然聽到玉婷的肯定時，讓他很開心的經驗。

書凱：說到感動的事，我想到有一次騎車在待轉區的時候，我忘記她為什麼會想到這個了，但她說：『我覺得你好像真的像你說的一樣比我包容的還要多欸，我真的沒辦法像你一樣那麼包容』，大概像這樣的話，那肯定了我原本知道的事實。

心理師：所以她這麼說，讓你覺得她看見了你的包容嗎？

書凱：她之前原本會說，沒有啊我們只是不一樣，包容的範圍事情不一樣，她也認為她很多事情不在乎，但我總覺得我比她包容，但那時候她都覺得沒有，不過，當她有一天這麼覺得，而且還願意跟我說，也沒有覺得講出來就輸了這樣，還願意跟我講，肯定我，讓我當下是很開心的。

心理師：所以是她願意在你面前講出來，沒有因為愛面子就不講，這個讓你很感動。

書凱：其實反而是我比較不容易表現自己脆弱或認輸的那面，而且其實她本來就會這樣（比較會坦承自己的感受）。

心理師：然後當她那時候對你講出來，對你來說是一個肯定。

書凱：對，雖然那是我願意做的事，但少了她的支持就差很多，有她的支持我會做得更開心。

心理師：妳知道嗎？妳那時候那樣講，讓他感覺被肯定、被支持了，讓他很開心。

玉婷：喔，那時候我突然有意識到這件事是因為，我發現我不在意的事情當然沒差，但如果我在意的事情，我好像就會希望他一定要改，但他對他在意的事情，就沒有要我一定要改，真的發現到這件事情我才突然驚覺，我知道這件事情對我來說有多難，所以我才覺得他超厲害怎麼有辦法做到這件事。

心理師：然後妳不吝嗇把妳的佩服講出來，妳可能覺得沒什麼，但他聽到的時候是很開心、很被肯定的，對這點妳的感覺是什麼？

玉婷：就……滿好的啊，就像他說的，要我講出我真心覺得的話沒有那麼難，那如果他會因此得到肯定，那我覺得滿好的。

心理師的話

在這段對話中再次看見，從一件事情上，書凱感受到玉婷的理解和包容，而玉婷也想到了書凱對自己的包容。接著，書凱再想到玉婷的表達帶給他肯定和支持的感覺，於是一個牽繫帶出另一個牽繫，並且相比第一次會談，現在兩人的分享越來越自在，不需要心理師太多的介入，就能自動想到對方為自己的付出、流露對對方的感激，玉婷也從理性、較少談自己的感受，進展到能夠不太猶豫地說出對這些牽繫的認同。

體會到對方在關係中的受傷

在這個溫暖和安全的氛圍下，心理師還沒開口邀請，書凱就自動開始述說他忽然有的感受。

書凱：然後我又想到感動的事是，她是一個比較害怕心理受傷，而我比較害怕身體受傷的人，但跟我在一起她其實受傷很多，包括我的家人講話會不小心冒犯到她，因為我的家人朋友都是比較沒界線的，她其實不習慣，但她不管是被我的家人或朋友傷害，她都還是願意走下去，這是我覺得很開心很感動的事情……就是有很多時候我可以看出她情緒已經失控了，很難過到她無法負荷，但她還是願意跟我走下去。

書凱一邊講，聲音從原本的輕快，慢慢開始哽咽，眼角還滑下幾滴眼淚，玉婷在旁邊專心地聆聽，主動抽了張衛生紙給書凱，並用一隻手輕拍書凱的大腿。

心理師：妳知不知道這件事讓他這麼感動？即便過程中有受傷難過的時候，但妳還是願意跟他在一起。

玉婷：他之前好像沒這樣講過。

書凱：對，我突然意識到這件事情，是因為我之前在妳情緒失控的時候，那時候會覺得有這麼嚴重嗎？但我現在站在妳的立場，才突然感受到，對妳那時候真的是很難過，突然感同身受。

心理師：妳現在看到他那麼感動的心情是什麼？

玉婷：嗯……我覺得滿複雜的，因為他以前對心理的傷比較不敏感，會覺得為什麼要這麼在意，但今天終於有被他同理到的感覺。

心理師：他看見了妳的不容易，理解妳的受傷，而且感謝妳沒有放棄。那種有被同理到的感覺是什麼？

玉婷：我覺得可能還需要一點時間消化，因為我覺得那些傷害我還沒有完全過去，對我來說可能是一個再次處理它的契機，因為很多時候我覺得他如果沒有理解我為什麼很不爽，那麼那些事情之後可能還是沒辦法避免，而且如果對象是他家人的話，我其實很難用自己的角色去講這些事情（看書凱），但他今天讓我第一次感受到的是，應該是我對我們的關係會更有安全感，因為他終於知道這到底是什麼東西了。

心理師：妳感受到他今天終於知道妳受傷的感覺了。

玉婷：對。

心理師：妳說這讓妳更有安全感，可以多說一點嗎？

玉婷：就是他知道那是什麼，那如果要預防也比較知道怎麼預防。

書凱：應該是說，我都會願意做，但不一定知道，也不一定做得到。

玉婷：對啊，因為你之前就會無感啊，覺得有什麼好擔心的。

心理師：所以妳之前要很努力讓他了解妳心裡受到的傷害，然後他今天終於了解了，當他了解之後，也許以後就比較有機會不會再讓這種事情發生，這讓妳有多一點安全感和希望感。

玉婷：對，就覺得比較可以有一些進展，不會一直要被重複傷害這樣。

心理師：你聽到你能夠同理她的受傷，增加了她的安全感，你的心情是什麼？

書凱：（拍拍玉婷）好，我以後會盡量不要小看妳心裡受的傷。

心理師的話

在感情增溫會談中，我們雖然沒有刻意去談這對伴侶關係中的問題，但在兩人彼此表達欣賞與感謝的過程中，意外地讓兩人對過去發生的事情產生新的理解，增加了對彼此的同理，讓過去卡住的地方有了些鬆動和進展。這也應證了研究告訴我們，伴侶關係中有很多問題會持續存在且不易解決，但若兩人對彼此的正向互動遠大於負向互動，這段關係就仍能保持親密感。

生活中的珍珠時刻

會談接近尾聲，我再邀請他們分享一些生活中有沒有一些小事情，是對方常常做的，讓他們窩心的舉動。這些小事情，是生活中的「珍珠時刻」，情人沒辦法天天去吃大餐，卻可以每天一句我愛你，這些生活中的小事情雖然不起眼，卻是伴侶維繫感情重要的基石。

玉婷想到書凱很樂於接送她下班，而且即使很累仍然來接她，讓她很感動，書凱覺得自己也只是在做份內的事情，沒有什麼大不了的，但對於自己擅長給予的東西，就能讓對方感到滿足和感動，讓書凱也覺得很開心。

書凱則覺得玉婷原本不習慣肢體接觸，但為了自己也慢慢練習多一點肢體碰觸，並且當自己做了讓她受不了的事情時，玉婷還是很願意包容、不對他發脾氣，也是書凱覺得感動的地方。

會談的尾聲，我告訴他們，這三次陪著他們一起梳理他們的關係，讓我也很感動，看到他們主動分享並感受到對方為自己的付出，以及對對方的感激，還有對彼此的認定和不放棄，都讓我深深相信他們進入婚姻後，也有能力可以繼續攜手並進。

最後，我請他們分享感情增溫會談帶給他們的收穫。

玉婷：有些在這邊分享的東西是原本就知道的，但再聽一次，尤其是這樣特別空出時間來對話，那個感覺不太一樣，比較可以確定說那些對彼此的心意啊、感激啊，是真的（笑），就是再更確定這樣。然後有些我擅長做的，就是在我覺得無所謂的事情上，我本來就不會去計算為對方的調整，那既然有些是他很喜歡的，那就繼續維持這樣也不錯。

書凱：對我來說是比較深刻感受到她為我的付出吧，其實之前也是很感謝，但可能也沒有這麼認真地表達過，然後在這裡有時候會突然想到一些什麼，然後就比較懂她的感覺，那我覺得可以有這個機會好好感謝她，是滿值得的，因為以後可能還是會有很多妳會受不了的地方（戳戳玉婷），就要麻煩妳加油了（笑）。

心理師的話

感情增溫會談和一般伴侶會談不一樣的地方是，因為會談主題不是在處理伴侶的爭執，所以心理師不需要太費勁地去幫雙方滅火、澄清，心理師需要做的是：聽見他們關係中的牽繫，把它點出來，讓伴侶雙方都看見，並加深他們的體會，讓他們感受到彼此之間珍貴而獨特的牽繫。

在增溫的過程中，心理師是一個領航員，也是情感流動的中介，如果心理師自己處於太理性的狀態，反而會阻礙伴侶間情感的流動，如果心理師自己對關係有很多受傷或不信任，也會阻礙心理師聽見伴侶之間的牽繫，因此在進行感情增溫會談時，心理師也很適合趁機檢視自己對關係的看法。

這對伴侶的男生，在分享和感受上都很自發，我不需要太用力，他就會自己產生很多對關係的體會和感動。相較之下，女生是比較理性的一方，沒有太多感性的分享，當我想要探問、加深她的感受的時候，她的回答仍然偏理性。這在伴侶之間是常見的差異，然而，雖然女生看起來沒有特別感動，但會談的大部分時間她都面向伴侶，認真地聽伴侶講話，也常因伴侶的話而大笑。這些線索都顯現出他們之間是同步的、有共鳴的、看重彼此的。

有時伴侶也會在會談裡提到還沒磨合完的差異、還沒被滿足的期待等等，我的選擇是給他們一點空間對話，但不處理這些差異或需求，而是仍然回到關係層面去反映他們的牽繫。感情增溫會談讓我最感動的地方是，看到伴侶之間不是沒有衝突和差異，而是他們已經攜手面對這些差異，並且找到持續愛彼此的方式。陪他們一起去看這一路的過程，他們的努力、心意、眼淚和感激，也讓我更相信愛。

作者簡介

蕭維真　諮商心理師

現職

- 心曦心理諮商所／諮商心理師

專業認證

- 中華民國「諮商心理師」證照（諮心字 003402 號）
- 趙文滔心理師伴侶諮商訓練課程結業
- 情緒取向伴侶治療（EFCT）訓練課程結業

專長

- 情緒議題、家庭關係議題、婚姻／伴侶諮商、親密關係議題、自我價值議題

案例三

同在一艘船上的我們

婚姻中誰是船長？誰是水手？

● 紀盈如 諮商心理師

迷途

當二人踏上婚姻這條船出航時，往往不知道會航向何方，會遭遇什麼風浪。經常要等到支撐不住了，才驚覺兩人正各自航向截然不同的方向，甚至早已不在同一條船上！這時他們既忿恨又孤單地遙望對方：為什麼你在那裡？你不是應該在我身邊！

「我覺得他離我很遠，我很孤單，不知道怎麼和他相處……」太太才說第一句話就開始哽咽，先生則一臉漠然看著前方。我等一下先生，看看他如何回應太太，雖然他一臉漠然，但我能看見他眼神中有一絲沮喪。「是這個沮喪讓他無言嗎？」我在想，太太接著說：「我們以前交往時很順利，結婚後卻一直吵架，生活瑣事太多了，什麼都可以吵！」這時候先生終於開口了，他緩慢溫和又遲疑地說：「我是有點懷疑諮商能有什麼實質的幫助？有用嗎？」

這段開場讓我印象深刻，特別是先生最後這句「諮商有用嗎？」，內容聽似挑戰，但搭配著他漠然的表情與緩慢溫和的口氣，隱約透露出一種無力感。除了感受到這先生的無力，我注意到我的肩頸也開始緊繃起來，我該回答這個問題嗎？伴侶諮商有用嗎？隨著我的諮商工作年資漸增，我對這個問題卻愈來愈難直接回答，此刻，我心中唯一清楚的是：**不管最後結局如何，我會好好陪伴你們重新檢視、保養你們的關係，幫忙你們從目前的孤單與無力中走出來**。帶著這個信念，我們三人出發航向未知的海洋。

出航

諮商的契機

在諮商室等候區的這對夫妻，分別坐在兩張距離遙遠的椅子上，我得同時揮動兩隻手才能招呼他們進來。當他們走進諮商室的瞬間，一陣冷風在我背脊上略過。

他們結婚十年，育有一個四歲的可愛女兒。婚後大吵小吵不斷也相處了十年。太太在二十一歲時曾出現過憂鬱，經過服藥與生活調整後已經復原；兩年前因為研究所進修的壓力，太太開始接受個別諮商，發現自己成長過程中有許多來自原生家庭的傷，那時的諮商師幫助她整理了許多情緒，但每當她試著把這些新覺察用在婚姻關係時總是碰壁，覺得她先生很抗拒。目前兩人雖然同住且天天見面，但除了倒垃圾、遛狗、家事、顧小孩這些事以外，二人就沒話講了！聊天、擁抱、性愛這些夫妻間的親密，已經有四年多沒出現在他們之間，這讓太太非常難受，不知該如何是好。在個別諮商師的鼓勵下，她決定尋求伴侶諮商的協助。這就是太太想來見伴侶諮商師的原因。

懷疑的背後，是很深的挫折感

心理師：聽起來太太好像準備好來做伴侶諮商了，先生你呢？

先生：我……不知道我們可以談什麼，她要我來我就來，其

實有什麼好談的嗎？生活不就是這樣嗎？（這個先生說話慢慢的、溫溫的）

太太：因為我覺得我們已經不知道怎麼對話了，像剛剛來的一路上，我們在車上幾乎沒有一句話，氣氛非常尷尬，我不知道為什麼我們會變成這樣。

心理師：太太覺得尷尬，先生你有覺得嗎？

先生：我們已經有段時間都這樣啦！還好吧！

太太：我知道他對我有很多情緒，但他都不說，那我來說好了，他其實一直很在意我婚前婚後落差很大，婚後我們常吵架，我會跟他說：「你知道我其實不喜歡你一直來找我你知道嗎？而且我也沒有很喜歡看電影！」他當時滿震驚的，覺得很不可思議為什麼我都不反應，我知道自己落差很大，其實就是交往的時候會想配合對方，不知道怎麼做自己，婚後就覺得要讓他知道才行。

先生：我以為那時候我做的事都是她喜歡的，結婚後才發現原來那都不是她想要的。

心理師：太太說你滿驚訝的？

先生：其實是很挫折，婚前我一直以為她就是如我期待的那樣適合，沒想到婚後竟然翻盤。

先生把自己的挫折說出來，我在心中鼓掌，因為他幫諮商向前推進了一步。

太太：而且來不及了！

太太接話接得很快且輕鬆，我心中對她這反應有兩個評估：一是太太對這段關係有強烈的承諾且有修復的動機，二是太太已經理解也同意自己婚前婚後的落差太大造成先生的挫折。

先生：所以我就也沒辦法。（苦悶搖頭）她其實是一個很對事的人，生活中有很多瑣事她都要弄清楚，例如說房間電燈沒關，她就會開始問我為什麼沒關？下次要怎麼樣才不會忘記？是不是我習慣不關燈？要怎麼改進？但我其實沒想這麼多，就覺得只是燈沒關而已需要這樣？人總有疏忽嘛！但他就是要把事情搞清楚才行。

他們描述著十年婚姻中的困頓，兩人都考慮過離婚好多次。我一邊整理自己思緒，一邊注意到太太熱切的眼神和滿溢的情緒對比先生緩慢的語氣和沮喪的心情，落差好大！直到先生說：「這十年來我都努力在找可以和她好好相處的位置，但後來發現多做多錯，那就照她說的做就好！」我突然明白，先生在用這樣的方式守護這段關係，這是先生的溫柔，但如果他的太太看不見他這份溫柔，那會有多難受。現在我終於明白，先生對伴侶諮商的懷疑，其實是害怕自己的溫柔再一次不被理解。

於是先生帶著不被太太理解的傷逐漸躲進山洞。他很想和太太和平相處卻無法成功，於是他把自己收起來放在山洞裡，維持最低限度的功能來符合太太要求，但這些沮喪、挫折、不被瞭解的情緒卻始終在這山洞裡迴盪。

另一方面，這些年來太太在山洞外著急，試圖用自己的方法經營這段婚姻，經過兩年的個別諮商才發現自己的方法有許多盲點，於是想邀先生一起合練，卻不得其門而入。

心理師的話

在這初次會談中，我明顯感覺到這兩人都有強烈無力感，但這兩份無力感卻截然不同：先生是累積多年動輒得咎的無力，太太則是想修復關係卻靠近不了的無力。這對我來說這真是喜憂參半！喜的是兩人雖對此段關係感到無力，此刻卻坐在我面前，試圖想看見關係中的希望；憂的是先生強烈的無力與挫折感會如何在諮商中發酵，妨礙他投入，讓他想放棄諮商？他會不會採取目前面對太太的姿態，冷漠面對這段諮商？

先生在婚姻中的懷疑、無助、挫敗甚至保持安全距離等種種跡象，都顯示他目前需要躲在山洞裡才覺得安全，而我該怎麼做才能幫助他覺得可以從山洞走出來？而面對一個急著找回親密感的太太，我該怎麼做才不至於讓她的急切被先生澆冷水，覺得自己的邀請又碰壁？我知道許多夫妻在諮商中一個不小心就會走向「既然我們差異這麼大，那離婚不就是最好的選擇！」這個結論，所以，如何讓一對夫妻帶著希望感一起投入伴侶諮商且達成共識，這是伴侶諮商師在諮商初始階段的主要挑戰，這個基礎若沒有建立穩固，後續的路將會跌跌撞撞，連治療師自己都會想放棄。

伴侶諮商是三個人（系統）的碰撞與調和，心理師特別需要敏銳覺察自己的心理位置與狀態，尤其在初談階段，心理師為了要快速找到解決問題的辦法，經常過度簡單地以為「這對夫妻的問題就是這個」，或是不知不覺因著自己的習性與偏好而支持其中一方，認為只要另一人改變，問題就可解決，結果就是其中一方覺得諮商不會有效而另一方也無可奈何。

諮商是否還能持續進行？

關係中的「小心」及「願意」

陽光灑落的午後，想起這對夫妻，我的腦海中突然出現一個畫面，那是幾年前去爬錐麓古道的情景，古道山徑鑿於陡峭山壁中，寬度僅容一人行走，若不拉著山壁上的繩索，那斷崖的垂直視差會讓人寸步難行！當我看著壯麗動魄的山景，既激動又驚恐，說也巧妙，一時間突然雲遮霧繞，淹沒了眼前的一切，此時我的心反而不害怕了。

太太：最近我們都沒什麼吵架，但我有點小心翼翼，因為我怕一吵他就不想來了。

先生：平常吵架可能會影響原訂行程，但我覺得諮商是個對話空間，一定會出席。

太太：所以你是願意的？

先生：嗯……願意是願意，但我也無法保證

太太：為什麼你願意？

先生：我不知道。

我之前的憂喜參半，或許還是憂多一些。我知道眼前有珍貴風

景，但如果一不小心也可能會失足落崖。我明顯感受到太太因為想重新找回關係親密感因此小心應對先生；太太對諮商的期待及對關係的小心翼翼，讓我在理解及探索先生的挫折上下足了功夫，此舉看似在同理、同意先生，同時也是在幫助太太理解如何應對先生。

先生挫折背後的受傷不僅是盡力配合太太卻總被嫌棄，生活上他們兩人也經常意見分歧，但他同意太太對很多事情會認真研究。女兒出生後，太太更是用心研究如何照顧孩子，先生自認沒有太太研究的透徹，因此乾脆配合太太各種決定，他的心情是「啊算了，沒關係」的退讓。但讓先生真正不舒服的是太太那種「你看吧！我說得對！」的驕傲，這使先生覺得自己的配合變成太太用來貶低自己的機會，甚至感覺要被強迫改造，心中既難受又委屈。

要先生說出心中對太太的不滿還真是不容易，開始的時候先生總是語帶保留，即便太太表明真的很想了解先生、怕先生壓抑自己，而很願意聽先生對自己的不滿，先生還是很迂迴，因為他很在意關係中的感情，不想要自己的情緒導致言語不當而傷害對方，然而先生也因為這些心理的迂迴阻礙了自己的表達能力，讓他太太常聽不懂他真正想表達的意涵。

願意與小心經常是一對夫妻能否持續一起度過諮商歷程的重要指標，因為這兩者背後都是「在意」。太太的小心是在意先生是否願意繼續維持婚姻，先生的小心是在意兩人的感情，希望能不受傷害，而我的小心是在意我們三人能否一起，不被多年累積的烏煙瘴氣蒙住眼睛，而看見關係中的壯麗風景。

雲開見日

二人終於突破僵局的動人時刻

長時間的互動僵局容易讓夫妻兩人不知不覺變成平行線，與其說是僵局，不如說是兩人為了這段關係所維持的一種「平衡」。表面看似風平浪靜，底下實則暗潮洶湧。

太太了解先生心中真正的苦悶後，某次諮商後回家的路上，和先生分享自己的發現。她覺察到自己因為太害怕失控，所以總堅持要求對方照自己的方式做。先生下車後摟了一下太太的肩沒說什麼，太太心中驚喜但不敢多問。

下一次諮商，我好奇太太如何發現這些覺察的。太太說她發現自己需要瞭解先生才有安全感，這與她原生家庭的陰影有關：她小時候常莫名其妙被父母丟在家裡，一個人在家既孤單又慌亂很難受，這時她會想盡辦法找自己能掌握的事來做，從中獲取一絲絲安定。偏偏她的先生語言較慢、情感表達較迂迴，當太太感受不到先生的內心狀態時就容易心慌意亂，也較容易表現出焦急、咄咄逼人的姿態。透過諮商，太太終於能理解先生的內心世界，她也就逐漸能安頓穩定下來。

先生自然沒想到：他太太的咄咄逼人原來是太想瞭解他！當太太能覺察自己的內心狀態與夫妻互動模式的關聯，他們的婚姻困難也出現突破……

太太：我現在知道為何你會躲到山洞裡。我太不習慣你和我不同，這些不同讓我很不安，所以我老想拯救你、分析你，我覺得自己自私又殘忍，沒有看見你的失衡及原貌，這幾次諮商我才真正感覺到你用你的方式在愛我們，對不起……（哽咽哭泣），我真的不想這樣對你。

太太說這段話時與她平時習慣的急促語速截然不同。她邊說邊漲紅臉，從第一個字開始便紅了眼眶，接著逐漸哽咽、啜泣，頓時彷彿時空整個停止，畫面在我面前緩慢播放。她對先生的這段話好真心、好動人，但接下來的畫面更讓我覺得，諮商室裡一定有天使在守護我們：聽完太太說的，先生彷彿得到神奇力量加持，竟默默流下眼淚，他不斷抿嘴想壓抑自己的情緒，但卻壓抑不了，接著他握住太太的手說：「我收到了。」於是兩個人緊緊牽著對方的手，泛淚彼此對看，幫對方拿紙巾。

一旁的我，視線也從清晰漸漸模糊，我眨了眨眼，大顆大顆的眼淚滴在我的白色線衫上，在陽光的照射下，淚滴看起來好明亮，我的心情也像夏日雨後的雲開見日。

這是伴侶諮商師的高光時刻，這時我們在心裡對自己說：「我愛死這份工作了！」

心理師的話

整個伴侶諮商的過程，心理師都不斷在做評估，以爬山的歷程來譬喻，在山腳下準備啟程時，我們必須思考路該怎麼走、要準備什麼、同行者是否有能力有意願？爬到半山腰時，需要評估我們現在在哪、還有多少路、體力是否足夠？甚至需要回頭看看來時路，看見自己如何走過這些路。最後一段登頂路總是最艱難，因為體力不足、身心疲乏，卻又矛盾的想著：就快到了，現在放棄太可惜！還得和自己內心的矛盾糾纏著！

身為伴侶諮商師，每段歷程對我來說都非常重要，然而最關鍵的階段是「啟程」到半山腰這段，我將自己視為引領攀登這條路的人，而三個攀登者（包括心理師自己！）是否已準備好一起冒險？以專業術語來說，「治療聯盟」（Therapeutic alliance）需要成形，而治療聯盟指的是諮商師和「這對夫妻」及「每個伴侶」之間的關係品質，以及這對夫妻在諮商中的參與程度，此外，還需要注意三人之間對諮商方向的一致程度，意即對目標達成共識（Peter Frankel，2023），尤其需要在初始階段就形成治療聯盟，若非如此，心理師一個勁兒的鑽進伴侶的問題中，爬到一半才發現人家沒有要和你同行，豈不白費功夫！或心理師不知不覺和某位伴侶聯盟，另一位伴侶早已停在原地不想移動！因此，「關係中的小心及願意」不僅是一對夫妻能否持續一起度過諮商歷程的重要指標，也是在提醒心理師在伴侶諮商工作中需要「小心評估、大膽邀請」，帶有知覺才能形成「治療聯盟」。

夏天冰未釋，日出霧朦朧

你都不說清楚 VS. 是你太想搞清楚——突破僵局後的挑戰

然而僵局突破後才是真正挑戰的開始。二人想靠近彼此的意願很容易被各種生活鳥事磨耗，關係中的陰影也不是拿魔法棒在空中揮舞喊「去去走！」就會消失。它比較像是佛地魔，在你慌亂、脆弱、懷疑時就冒出來讓你不寒而慄，此時需要伴侶齊心攜手把關係中的困境看得更清楚，走得更明確，才不至於被暗黑力量打敗，退回原來的挫敗與困境。

有好一陣子，我注意到先生的目光聚焦在太太身上的時間多了，稱呼也從「她」變成「我太太」，還主動告訴我他覺得這個空間很神奇，讓人想專心討論彼此的關係，同時也回饋太太真的改變不少；太太在會談中也笑顏逐開，覺得先生最近似乎有走到山洞口開個門縫看看外面世界。有趣的是，這份逐漸滋長的甜蜜感中，也參雜了兩人對這段關係的擔憂：**她／他是不是在忍耐？會不會只是因為她／他最近狀況比較好？我怎麼回應才能讓她／他滿意，同時不會造成自己麻煩？**

太太：上週我帶比比（女兒）去搭郵輪回來好不容易養成早睡的作息，這也是我們討論出來能讓你早點睡的方式，不是嗎？但比比跑去客廳找你時，你卻告訴他可以自己決定何時睡覺，我真的很生氣！

先生：我知道啊！你雖然罵的是女兒，但我感覺你是在罵我。

太太：對，所以我是不是有讓自己冷靜，問你為什麼要這樣跟女兒說，你又不回答我。

先生：因為當下我只想趕快把事情解決，當時我無法說也不想說，我一定要能說出些什麼是嗎？

先生雖然感覺太太的態度有改變，但也承認每當太太的「好奇問句」一出現，不管聽起來是否帶著情緒，他的心中就會出現「又來了！」、「又要分析我了！」的感受。這種負面感受有時很容易被其他諮商師認定是過去陰影再現，而去聚焦探討個人過去經驗，甚至推薦去進行個別諮商，忽略了這種感受在目前的關係中的影響力。

我也思考：先生的這個陰影此刻再次出現，與過去出現時有何不同？特別是這次再現的陰影如何被呈現？我發現，先生這次的表達方式和過去的迂迴確實有不同，比較直接一些但仍未能說得夠清楚，以至於二人再度陷入僵局。當我想通這點，我才知道他們需要進一步讓兩人關係中埋藏更深的地雷出土，也才能突破這一關。然而要讓一對長期疏離想找回親密感、或關係中曾有創傷的伴侶，願意去直面、看清他們關係中深埋、尚未解決的痛苦，本身也是一種難受。

太太：我就是覺得我們關係雖然有改善，但情感連結還是少，你又不是不知道我需要了解你才會覺得安心。

先生：所以啊！我……（有點吞吐）就覺得妳的好奇只是為了滿足自己的需要，需要我的回應來讓你感覺有連結，你是真的關心我嗎？還是你只是為了你自己？連我要回應什麼、是否回應都要照你的劇本走！

太太：你就是一直抓著過去的陰影不放，躲在山洞就是想報復我啊！

兩人終於在我面前大吵起來！雖然原則上，爭執衝突的場面不是我所樂見，然而當這對夫妻能藉著憤怒把心中真正在意的點揭露出來時，反而給我機會可以去檢視與核對，他們剛剛說出的這些「氣話」裡到底有些什麼需要深度處理。

因此這個「互相傷害」對這對夫妻來說，反而是他們關係一個新階段的開始。我心中的畫面是：先生已經走出打開門的洞口，勇敢面對爆炸摀門的太太。先生現在已經瞭解太太因為過去經驗影響，需要別人回應才能感覺安全；他很願意回應，但他同時也痛苦地承認：每當要回應太太時，害怕自己被評價、被認為不夠好的陰影就會跑出來在他心中質問：「你確定這樣回應她會滿意嗎！」當先生被困在「該如何回應比較好」的糾結中，表現出來的行為就是「我無法說也不想說」，但這時太太收到的卻是被拒絕，甚至覺得先生在報復自己。

原來先生害怕被評價還與婚前經驗有關，他曾經被岳父百般刁難貶低，認為他的學歷及條件都不如太太。儘管當時太太非常生氣自己爸爸這樣的態度，先生卻認為自己的確應該繼續努力。後來太太陷入憂鬱，他也怕讓太太再遭受刺激，變得愈來愈小心翼翼。

太太：我只是需要你在，就算你說「我想安靜一下」或「我需要一點時間」也好。

先生：真的嗎？只需要這樣？

太太：真的，我只要知道你在哪就夠了，你仔細看我和以前不一樣了，你的回應給我什麼感覺是我自己的功課，不是你的責任，你就是你，我想和最真實的你相處，即使我知道其中也許會有不舒服。

先生：謝謝你給我這個空間，我知道自己感覺到壓力時，中二的自己就會跑出來，也許是太害怕了，我想我該從山洞出來看看了。

治療師：你其實已經在山洞外了（夫妻倆相視而笑）。

心理師的話

不知大家是否有過這種感受，當辛苦登山到半山腰時，會覺得自己體力還不錯，也會覺得眼前的風景真是值得，然而當發現登頂路還有許多挑戰時，會開始懷疑自己是否真的能做到。許多學生會問我伴侶諮商該在何種情況下結案？這是個評估的大議題，牽涉許多問題，我無法在此多說，但我確定當伴侶兩人的關係從僵局進展到甜蜜期時，我不會選擇在此時結案，原因是伴侶才剛突破僵局，此甜蜜不代表兩人的關係已穩定，反而在此時期會有更多不安與擔憂，擔憂自己的改變是否符合對方的需求、對方的調整是否是忍耐？這些都需要再進一步探索才能協助伴侶了解對方改變的意圖與狀態是否基於深刻的理解，來談的伴侶不會自己意識到這些狀態，甜蜜期會讓來談伴侶以為關係已經很好了，所以需要仰賴心理師的敏銳度，洞察甜蜜的糖衣裡是否仍有待解決的矛盾。

我經常強調一件事：真正的親密是在一段關係中可以舒服自在地表達自己的需求，同時因為知道自己的伴侶會有什麼反應而感到安全，並且知道自己的需求不會造成對方負擔。要走到此階段必然會經歷「衝突期」，當伴侶把自己心中真正在意的感受表達出來時，往往會對另一人造成衝擊，此時伴侶諮商師需要近一步協助兩人把這些更深的地雷看清楚並真正理解才能走到真正的親密。

花式雙人滑冰

重新找回的親密感

電視轉播著冬奧花式雙人滑冰，我不知不覺被吸引，前一秒讚嘆兩人到底如何辦到，在高速行進中能如此平衡又優雅，下一秒又被選手拋轉失誤跌落而嚇到驚，拋轉的男選手自己重心沒站穩，被拋的女選手也難以維持平衡。令我印象深刻的是，兩人在失誤後毫無違和停滯地進行下一個高難度動作，而且我發現，每組選手的合作都有自己獨特的風格和默契。我轉頭問另一半：「他們是如何辦到可以如此優雅又默契十足？」他回答：「他們需要有足夠能力自己站穩，同時又要能敏銳感覺到對方才做得到吧！」

在經歷疏離、小心、願意、衝突的歷程後，這對夫妻重新找到感受對方的手感，儘管冰雪融化後的春寒仍考驗著他們，但我知道他們已經逐漸發展出默契與敏銳。看著他們討論打算生第二胎、超容易暈船的先生決定加入母子去搭郵輪、不喜歡看電影的太太如今也能享受和先生一起欣賞的樂趣，我彷彿在諮商室裡親眼目睹一場精彩的花式雙人滑冰，看著他們優雅前進、失誤跌倒，然後熟練地站起來繼續牽手前進。

伴侶的意義，就是兩人結伴同行，不管前方會出現什麼，兩人都有信心，就算跌倒一定會互相扶持重新站起來，手牽手繼續這場人生的雙人舞。

心理師的話

來談伴侶的故事總是如此活生生地在眼前呈現，不是拍片、不是演戲，伴侶諮商師每天都在這些超真實的人生劇碼中翻滾，處理的都是關係中最苦最痛之處（因為不會有人關係超好還來做伴侶諮商），所以伴侶諮商師需要面對許多衝突與張力，要有待在苦痛中的能力，也要有看見希望的能力（真是十八般武藝樣樣全能），這些能力都需要藉由認真面對自己、不斷重整自己來逐漸形塑，對我來說，諮商技術完全不是重點，諮商師的自我狀態才是關鍵，尤其是伴侶與家庭治療師。

過去，「關係」在我的生命經驗裡一直等同麻煩與痛苦，曾選擇逃避也曾選擇結束，以為如此即可。然而，在我成為家庭與伴侶治療師的路上，所有的學習、反思與經驗都不斷引領著我對關係的複雜產生好奇，也領悟出深刻理解關係原來會讓人豁然開朗，歷程中那些看不懂的、無力的，又或是驚奇的、喜悅甜美的真實在我眼前浮現時，我才知道這些本來就都會發生，我需要的不是避免與控制其走向，真正需要的是在其中與其共舞。

在伴侶治療工作中，我不斷地重新看待關係也重新看待自己，每對伴侶帶來的議題以及呈現的模式都與我生命的某些部分相關，我與他們在治療現場共同交織著他（她）的、他們的、我的以及我們的過去、現在與未來，在這個空間裡，似乎不只是雙向的語言互動而已，而是一個個載滿故事與情緒的時空盒子，立體地出現在我們眼前；我們一起慢慢探索這些空盒子時，有些盒子不敢馬上打開，有些打開時感到一陣痛楚，又有些打開時讓人不知所措。

當我在治療師的位置越來越能體會關係的真實時，也越發能體悟生命的本質，我相當珍惜這份工作在我生命中的份量，這份量雖重卻讓我在關係中越來越穩定而自由。我得再說一次：我愛死這份工作了！

作者簡介

紀盈如　諮商心理師

現職

- 沁心理諮商所負責人／所長
- 盼心理諮商所諮商心理師／督導
- 臺灣關係研修學會理事長
- 台北關係研修學院（若水學堂）家族治療訓練講師／督導

專業認證

- 中華民國諮商心理師證照（諮心字第 001136 號）
- 臺灣諮商心理學會認證諮商專業督導（台諮心字第 104004 號）

經歷

- 華人伴侶與家族治療協會秘書長
- 耕莘健康管理專科學校身心健康促進組組長／專任諮商心理師

專長

- 親子關係、伴侶／夫妻關係、關係中的創傷與不安全感、原生家庭、青少年拒學議題。

案例四

說不出口的傷，來自擔心不被愛、理解與接納

婚後的生活轉變與原生家庭議題對伴侶關係的影響與調適

● 作者：魏凡涓 諮商心理師

案例背景

從童話故事走入現實挑戰

秦瑞與辰馨，結婚一年半，最近第一個孩子剛出生，在眾親友的祝福中過著外人看起來幸福快樂的日子。

秦瑞是科技業工程師，個性單純樸實、對父母孝順，因為工作認真且表現佳很受主管賞識；秦瑞的工作收入很不錯，但加班也是常有的事，最近剛升格成新手爸爸，家人紛紛前來傳授許多育兒妙招，面對家人的盛情，秦瑞大多是照單全收，認為家人的幫助都是好意、一家人互相幫忙是應該的。

辰馨在一個充滿愛與自由的家庭長大，主修室內設計，外表亮麗大方、個性獨立，對生活很有自己的想法，由於和家人關係非常好，因此希望另一半也是個對父母孝順的人，婚後工作主要是自由接案，孩子出生後，大部分時間轉為在家育兒。

兩人交往時，辰馨注意到秦瑞對家人的用心與孝順，求婚時秦

瑞承諾會照顧好辰馨，並且婚後辰馨可以沒有壓力地去做自己想做的事，辰馨對此相當感動。

兩人在討論婚後生活時，秦瑞希望辰馨能夠搬到他工作所在地的城市，可是在此同時，辰馨的友人提出了想要和辰馨合夥開室內設計工作室的想法，讓辰馨相當心動，一方面開工作室是她一直以來的夢想，眼看著夢想即將實現，但婚後卻也不希望和秦瑞分隔兩地，若是請秦瑞住在她所在的城市，每天通勤往返不同城市工作對於工作時間長的秦瑞會造成體力上很大的負擔，各方面客觀條件考量下，辰馨最終還是婉拒了朋友的提議，並不斷說服自己放棄這個機會並沒有那麼糟，她沒有對秦瑞說太多自己心裡的感受，但心裡對於這個決定仍然感到有些遺憾。

婚後不久，辰馨便懷孕了，在適應新城市的生活以及伴隨著孕期的不適，辰馨常覺得自己似乎一直在適應生活以及身體狀態的改變，工作上雖然仍有在零星的接案，但因為懷孕，身體狀況的改變也沒有辦法投入太多心力，這些改變使辰馨常覺得情緒低落，而秦瑞雖然在家時很關心辰馨，但也因為工作越來越忙碌，較少時間可以陪伴與傾聽辰馨的感受，使辰馨大多時候只能自己消化心裡的不適感。

小孩出生之後夫妻倆生活就更加忙碌了，每天忙著照顧孩子的大小事、兩人很少有靜下來單獨相處的時間，加上婆家長輩的頻繁關懷與探訪，對個性獨立的辰馨來說反而是另一層壓力，秦瑞覺得長輩的關懷是好意、接受也無妨，但對辰馨來說，整天下來忙著招呼長輩和照顧小孩，幾乎沒有自己的時間，疲憊的生活使她覺得更加失去自我，不僅對目前的生活感到失望，也對秦瑞面對婆家長輩的態度不滿，覺得秦瑞沒有注意到她的需要，在夜深人靜的時候，辰馨的心裡常常浮現一個念頭，想著若當初如果沒有離開熟悉的城市，並且和友人合夥開了自己的工作室，現在的生活會不會過得比較開心？

面對生活的不滿，辰馨開始容易對秦瑞不耐煩、抱怨秦瑞沒有體諒她的感受，秦瑞覺得自己在工作與家庭之間已經盡力照顧，不知道還可以怎麼安撫辰馨，也覺得辰馨有些反應過度，兩人的爭吵越來越頻繁，在朋友的建議之下決定嘗試去做伴侶諮商。

諮商初始，對關係的評估

「我想讓你理解我的痛苦，你想讓我知道你的為難，但我們都太受傷了，沒有空間能更聽進對方想說的話」

會談一開始我試著了解他們的困擾，沒想到辰馨才剛開口，眼淚就不斷不斷地落下，泣訴著自己婚後的委屈，秦瑞在一旁拿衛生紙給辰馨，不發一語，表情相當凝重。

辰馨說：「我的先生當初說結婚後我想做什麼都會支持我，可是實際上根本是我一直在妥協。」

原來兩人婚後的生活因為秦瑞工作忙碌，雖然收入不錯，但需要加班的時間也長；辰馨則一直想重拾室內設計的興趣，但孕期的不適使她沒辦法有太多心力發展，孩子出生後大多是辰馨在照顧孩子，辰馨抱怨：「好不容易他在家了想請他幫忙，但他小孩也顧不好、家事也做不好，更別提婆婆現在三天兩頭就吵著要來看孫，常常在沒有提前知會的情況下就直接來家門口按門鈴。」

說著說著，辰馨的語氣越來越憤怒，說話時完全不看在旁沉默的秦瑞，不斷地告訴諮商師她覺得自己已經快要淹沒在沒日沒夜的育兒與家庭生活中、以及秦瑞的反應讓她有多失望，更讓她難過的是，以前那個在工作上有自己的想法、獨立亮麗的自我已經在現在的生活裡消失無蹤。

聽完辰馨說的話，秦瑞試圖為自己辯護，他細數平時在家自己所做的種種，表達自己是多麼努力去照料家事和小孩，當然做的可能沒有辰馨那麼好，但是已經盡力在做了，不僅如此，秦瑞還表達平時自己工作的忙碌與壓力幾乎都沒有對辰馨抱怨過，覺得自己的付出都是為了這個家，現在非但努力沒有被看見，反而還不斷地被辰馨嫌棄，實在是覺得很委屈。關於辰馨提到想做自己的事但沒有被支持，秦瑞也回應：「每次妳說想要去忙工作的事情，我哪一次沒有說好，是妳自己工作效率低、聽到小孩哭就跑過來看，小孩看到媽媽當然是要找媽媽啊，我叫妳不要過來妳也不聽，事後又怪我沒有把小孩照顧好讓妳沒辦法專心，我叫妳去外面準備工作妳又不要，妳到底想要怎樣？」

眼看著夫妻雙方愈吵愈兇，兩人都不斷地用指責的態度說著自己的委屈、都急著想讓對方聽到自己的付出與辛苦，但因為各自都已經太過疲憊與受傷，所以很難有空間去聽見對方生氣背後的需要，只聽到對方對自己的抱怨與不滿，反而導致衝突更加激烈，我試著想調節他們之間高張的情緒，但他們的情緒一發不可收拾，很快地就進入他們平常自動化的爭吵歷程，一晃眼諮商時間就幾乎都是在爭吵中結束。

心理師的話

諮商結束後，我的心情很不平靜，一直在思考著該怎麼樣才能讓伴侶會談不要停留在表面事件的爭執、並且協助他們看見彼此心中的傷、對關係的需求以及想對對方好的心意。

我試著貼近辰馨的狀態，思考著辰馨面對孕期的不適以及目前生活幾乎被育兒與家事佔滿、理想沒有辦法實現、與公婆相處的不協調等等，疲憊與失落可想而知，這些心情秦瑞知道嗎？而秦瑞又是怎麼想的呢？

另一方面，秦瑞工作忙碌，工作以外的時間已經盡力陪伴家人與照顧孩子，但太太總是不滿意自己的表現、處處挑剔，明明是自己家人善意的關心也會被認為是一種干涉。站在秦瑞的立場他的感受是什麼呢？他這麼拼命地解釋，想要傳遞給辰馨什麼樣的訊息呢？只是想表達自己「沒錯」嗎？辰馨又從秦瑞的解釋裡聽到了些什麼？

除此之外我還想著，在伴侶關係裡，困境的形成其實兩個人都有責任，但往往在爭執不休的伴侶中，雙方可能都覺得問題出在對方身上，要訂定有共識的諮商目標並不容易，我思考著該怎麼讓他們了解他們之間的關係互動如何造成他們現在的困境，同時也讓他們意識到兩個人對這段關係都有責任。

深化牽繫（一）——首先深入衝突形成的脈絡

在爭執的背後，藏著的是一顆「渴望被愛與被理解的心」

在接下來的會談裡，我試著從這些爭執不斷的事件裡，更深入了解他們衝突形成的脈絡、雙方心中對關係的期待以及失落是什麼，並擬定治療策略。

在伴侶諮商進行的過程中，我注意到辰馨的情緒反應相對秦瑞來說比較強烈，對關係有許多不滿和失望、也將秦瑞的試圖解釋視為是沒有心想經營關係以及推卸責任；每當辰馨憤怒地開始細數自己在婚姻中所遭受的委屈時，也會刺激秦瑞要嘛也激烈地回應，或是講到最後變得不想再說話，但這兩個反應都沒有辦法安撫辰馨，反而對秦瑞更生氣、更加印證了自己原先的猜測：秦瑞沒有心想經營關係，甚至認為秦瑞沒有那麼重視自己了。我想著如果讓過去的互動模式繼續重演下去，辰馨的情緒起伏可能會太強烈，導致沒辦法繼續會談，因此我選擇先從辰馨這邊先開始切入，試著安撫並幫助她調節情緒、也試圖在會談中更進一步了解辰馨這些抱怨底下感到痛苦的部分是什麼。

在傾聽的過程中，辰馨表達著這段時間自己一個人適應生活環境的不易、經歷孕期不適與成為新手媽媽的慌亂與疲憊、以及面對自己想做的事情卻沒有心力去做的無奈，更難過的是，因為秦瑞的工作忙碌難以顧及，這些難熬的心情秦瑞似乎都沒有察覺到、也沒有給予適當的回應，讓辰馨更覺得婚後的日子充滿著孤單與煎熬、覺得自己沒有受到重視與感覺自己是被愛的。

辰馨：（哭泣點頭）我知道他工作忙，他總是在告訴我他是在為了我們的生活著想，想賺更多錢讓我跟寶寶過更好的日子，可是他不在家的時間這麼多，我只能靠我自己撐著，懷孕的時候身體不舒服我只能自己忍耐，現在小孩出生後不僅要照顧寶寶，還要面對婆婆突如其來的出現，他回家常常也只關心寶寶而沒關心我的心情，婆婆的事情他也只是叫我忍耐或是體諒長輩，我真的好累，都是我在體諒別人那誰來體諒我？有時候我真的會開始問自己這樣的生活真的是我要的嗎？

心理師：所以真的讓你很難熬的，是那每一天不論先生有沒有在身邊，你都覺得孤單，好像心裡長期累積的委屈、失落先生都不知道，你並不是沒有看見先生為這個家的付出，但你的心情先生好像都不理解，好像很久沒有感覺到先生對你的關心和愛，甚至覺得先生似乎和婚前不一樣了。

辰馨：（點頭）我真的很希望他可以懂我一直以來的處境有多難熬，希望他可以多花點時間陪我，可是大概很難吧，有的時候我甚至快感覺不到他心裡是有在意我的了。

原來對辰馨來說，那些對秦瑞的抱怨與不滿，都來自於心中感覺到在這段關係中不被重視與不被愛的失落，她並不是故意要說出傷害秦瑞的話，反而是在說她是很在意這段關係的，但因為太失望和委屈，所以在表達時化為了憤怒的語言想試圖罵醒秦瑞，但當怎麼說對方都不了解她的感受時，又更加覺得自己是不被愛的；當我試著反映出辰馨那些憤怒底下的委屈與孤單時，她也變得不再那麼張牙舞爪，漸漸開始能說出她對這段關係的在意與害怕。

和辰馨談話的這段時間，我注意著一旁的秦瑞眉頭深鎖、不發一語，當辰馨談到覺得秦瑞不重視她、不愛她時，秦瑞的眼神似乎閃過一抹驚訝，我注意到這個反應，把握機會進一步了解秦瑞的想法。

深化牽繫（二）——持續深入兩人的問題所在

聽你說對生活的不滿，一字一句彷彿都在說我不夠好

當我注意到秦瑞有別於以往的備戰狀態、很認真地在聽辰馨說著孤單與不被愛的感受時，我很好奇秦瑞的想法，也想知道每次在爭執中，秦瑞奮力的解釋、甚至到後來不想再回應時，過程中心裡在想什麼。

秦瑞：我知道她很不滿意現在的生活，每當她在跟我抱怨的時候，我都會有種被責怪的感覺。她總是在說我做得不夠好、不夠多，好幾次回家我看到她在哭、聽到她在說對生活的不滿，我就覺得她是在怪我，怪我沒有能力讓她幸福，可是我覺得我能做的都做了，她還是不滿意，我也不知道要怎麼安慰她比較好，所以我只好更努力工作，至少我有拿錢回家裡。

心理師：嗯嗯，其實你很在意你太太，你也知道這段時間她的付出與辛苦，但當她不斷地對生活表達不滿時，你就會覺得她在嫌棄你、使你覺得被指責，而當你覺得被指責的時候就更不知道怎麼安慰與回應太太，是嗎？

秦瑞：我當然在意她啊，但是她在爭吵時說的那些話其實真的滿傷人的，讓我覺得我好像真的是一個害她活得很糟糕的人。我並不是沒有心或不想努力，我能做的我都盡量在做了，既然我怎麼說、怎麼做都不對，那不如就不要說了，盡量少說話惹她生氣。

每當辰馨在指責秦瑞時，秦瑞其實非常在意、也感到很受傷，因為他覺得自己是害辰馨不開心的罪魁禍首，也一直在懷疑自己是不是做錯了，但是他不知道要怎麼做才能使辰馨不要那麼生氣，每當看見辰馨生氣，好像就是再一次地提醒自己是一個沒辦法讓心愛的人幸福的先生，所以他轉身投入工作，至少工作是他能夠比較有控制感以及有實際回報的地方、並希望能透過賺取更多的錢來對辰馨和孩子更好。

當秦瑞篤定地說著自己在意辰馨時，我注意到辰馨開始哭泣，並且很認真地聽著秦瑞的無力感與不知所措，不時想插話試著再說些什麼，我請辰馨停一停，先聽秦瑞把想法說完。

整合——確認對彼此的感受

原來我們仍然在意彼此

談到這裡，這對夫妻從一開始的互相指責與防衛，到能夠回到自己的內在去表達自己在關係中的失落感、無助感，更重要的是都表達了對這段關係的在意，那麼諮商師就能更進一步去整理兩人的關係，讓他們理解關係衝突的脈絡，以及各自在衝突中的影響與責任。

心理師：聽到秦瑞所接收到的訊息，其實讓你不太能接受，因為當你在表達你的不滿時，你生氣和挑剔是希望秦瑞能夠理解你心裡的壓力與難受，其實你心裡對目前的生活很失望與無助，你好希望身為先生的他可以在旁邊陪伴你、安慰你，讓你知道你不是一個人面對，是嗎？

辰馨：（哭泣）對，其實我知道他下班回來也都是在忙家裡的事，可是現在的生活真得跟我當初想像的很不一樣，這段時間我自己適應得真的很痛苦，我自己在家的時候常常覺得心情很糟，所以會對很多事情看不順眼、很不滿意，我自己也不知道可以怎麼辦，我希望他可以了解我的感受，以前他是很願意聽我說的，可能我說的方式不好，但我並不是想把一切責任都怪在他身上。

心理師：嗯嗯，你之所以不斷地對秦瑞表達不滿、有時候對他的行為可能也會有所挑剔，其實是你心裡的壓力也已經累積到一定的程度了，你覺得好無力，好希望先生能夠了解你真實的感受，而且我也聽到一個重要的訊息是：其實秦瑞對你很重要，你相信他是能夠陪伴你一起分擔的，是嗎？

辰馨：他對我當然很重要，我很希望他可以像以前一樣陪著我一起面對，不然我幹嘛一直講，但沒想到他覺得我都在怪他。

秦瑞：其實我並不是不想陪伴她，我真的很希望自己是可以帶給她幸福的，但每次聽到她對生活的不滿時我就會覺得是自己的錯，時間久了就會覺得自己是不是真的很糟糕，可是我也不知道可以怎麼辦，變得很不敢面對她。

心理師：其實你也很在意辰馨，你之所以沒有辦法傾聽，不單單是因為覺得被指責，另一方面也是因為你很希望可以帶給辰馨幸福，看著她因為生活感到痛苦的時候，你也會有很強烈地自責感，覺得是自己的錯，當陷入很強的自責與挫折中的時候，反而沒辦法回應辰馨。

秦瑞：（點頭）。

心理師：你們的狀況是，當辰馨表達對生活的不滿時，希望秦瑞能夠了解她心中的壓力與痛苦。本來是希望秦瑞能理解並有所回應，但秦瑞卻因為辰馨表達的方式與態度覺得被指責、並且很自責自己沒有辦法帶給辰馨幸福的生活。當秦瑞不知道可以怎麼辦的時候，就選擇少說少錯、更加投入在工作中，但這樣的回應方式使辰馨更加覺得秦瑞並不在乎她；秦瑞的自責感也沒有機會緩解，一來一往導致辰馨的委屈沒有被理解，秦瑞的受傷也沒有機會被看見。

接下來的對話，秦瑞和辰馨將自己的感受說得更清楚，對待彼此的態度也有了轉變。辰馨嘗試著在衝突的時候將指責的語言轉成表達自己的感受與期待，秦瑞也在感到自責時先停下來思考辰馨的需要是什麼，漸漸地，兩人也能夠開始討論遇到某些困難時可以怎麼辦。談到這裡，這對夫妻望著彼此，眼神中的失望與落寞較為減少，增加了一些相信，我想對他們來說，此時此刻可以很深刻的感受到彼此對這段關係的在意，以及願意為關係再次努力的心意，也因為知道了彼此的心意、更了解彼此之後，兩人能夠一起面對關係中的難題。

正當我以為他們的關係從此能夠朝合作的方向前進時，下一波關係的衝突緊接著又在諮商室中展開⋯⋯

心理師的話

在這幾次的諮商裡，我反思著諮商過程中發生了什麼使他們的關係產生改變，我想原因是透過會談的引導，太太較能夠較真實的表達出內心需要沒有被滿足的失落、以及對關係的害怕與不安，當太太能夠表達出對關係的在意時，先生接收到的訊息就不再只是埋怨與攻擊，因此也能逐漸放下防衛的態度、不再需要不斷替自己解釋，也開始較能夠面對自己內在的感受、覺察自己的受傷與自責，更重要的是，當先生聽到太太對關係的不安時，很直接地回應太太自己對她的在意與重視，這是在過往不斷解釋與爭吵的模式中很難有機會說出來的；當兩人都能放下攻擊與防衛時才有機會讓真實的感受浮現，並且能夠開始用和平常不一樣的方式對話，產生比較深度且正向的情感交流。

在伴侶諮商中，來談的伴侶大多帶著形塑已久的衝突模式而來，表達衝突的方式可能是激烈的爭吵、透過憤怒表達內心的不滿，也可能是冷漠、不回應，用彷彿完全不在乎的態度表達對關係的抗議……，無論這些衝突的模式是什麼，目的大多都還是希望伴侶能夠了解自己心裡真正的感受、或是仍然期待能感受到伴侶對自己的在意，只是這些衝突的模式往往帶來的效果是刺激對方吵得更激烈、或是也可能因為爭吵得太多次、太挫折而放棄溝通，結果都是將伴侶推得更遠。

因此若能在諮商歷程中協助案主從憤怒與指責的狀態中跳脫，去覺察憤怒背後的情緒是什麼、在意的是什麼、哪些對關係的需求沒有被滿足，將能夠協助案主因為被理解了而能夠冷靜下來。當一方能夠冷靜下來不再刺激另一方時，就能減少衝突發生，另一方也就不需要這麼防備，能夠將注意力用在傾聽伴侶真實的感受與想法，以及也開始有機會自我覺察與表達，進而推動伴侶新的互動循環；而諮商師協助理解憤怒的伴侶時，同時也是在為另一位伴侶做安撫的示範，讓他有機會看見如何安撫與回應伴侶是有效的。

再衝突

價值觀分歧——原生家庭所引發的婚姻危機

接下來的幾次會談，辰馨表達秦瑞在家時的態度有所轉變，變得較為溫和、互動時比較願意去聽辰馨的感受與想法，辰馨很感謝秦瑞的改變與付出；秦瑞也表達有注意到辰馨在吵架時有調整自己說話的方式，較少用指責的態度說話，因此自己也較不容易陷入自責中，而能夠去聽她想說的是什麼，兩人都覺得關係朝著好的方向前進中。

但有一件事情一直沒有辦法解決。

秦瑞的媽媽每次來看孩子時都會提到可以來幫忙照顧孩子，實際上常常也真的會待比較長的時間試圖幫忙做些事，辰馨對婆婆此舉一直都覺得不太舒服，也多次委婉地表達希望婆婆不要太常過來，但婆婆認為辰馨太客氣、一家人本來就該互相幫忙，甚至很多時候沒有事先知會就直接來辰馨和秦瑞家。

面對婆婆來家裡幫忙照顧孩子一事，秦瑞和辰馨的想法不太一致。辰馨希望婆婆不要再一直來家裡幫忙，如果想要幫忙分擔照顧孩子的辛苦的話，比較希望秦瑞能夠改請保母幫忙照顧，但秦瑞覺得保母的照顧一定不比自己的爸媽來的用心、且祖父母看孫天經地義；媽媽都已經主動提出想要來照顧孩子了，若是拒絕會很傷媽媽的心，即使辰馨不斷表達自己的不自在，秦瑞仍希望辰馨能夠體諒並且試著和他媽媽相處，辰馨對此常感到生氣，認為秦瑞就是個長不大的媽寶，沒有拒絕父母的能力。

兩人僵持不下，辰馨表達每當提到這個話題時，秦瑞彷彿就像耳朵被關住一樣完全忽略她的痛苦與難受，執意要她在這件事情中妥協，甚至覺得是辰馨反應過度。兩人的關係每當談到婆婆時，衝突就一觸即發。

我試圖理解這對夫妻和婆婆的關係、以及面對伴侶和自己的家人相處並不順利時的感受，也想知道辰馨和秦瑞過去是怎麼溝通和長輩相處的界線？當辰馨向秦瑞表達不希望婆婆來照顧孩子時，秦瑞為何執意希望辰馨忍耐與接受？

辰馨提到結婚前就清楚公婆的期待是婚後大家要同住在一起，在討論是否要結婚的時候，辰馨認為成家了就應該要離開原生家庭、且也想要和秦瑞有自己的生活空間。當時辰馨曾清楚地對秦瑞表明：若必須要住在公婆家，那兩人可能不適合繼續走下去，秦瑞因為不想要失去辰馨，最後選擇在家裡附近買房子。

提到和公婆的關係，辰馨表示自己和公婆往來並不密切，但有注意到秦瑞和婆婆的關係是密切的，因為公公和婆婆常吵架，婆婆轉而在生活大小事上較為依賴秦瑞，秦瑞也很重視婆婆的意見。辰馨看著秦瑞很尊敬婆婆，認為秦瑞是個孝順的人，交往過程中婆婆也沒有太干預他們小倆口。新婚第一年和婆婆只是偶爾相聚吃飯，相處上倒也相安無事。

但直到孩子出生後，婆婆竟開始三天兩頭吵著說想要看孫子，秦瑞便向辰馨提出當他在家時想讓婆婆過來，也可以幫忙照顧小孩的作法。辰馨起初覺得不太願意，但聽秦瑞多次提起，心想偶爾讓長輩來家裡其實也不為過，因此勉為其難同意，沒想到答應後婆婆來的頻率愈來愈高，有時根本沒有事先知會就在秦瑞不在時，出現在家門口，甚至提出未來想要白天來幫忙照顧孩子。辰馨感到困擾但卻不知道該怎麼處理，和秦瑞反應時他也僅要辰馨忍耐、或是試圖說服辰馨。

但這個話題的開始談起來並不順利，我想知道是什麼原因使秦瑞即使知道辰馨已經暴跳如雷但還是不為所動，但秦瑞僅不斷地強調祖父母看孫天經地義、如果拒絕很不孝，彷彿母親的意見除了聽從之外沒有其他的選項；談到辰馨的心情時，秦瑞回應他知道辰馨的不適應、也不是不明白辰馨的心情，但還是希望辰馨能盡量去看婆婆來家中幫忙的優點、盡量調適不自在的地方，並不斷強調辰馨現在只是還不習慣，過一段時間就會適應了。秦瑞一直不斷試圖安撫辰馨，但辰馨卻感覺到自己的需要並沒有受到秦瑞重視，使辰馨愈來愈對秦瑞失望，表達不滿的頻率也愈來愈高，秦瑞面對辰馨的不滿，覺得不理解辰馨為什麼總要圍繞在這個話題上糾纏不休，覺得辰馨很不體諒他，也表達自己夾在兩個重要的女人中間非常疲憊。

原生家庭的影響

離不開爸媽的孩子，背後有著「深怕被遺棄」的恐懼與「我不能再讓你不開心」的罪惡感

面對秦瑞的堅持以及不為所動，我更好奇他和和母親的關係，想知道他怎麼看待自己的媽媽對於自己的小家庭涉入變多、沒有辦法有順從以外的選擇是否有其他的擔心與顧慮。

當我從秦瑞是否有其他的擔心和顧慮切入去談時，我發現秦瑞有些欲言又止，抽絲剝繭之下，秦瑞終於說出自己心裡的害怕，而除了害怕母親的情緒之外，也進一步談到了秦瑞害怕失去母親的恐懼。

秦瑞：沒有順著我媽的意思時，我媽其實滿容易生氣的，或是會表現很難過的樣子，當她生氣或是難過的時候，我就會覺得她的要求也不多，就會跟自己說要盡量聽她的。

心理師：聽起來除了害怕媽媽生氣之外，我似乎也聽到你其實也不想讓媽媽失望；當想到自己可能讓媽媽失望，那種心情是什麼呢？

秦瑞：覺得很痛苦、覺得我可能會失去媽媽。（這時秦瑞沉默了一段時間，開始手摀著臉，語氣有些哽咽）小時候我爸媽其實差點離婚，有一陣子我爸工作不順，資金週轉不靈，我媽幫忙籌措資金壓力很大、心情常常很不好，為了錢的事情他們兩人很常吵架，每次他們吵架的時候雖然都在房間關著門，但說話的聲音很大，我其實都坐在門外的樓梯間聽，有一次我聽到我媽邊哭邊跟我爸說要離婚，說小孩也不要了、要離開這個家，我很害怕，我怕媽媽真的會離開，等我媽從房間出來後，我求她不要跟爸爸離婚、不要離開這個家，後來他們真的沒有離婚，但在那之後，我媽很常會在跟我爸吵架後對我說：「媽媽是因為你才沒有跟爸爸離婚的。」不只如此，媽媽心情不好的時候，也會說：「如果當初沒有生下你就好了，這樣我現在就不用顧慮那麼多」，每次聽到她這樣說我都會覺得很痛苦、覺得自己是多餘的，更覺得是我害媽媽沒辦法去過更好的生活，我常常跟自己說必須要聽媽媽的話、讓媽媽不要生氣，否則媽媽可能某一天還是會拋下我離開。長大之後，家裡的經濟狀況有比較好，他們夫妻也沒有那麼常吵架，但講的話很少，關係算是滿疏離的吧，我媽自己可以打理自己的生活，但很多事情就比較依賴我。（辰馨在旁靜靜地聽）

心理師：要說出這段往事對你來說一定很不容易，我聽到你說你之所以沒有辦法拒絕媽媽，是因為你很害怕如果不順從媽媽的心意，媽媽可能就會真的離開這個家，你就可能被拋棄，即使你已經長大成人有了自己的家庭，但一想到媽媽當年是因為你才一直忍耐沒有離婚，你就不忍心再傷害媽媽，透過盡量順從與忍耐來讓媽媽開心，是嗎？

秦瑞：可以這麼說吧，我其實沒有想過自己是不是在忍耐，應該是說到後來比起擔心媽媽真的會離開，我寧可選擇聽話。

心理師：聽你這麼說，好像你很少去想自己想要的是什麼，雖然面對媽媽的要求你只要聽話就好，但同時也忽略了自己內心的感受。

秦瑞：（點頭）我可以這樣要求我自己，但我知道我沒辦法要求別人也要這麼做，每次辰馨在跟我講我媽的事情的時候，其實我也很難受，我知道我媽沒有經過同意就來我們家帶給她很大的壓力和負擔，可是當我想像如果我拒絕我媽過來，我媽可能會很生氣地說我長大成家後就不理她了，或是一想到我媽落寞的表情，就變成像是我拋棄了她，我就覺得自己這樣真的很過分。

心理師：你不單單只是擔心不順從母親可能就會被拋棄，你同時也因為拒絕她而有很強的罪惡感、覺得母親是為了你才沒有選擇更好的生活，因此你必須要讓母親開心，難怪你會希望辰馨忍耐與調適，但你夾在母親和太太中間，看著太太的難受與委屈你也覺得很不忍心，你不知道該怎麼處理，所以你選擇說服太太跟著你一起忍耐。

秦瑞：我承認這件事情對辰馨不公平。要她跟我一起面對，我心裡其實對她覺得很抱歉，所以她現在說什麼我能做的我幾乎都試著去配合，但媽媽想要來我們家的事情我真的是不知道要怎麼拒絕。

看似難解的結，也能長出勇氣面對

夫妻攜手面對原生家庭的傷

在秦瑞終於說出埋藏在心中許久的傷痛，讓我們理解他為什麼這麼一意孤行地要辰馨配合婆婆後，很重要的是接下來辰馨的態度，因為對辰馨來說，無論是否要配合先生都是困難的決定，但辰馨怎麼看待秦瑞一直以來心中的苦也會影響伴侶關係，慶幸的是辰馨很願意理解先生的壓力，當她能夠以理解的心情傾聽時，秦瑞也較能說出內心真實的想法，以及不想讓辰馨擔心的心意。

辰馨：我覺得聽完後心情滿複雜的，我知道他爸媽感情不好是因為以前他爸爸工作不順利導致的，但我從來沒聽過他爸媽曾經差點要離婚，也不知道他曾經經歷過這些，我一直以為他就是媽寶，很傳統不太重視我的感受，可是不知道他心裡有這麼大的壓力，但是對於婆婆我還是希望她不要這麼常過來家裡。

心理師：（對秦瑞說）是什麼讓你在說服辰馨忍耐時沒有把這一段過往對辰馨說呢？

秦瑞：這種事有什麼好講的，也不是什麼很光彩的事，而且我也不想讓她擔心。

心理師：我很好奇，當你剛才把家裡的事情說出來之後，你的心情是什麼？

秦瑞：我覺得自己也滿可憐的吧，明明大人之間的事情也不是我的錯，可是卻有種要我來承擔的感覺。

心理師：好像說出來家裡的事，也讓你重新思考父母的關係與自己的責任。（轉向對辰馨說）辰馨，當你聽到先生選擇沒告訴你，是因為不想讓你擔心所以才沒有說，你的心情是什麼呢？

辰馨：我不知道他原來經歷這麼多，雖然我沒有類似的經驗，但想像他的心情應該是很為難跟痛苦的吧。

心理師：對你們兩人來說，面對婆婆夾在你們的關係中其實兩人都很為難，秦瑞很難拒絕婆婆，才不得已希望辰馨能夠忍受；辰馨雖然很氣惱婆婆的行徑，但因為顧及秦瑞感受而嘗試忍耐，只是快要忍受不住了，希望秦瑞可以介入處理，你們並不是全然不了解對方的感受，但是考量到這個人是伴侶其中一方重要的親人，才沒辦法不顧及任何情感的保持距離，可是如果繼續這樣下去的話也會影響到你們的關係。（夫妻雙方點頭）

當秦瑞開始邊訴說隱藏許久的傷痛時，也有了新的體會，覺得自己一直承擔著原生家庭所帶來的影響，當雙方都明白彼此如何被原生家庭所帶來的影響而感到辛苦時，開始願意思考可以怎麼調整，接著心理師請伴侶雙方回去思考與討論這個問題可以怎麼解決。

共同討論解方

對伴侶的同理與陪伴，將會是長出改變的重要力量

接下來的會談裡，夫妻雙方因為感受到對方的心意與難處，開始討論可以怎麼做讓婆婆減少來家裡，但又不會感覺到被拋棄、以

及讓太太感覺到面對婆婆不那麼有壓力的方法。夫妻間的互動也逐漸從對立轉為合作，對話的氛圍也比之前和諧，在討論的過程中，我發現秦瑞和之前相比似乎變得有力量許多。

秦瑞主動去找母親談，表達對母親一路以來養育他長大的感激之情，同時也很謝謝母親願意幫忙照顧小孩，但也表達自己已組成家庭、需要自己的生活空間，希望母親也能將生活重心慢慢回到自己身上。

我很好奇秦瑞為什麼會有這麼大的改變，從很堅持要太太配合，到願意主動去和母親談自己的想法，這中間發生了什麼導致心態改變。

秦瑞：在之前諮商過程中我意識到我自己真的受到家人的影響很多。我一直活在小時候害怕被我媽拋下的恐懼中，覺得我媽是因為我才沒辦法過更好的生活，所以我不能再讓媽媽不開心。但現在我已經長大成家了，我的確也需要替辰馨和孩子著想。上次諮商完回家之後，辰馨對我說覺得很不捨我小時候的遭遇，她甚至開始在想是不是要退讓，我很感激她的願意理解與試圖妥協，仔細沉澱與思考之後，我想要試著跟我媽溝通看看，希望她能減少過來的頻率，或許她一開始會不太能接受，但我這麼做不是要疏遠她，只是我們也都需要有自己的生活空間，我也希望她能多替自己想想、去過自己想要的生活。

心理師：聽起來這個過程真的很不容易，在辰馨的陪伴之下，你鼓起勇氣面對自己內心深處的恐懼、並且思考未來想要的生活樣貌，進而長出力量和媽媽溝通，那對媽媽說完之後，你的心情是什麼呢？

秦瑞：其實說的過程還是滿忐忑的，當看到我媽不高興的表情時還是會覺得有些愧疚，而且我媽當然也不是立刻就能接受，不過我覺得說出來比較好啦！

心理師：聽到你說雖然忐忑、害怕，明知道媽媽不會立刻接受卻還是鼓起勇氣嘗試對媽媽表達，真的很勇敢。那媽媽現在的反應如何呢？

秦瑞：她一開始聽完後有好幾天不跟我說話，我那時候真的滿緊張的，不知道怎麼面對，但我就盡量試著主動關心她，後來她的態度有緩和一些，看起來也不是完全不接受我的想法，可能還需要一點時間吧！近期這幾次是我在家的時候她才過來，我也有嘗試平常多傳小孩的照片給媽媽看、在週末的時候由我獨自帶小孩回爸媽家，讓他們還是能看孫，我也能陪伴父母，這也是我跟辰馨共同討論出來的，在我帶小孩回家的時候，辰馨也可以有時間做自己想做的事。

對秦瑞來說，原以為說出自己在原生家庭的傷疤會帶給另一半困擾，但當痛苦的過往擺在心中多年、想獨自承受反而限制了生活的選擇、影響到夫妻關係，而在終於鼓起勇氣說出口之後，似乎讓心中的黑暗引入一道光，也讓辰馨有機會看見泰瑞他自己內心很脆弱無助的一面，而不是只會要求太太配合的先生，這反而使伴侶關係有機會流動，不再只是在固定的衝突模式下爭吵不休；辰馨的願意理解，也給秦瑞很大的力量、進而產生想改變的動力。

心理師：聽起來改變正在進行中，辰馨覺得這樣的改變如何呢？

辰馨：我覺得比之前好多了，當我知道秦瑞主動去找婆婆溝通時我真的覺得很感動，除此之外，雖然現在婆婆還是會過來，但當婆婆過來家裡想看孫的時候，秦瑞也會讓我去休息或是去做自己想做的事，不需要一定要在旁陪伴，這點我也覺得很感激，甚至前幾天秦瑞還嘗試在媽媽來幫忙照顧孩子時，他帶我去外面久違地約會一下呢！（夫妻相視而笑）

心理師：今天聽到你們這麼說，我也覺得很替你們開心，在你們互相支持之下，秦瑞能夠鼓起勇氣面對自己一直以來內心的恐懼，並且跨出很大的一步和媽媽溝通；你們也開始能夠為彼此著想，並且可以一起討論彼此可以接受的方法，雖然一切還在調整適應中，但你們願意為了對方調整的心意是最可貴的。

望著他們彼此相視而笑的眼神，我想離跟他們說再見的日子應該不遠了。

心理師的話

諮商歷程與反思

回顧這整段伴侶諮商的歷程，主要可以分為兩部份來看，前半段是在處理婚後伴侶關係的互動衝突，後半段主要是在處理原生家庭對婚姻關係的影響。

在處理婚後伴侶關係間的互動衝突時，從評估伴侶目前的互動情形、關係品質開始，過程中很重要的部分是伴侶間衝突的情緒調節。在情緒調節的過程中，諮商師要協助伴侶覺察自己內在的情感需求、協助翻譯伴侶所說的話實際上想表達的意思、以及看見自己的行為對關係造成的影響，進而使這對伴侶從講話沒幾句就開始爭吵，到能夠看見爭吵的事件下彼此的受傷與失落，更重要的是能看見彼此對對方的在意，讓關係從一片烏雲中能灑進一道微光。當能夠看見眼前的人不再總是那麼張牙舞爪或是逃避面對，互動方式也逐漸開始改變。

在處理原生家庭對婚姻關係的影響時，很常見的一種狀況會是被要求配合的那一方會很難同理要求改變的那一方，即使他說了自己在原生家庭的傷有多痛，但配合的那一方會有一種心情是，若我真的理解你，是不是我就應該要配合改變，可是我還是沒有那麼甘願想配合，因此雙方形成一種拉鋸，但在這個伴侶故事中，辰馨很清楚知道自己要的是什麼，且他們的關係本質上仍是和睦的，所以辰馨還是願意去靠近先生痛苦的心，但仍能夠堅定地表達自己的立場，這也提醒了我若遇到了伴侶因為害怕自己需要退讓而不願意傾聽時，可以協助他們將「理解」與「改變」分開，先緩解理解了就需要改變的不安，或許才能讓理解有機會發生。

回顧談到原生家庭的這段諮商歷程，我想能夠產生改變的原因是這對夫妻在兩人伴侶關係已經有所改善的基礎下，而願意信任彼此、同時能鼓起勇氣探索自己內在面對原生家庭重要成員的真實感受，並且兩人也願意互相同理與陪伴，才導致改變發生。

新的契機

身為諮商師的我敏覺到秦瑞在談和母親的關係時複雜的情緒與抗拒，似乎和母親在心理上有特殊的連結，因此便引導秦瑞進一步探索和母親互動的感受，使秦瑞得以探索藏在心中多年的傷痛，將幼年時期的他為了避免自己被拋棄而努力留住母親、一直到後來成長過程中必須要一直討母親歡心的心情在太太辰馨面前表達出來，這種探索並不是一件容易的事。在前幾次的諮商裡，夫妻雙方展現出對彼此的情感與在意，願意傾聽對方的感受與討論調整的方法；兩人的關係已經從互相誤會、不理解轉變為能夠相信對方的心意，因此後來先生說出與母親的關係時，太太也能夠傾聽與陪伴先生，這給了先生力量去面對內心的恐懼、進而也主動思考解決的方法，最後鼓起勇氣嘗試與母親溝通，為改變創造了一個好的開始。

在華人社會的婚姻中，夫妻關係很容易會受到原生家庭的影響，在伴侶諮商中也很常會遇到這個議題，很多時候在原生家庭的議題上並沒有辦法快速地達成一個共識，當面臨到伴侶的期待和父母不同、需要你和原生家庭的父母溝通時很容易落入夾心餅乾、幫誰說話都不對的困境中，在這個時候，和父母以及伴侶溝通的重點不在於要求對方改變什麼行為，這樣反而會使父母或伴侶覺得你在幫另一方說話而更生氣，溝通的重點是要先去同理對方本來行為背後的好意、表達感激，才有機會讓對話朝向期待調整的方向進行，無論是對父母或是對伴侶都是如此，另一方面，當在面對伴侶的家人時，需提醒自己要以合作、不評價的方式來和伴侶對話，才能讓關係不落入互相指責，而能夠攜手繼續這段關係。

我一直相信當關係要足夠安全，才有力量能開放自我與承接脆弱。這段為期六個月的伴侶諮商，一開始伴侶來談時在諮商室中衝突不斷，對身為諮商師的我來說是不小的挑戰，一方面需要了解他們的問題是什麼、另一方面也需要小心翼翼地調節他們的情緒，否則一個不小心衝突就會立刻一發不可收拾，這種情況其實一開始令我很挫折，我也花了一些時間來先調節自己的情緒，才能穩住自己繼續貼近他們的關係狀態；另一方面，伴侶的高衝突其實也協助我評估這對伴侶當時其實是對關係很沒有安全感的，我猜想這或許來自於伴侶間想表達的以及對方接收到的其實並不一致，因此我嘗試更去貼近他們的內在感受。

然而在協助他們探索這些劍拔弩張的語言的背後，我也發現其實有著沒有說出口的對關係的在意與受傷時，我發現他們的衝突逐漸減緩，開始能夠冷靜下來去傾聽對方，並且發現原本互動中的惡性循環；當然衝突並沒有立刻就消除，在後續談到原生家庭議題時又再度遇上了僵局，我一開始也落入問題解決的思維中，但發現討論誰需要改變、怎麼改變並沒有幫助，因此我嘗試著退一步，去和先生討論「聽話」這個信念形成的原因，才談到先生和母親的關係。

令人感動的是，太太在旁真誠的同理與陪伴，有效地幫助先生釐清內在的恐懼，以及未來想要的生活樣貌，並產生想要改變的動力，這促使先生重新思考未來想要和母親維持什麼樣的關係，進而去嘗試做出改變，雖然只是開始，但這也讓我體會到伴侶需要的不一定是有人提供他們解決問題的方法，而是協助他們修復關係；當關係有機會被修復，就能夠幫助他們發展出勇氣、攜手共渡難關。

作者簡介

魏凡涓　諮商心理師

現職

- 國立東華大學心理諮商輔導中心／諮商心理師

專業認證

- 中華民國「諮商心理師」證照（諮心字第 003377 號）
- 台灣諮商心理學會督導認證合格（臺諮心督證字第 1130019 號）
- 趙文滔心理師伴侶諮商訓練結業
- 趙文滔心理師伴侶諮商督導班結業
- 情緒取向伴侶治療（EFCT）初、進階訓練課程結業

專長

- 婚姻／伴侶諮商、親密關係議題、家庭關係議題、人際關係議題、壓力調適、危機處理與自殺防治

案例五

只是管教過當？

孩子只是父母關係問題的戰場

● 作者：王國仲 諮商心理師

婚姻問題有時微細，有時複雜，有時又彼此糾纏，一路走來有如四處佈滿地壘，一不小心就誤踩、引爆，也因為如此，伴侶雙方常不願正視二人關係的問題，甚至不知不覺轉而把注意力放在孩子身上，讓孩子變成父母關係問題的新戰場。

只是小孩管教過當？

阿勇常在管教兒子時採用體罰的方式，但長期下來發現，體罰的方式不僅效果不彰（兒子的問題行為不斷），也常成為太太和阿勇爭吵的導火線。阿勇在一次和友人講述心裡的無奈時，友人建議阿勇可以找專業人員進行親職教養方面的諮商看看，一心想要把兒子教好的阿勇很快地便上網查詢相關資料並預約第一次諮商。

阿勇第一次會談時就顯得落落大方，直接坦承自己前幾天又發生在面對兒子的問題行為時，他在處罰上又發生情緒失控和體罰的情形。本以為這會是一個單純的父母教養方面上的情緒管理或教養方式的討論和學習，但阿勇在第二次會談時便開始訴說自己在婚姻上遇到的困境。

阿勇和小美原本是一對夫妻，二人從交往至今已快十年了，過程中經歷了結婚、離婚、再結婚、再離婚四個階段。據阿勇所述，第一次結婚後二人大小爭吵不斷，於婚後第三年離婚，之後沒多久又因考量小孩與家庭的完整性而再婚，只是二人的爭吵仍是沒有停過，年後又再次離婚，但同樣也是為了給小孩一個完整的家的想法，雖離婚了卻也一直同居著沒有分開。長久以來二人不僅沒有分開，更過著如一般夫妻一樣的家庭生活，除了住在一起，還一起經營小吃店，為了節省人力成本，伴侶二人共同負擔起店裡所需的各種大小工作，人力吃緊，缺一不可。

阿勇有著某種程度自我覺察的能力，認為這次過度體罰小孩的事件應該和事前他剛和小美發生的一次口角有關，他在不知不覺中把前面發生口角的部分脾氣反應到後來管教兒子上了。

阿勇表示他們常因「家庭經濟問題」、「小孩教養觀念與教養方式不同」等因素鬧不愉快。阿勇更抱怨小美的情緒極度容易失控，二人吵架時，小美經常就在自家開的店裡、店門口、大街上、住家客廳等地方，不顧客人、行人、小孩等人的觀感，直接就辱罵阿勇三字經等難聽字眼，讓他很沒面子，也讓二人有更多口角以及肢體的衝突，而小美則常在衝突過後馬上帶著小孩回娘家一、兩個星期。少了小美的幫忙，一個人獨留在北部的阿勇無法自己開店，連續幾週不能做生意，讓家庭原本就已存在的經濟問題更顯得辛苦，也讓阿勇在心裡對小美累積更多的不滿與苦悶。

首次會談

初步擬定會談型式與方向

從阿勇的敘述裡，我開始對他們的伴侶關係有了初步的理解，例如，這十年來兩人分合多次且吵鬧不斷，仍是住在一起，甚至還一起工作，可能代表著阿勇還不想結束這段關係。另外，從阿勇對小美的批評中可以看出他對小美許多行為極為不滿，並認為問題都出現小美身上，希望小美要盡快改變。

阿勇的抱怨與批評是衝突伴侶們常見的反應之一，就是認為問題之所以會發生都是對方造成的，如果對方改變，則所有的問題就都解決了，而且對這樣的認知深信不疑，所以除了抱怨和批評外，還總是一味的要求對方改變；只是這樣的批評與要求常換來伴侶的防衛或反擊，讓兩人的互動形成更大的衝突，甚至變成一種惡性循環。

因為人的思考有其習慣性，當我們習慣了某種理解訊息的視框時，就容易一直用相同的視框解讀各種相關的訊息刺激，而如果這樣的視框存有偏誤時，所解讀的結果也容易帶有理解上的錯誤，而這樣的知覺偏誤很難在個人的敘事裡被發現，如果心理師開始對其提出質疑或挑戰時，也常被當事人認為心理師是否不相信他的判斷了。

然而在會談過程中，心理師如果為了兼顧會談關係而不敢提出質疑，只是一味的傾聽與同理，也可能讓案主理解成心理師也認同他的看法。所以，如果我每次會談都只是讓阿勇單方面的重複講述這些充滿憤怒的故事，反而可能加深了他認為小美是問題根源的信念。

有鑑於此，第一次和阿勇會談後，我便不打算只對阿勇一人工作，我想邀請小美也一起來會談，也許從小美的角度聽故事，可能會聽到很不一樣的風景。我先向阿勇確認了他現在確實還不想結束這段關係，也希望有人可以幫他解決小美的問題。

接著，我順著阿勇的期待告訴他：「聽起來小美長期以來的這些行為確實讓你很困擾，你很希望她可以改變，但這麼多年來不論你用什麼方法，她不僅沒有改變，反而還讓你們的衝突變得更嚴重。不過因為我還沒見過小美，所以實在也無法知道小美為什麼不願意改變。在我不了解小美的情況下，很難想到可以促使她改變的方法，所以有沒有機會邀請小美一起過來會談呢？」

我與阿勇討論邀請小美一起來會談的可能性與方法，提醒阿勇可能要先把對小美的批評，以及迫不及待要小美盡快改變的意圖擱在一旁，因為這些態度只會引起小美的防衛與抗拒。阿勇聽了後雖仍表示小美是婚姻問題的根源，但也認同自己的批評容易讓小美產生防衛與抗拒的事實。

我請阿勇學習用以下的觀念試著邀請小美看看：「**心理師說伴侶間的問題常常是複雜的，只有一個人的描述有時難以了解事情的全貌，也無法做出正確的判斷，所以希望有機會從小美的角度能聽聽不同的看法，這樣也比較客觀，希望小美可以過來幫忙心理師提供關於她個人觀點的資訊。**」

也許是上述邀請的方法奏效了吧，第二次會談時小美果真和阿勇一起出現了。

心理師的話

透過邀請伴侶一起來諮商，可以有機會讓阿勇看見是兩人的「關係出現問題」，並且避免因個人式的同理而加深了他原本認為小美是問題根源的信念。

第二會談

小美的視角

第二次會談中小美抓住機會，一股腦兒地向我訴說她對阿勇的不滿。從家庭事務的安排、店裡工作的分派，到兒子照顧的方式等等，小美說阿勇對她無不挑剔與責罵，有些工作粗重也要她獨自完成，完全沒考量到她一個力氣不大的女人是否可以勝任，更遑論是否能幫忙，現在竟然還敢怪她脾氣爆燥、溺愛小孩。小美愈講愈氣，甚至聲淚俱下。

聽到小美的指控，阿勇不斷跳出來為自己辯護，內容多是解釋自己行為的合理性，以及小美管教小孩方式的離譜性。二人你來我往的控訴與爭辯，結果小美只停留在「**阿勇都把事情丟給我一個人完成並不斷指責我**」的憤怒上，阿勇則是生氣「**小美都不會反省自己有問題的地方，甚至還不斷製造問題。**」雙方都堅守對方是問題禍首的立場，只要對方改變問題就都解決了。這樣的對話當然不會有什麼效果發生，沒多久二人都不講話了，拒絕再和對方溝通下去。兩人的互動清楚呈現本書第六章〈處理衝突與修補關係〉裡提到的伴侶的「破壞性互動模式」，也呈現出約翰‧高曼（John M. Gottman）發現的伴侶關係中四種極具破壞性的**「末日四騎士」：批評、防衛、蔑視、築牆**。

其實，親密伴侶之間的衝突與困境，常常是需要關係中的二人一起去面對，如果只要求一方負起改變的責任，一段時間後往往造成改變的這一方更覺不公平的情緒。但要走到二人合作這一步又談何容易。

解決問題前更重要的事

在觀察這對伴侶的爭吵時，我總覺得雙方心裡都有著對對方很深的恨意和不滿；我認為也許故事沒這麼簡單，需要花更多的時間讓二人都有機會把自己和對方的故事好好地說出來。只是讓雙方把故事好好的說出來前，得先停止他們互相指責、認為對方是問題禍首的互動模式。

我先分別同理了兩人各自的心情，例如小美面對阿勇的挑剔與責罵時，除了生氣也感覺委屈與難過，而阿勇指責與批評的語言下似乎也隱藏著對家庭的經濟現況的焦慮，也對兩人關係的問題遲遲無法改善而感到沮喪。

發現了伴侶的「破壞性互動模式」後，重要的是讓伴侶能意識到他們有這習慣，而且理解這習慣已經嚴重破壞他們的關係，而不要繼續聚焦在對方的個性、觀念、習慣等歸因：「你們這樣不斷互相指責然後又為自己辯護的對話方式已經好多年了，這個方式很明顯無法解決你們婚姻的問題，也一直在破壞你們的關係，消磨你們的感情，你們有發現這個現象嗎？」

阿勇和小美聽了後沒有馬上回答，沉默一小段時間後才慢慢的各自點頭。

我繼續向兩人分享一個觀察：「你們兩個人一直爭吵，問題遲遲無法解決，有時候也不一定是誰有問題，或是誰不肯改變，而是你們過去溝通的方法本身出了問題。包括你們說話的方式，使用的語言，說話時的表情和口氣等等，都會很快地刺激到對方，讓對方用更激烈的情緒回應，然後就變成互相攻擊，這時候你們兩人都情緒高漲，當然更無法好好討論你們之間真正的問題。」

這時候我也引用美國婚姻諮商專家高曼的研究結果告訴阿勇和

小美，高曼根據他長年的就究結果指出：批評、爭辯、輕蔑、防衛是破壞婚姻的四個致命末日騎士，婚姻若要良好維持，減少甚至停止這四個殺手的出現是第一步。

改變沒這麼容易，破壞關係的行為不斷重複出現

我先指出阿勇和小美兩人行之有年的互相攻擊的互動模式，讓他們把注意力放在這個模式上，而不是對方的問題上。會談中他們會在講述各種事件時，多次重複出現這種批評對方的言行舉止，我就提醒他們注意這行為會對對方造成的影響，也幫助雙方覺察自己正被對方的哪句話激怒了。

這階段的工作與介入會經歷很多次，因為伴侶們一定會很容易的落入誰對誰錯、誰才是問題的指責與習慣性問題歸究。例如，當我和阿勇討論如何心平氣和地和小美講事情時，結果阿勇繼續惱怒地不斷跟我細數小美更多離譜的言行，這些言行看在阿勇眼裡實在怒不可遏。

阿勇忍不住指責小美各種溺愛兒子的行為，例如，兒子明明已經蛀牙嚴重，也不帶兒子去看醫生，而且兒子想吃什麼糖果就買給他吃；晚上睡前兒子不喜歡刷牙，禁不起兒子的哭鬧就默許兒子不用刷牙就直接上床睡覺。還有平時總是任由兒子玩手機，都不會控制玩的時間，造成兒子的視力也開始出現問題……。

心理師的話

發現了伴侶的「破壞性互動模式」後，重要的是讓伴侶能

意識到他們有這習慣，而且理解這習慣才是破壞他們親密關係的主因，不要再只是聚焦在對方的個性、觀念、習慣等歸因。

會談的轉折處

外在的指責、內在的焦慮

在聆聽阿勇對小美的批評時，我感覺到他心裡有許多焦慮情緒，進一步探索後發現，阿勇因為原生家庭不美滿，長大後一心想要為自己建立起最完整的家庭生活，也為自己內化了許多非黑即白的價值觀，對家庭經營和照顧有其認為特別重要的堅持，所以阿勇自己非常努力為家庭付出奉獻，但同樣也理直氣壯地用同樣的標準要求小美和兒子。

所以當看見小美這些對兒子「教養」的行為，阿勇認為都是溺愛的表現，是導致兒子養成諸多壞習慣和不負責任個性的原兇。再加上小美生氣時動不動就指天漫罵、離家出走，以及不開店做生意的行為都讓阿勇無法忍受。夫妻的口角、家庭的紛擾、鄰居的閒言冷語，以及小美問題行為未見改善等等，都為阿勇帶來許多煩躁與不滿。阿勇認為自己是對的，就愈希望小美可以改變，小美愈不改變，他就愈生氣爆躁。每一次的生氣，就像是用盡力氣要求小美趕快改善不可，否則這個家將被摧毀。

阿勇長期來所負荷的家庭壓力，以及對個人心中家庭美滿圖像的失望，再加上工作與經濟上的困境，都不自覺地全部推卸到小美身上。環境愈混亂，心裡愈感到不安，也就愈希望能把一切都控制在自己的掌握中。但愈是如此，小美也就愈不甘受控，反而認為阿勇憑什麼如此對她大發脾氣，以致糾纏得難分難解。這種互相指控的雙人戲碼，劇情不斷重複。

階段性會談重點與注意事項

一、提升對破壞性互動模式覺察能力與改變動機

二、身心調節

也許小美不是不願意改變，也不是不在乎這段關係，只是阿勇那只會指責的方式要小美都不吭一聲也是強人所難。如果能改變和小美「講事情」的方式，相信小美也不想總是和阿勇硬碰硬。

在這個階段的工作裡，心理師要特別注意的是自己的態度，且工作的目的是指出失功能和具破壞性的互動習慣，而不是在說誰有問題，不要落入誰出現的批評比較多，誰有問題的標籤上了。

我對阿勇說：「每次看到太太那些『管教』兒子的方法都讓你無法忍受，因為你是真的擔心對兒子造成負面的影響，對不對？」

阿勇：「對！」

我接著說：「所以每一次你都很努力地向太太解釋她的教養觀念與方式會造成兒子哪些負面行為影響，希望幫忙她學習正確的教養方法，但你有沒有發現，你愈解釋你太太愈生氣，因為這會讓她覺得你都在批評她、說她做的不好、她的問題很多。這樣的溝通模式長久下來讓她很挫敗、很傷心、很難過，而且很生氣。你有看到嗎？」

阿勇再次強調小美錯誤的教養如何導致兒子的問題行為。

我提醒阿勇：「如果你繼續這樣的指控，你太太會繼續感到生氣，然後繼續對你防衛，也會繼續用激烈的情緒反應跟你對抗。」

我邀請小美說說每次聽到阿勇指責她的心情，小美說：「每次聽到後都很生氣，而且他罵人時超難聽的，我聽的超不爽的，……我為什麼要給你罵，我就會罵回去……」

我轉而告訴阿勇：「所以當你在批評小美哪裡又做不好時，會很快地激起小美的情緒，激起她的情緒後，她只想罵回去，然後你們就愈吵愈兇，你們就更沒有機會討論你最在乎的問題，你有發現這個互動方式的問題嗎？」這些對話讓阿勇暫時停止了對小美的批評與指控並陷入沉默。

沉默與等待的過程中我向阿勇強調，這些討論不是在指責他的溝通有問題，而是想讓兩人看清楚他們以前認為的「溝通方法」只會讓他們一直吵架，對解決問題和經營關係一點幫助都沒有。

後來阿勇問：「那不然要怎麼做？」彷彿一旦停止了習慣的破壞性互動模式後，就不知道道怎麼對話了似的。

我給阿勇一個思考的方向：「如果你真想幫你太太如何有效教養兒子，就必須學會用她能接受的方式來幫她克服這些難關。」

我繼續說：「你可以換個方式和小美相處，這樣她才不會整天跟你敵對，動不動就帶著兒子往娘家跑。……新方法的關鍵在於，你如何在看見小美的問題行為後能夠先安撫自己的情緒，不要一下子就變成指責和生氣，這樣才不會馬上又激起小美的情緒。」

當討論如何安撫情緒時，阿勇心裡更多複雜且豐富的情緒很快就被觸及，我邀請阿勇說說這些心情和感想。

心理師的話

這個階段的工作是持續讓伴侶們對彼此的「破壞性互動模

式」有更多覺察，然後則是進入幫助伴侶們進行「身心調節」階段，讓伴侶們有能力調節面對刺激或爭吵時的身心狀態，才能持續好好對話且不造成傷害。

會談之外，那些深埋在家庭下的種種

二人三腳的旅程

阿勇說父母在他很小的時候就離異，從小由父親獨自帶大。沒有母親陪伴的童年一直是阿勇心裡的一個遺憾，小時候的他心裡總認為父親很偉大，很辛苦；但另方面也在想媽媽為什麼會丟下他而離去呢？是他不好，還是媽媽不對？二種想法長年來在阿勇心裡不斷翻攪，不知不覺也都內化成自己的一部份：自己不好，就要表現得更好；而女人成為母親時，就應該好好管理好自己，為家庭負責。這樣的成長環境讓阿勇希望建立自己完整的家，他期許自己未來如果有機會，一定要好好經營自己的家庭。

反觀小美，在家中排行老大，她身材高挑、長相甜美，就像模特兒一樣，從小在家受父母疼愛有加，要什麼有什麼，想做什麼就做什麼，平時也幫忙照顧弟妹。在父母的尊重與支持下，漸漸養成有主見、好自由、活在當下、享受人生，以及敢怒敢言的性格。小美回顧自己從小到大，只聽自己的聲音，從不理會環境的規範，求學期間不止一次以班長的身份帶著全班集體翹課翻牆去唱歌。她亮麗的外形，加上各種不羈的言行，讓小美一直是學校的風雲人物。聊起自己過去一件件豐功偉業，小美笑容滿面，很是得意。

小美這些精彩的過往，阿勇一點也不以為意，他心裡總認為不論年輕時如何瀟灑、自在，結了婚、有了家庭和小孩就應該收斂，以家庭為重才是成熟人應有的態度。所以每當阿勇看到小美又因生氣回娘家而無法開店時，心裡總是咒罵小美都幾歲的人了，還當著小孩的面鬧脾氣，脾氣一上來說走就走、說不開店就不開店，也不擔心家裡的經濟狀況有多吃緊。不然就是直接發洩自己的不滿，把客人都嚇跑了，小孩也嚇哭了。

阿勇和小美二人不同的成長經歷，造就出不同的價值觀和人生態度，一個注重自我管理、一個強調即時行樂，如此不同的二人偏偏被老天爺湊在一塊。然而婚姻似乎總是如此，畢竟又有哪一對伴侶是完全一樣的呢？所以常有人把婚姻比喻如二人三腳的旅程，往往走得一拐一跌的，多數人都有摔過幾次大跤的經驗。但如何讓這些摔得滿身是傷的伴侶們還願意站起來繼續跌跌撞撞地走下去，也常常是件深具挑戰且有意義的事。

到底和誰結婚？自己的真理 vs. 伴侶

每個人都用自己內化的價值觀和伴侶生活，都認為自己的堅持是最好的、最正確的，甚至是最正義的，接著拿起「我是為你好、為這個家好！」的道德感，拼了命地要伴侶遵守奉行，結果常搞得伴侶深感痛苦與不被尊重，因為當我們堅持自己的道理時，就只是在和自己的道理過生活，而沒有真正的和伴侶好好相處。我們拒絕看見伴侶的獨特性，只希望伴侶活出我們自己想看見的樣子，這樣我們就覺得美好、覺得安心。這是婚姻關係常見的陷阱，而這個現象也適用在許多親子問題上，可以用來說明為何許多家長努力地為小孩提供最好的物質生活，換來的卻是小孩們認為「爸媽不愛我！」的指控。

這樣的相處其實非常破壞關係，如遇到順從者，順從久了，多數會覺得自己活得不像自己，容易在生活中迷失自己，或失去對婚姻和生命的熱情。如遇到不願順從的另一半，則往往難免大戰個幾年，若見對方仍是不願被改變，但也不想再爭吵，就變成各過各的生活，慢慢形成冷漠與疏離的關係。這都是因為為了自己堅信的真理，卻不知不覺犧牲了關係。

我向阿勇和小美反應他們兩人的關係也存在著這個狀況後，小美聽的點頭如搗蒜，直說阿勇好嚴格，一點都沒有彈性，這麼多的規則，生活一點樂趣都沒有。阿勇則堅持認為自己的觀念是正確的，認為不好的行為就是要改，不能破壞家庭生活的正當性。結果，兩人又陷入熟悉的爭論模式中……。

事情沒這麼簡單：怨與仇！

伴侶間的恩怨情仇，除了大多是日常生活的瑣事外，偶爾也會擦槍走火，不小心弄出會讓對方記恨一輩子的大事來。

每當煩躁和不滿的阿勇講起小美不當的各種言行，聽在小美耳中就像責罵與挑剔，小美很快地跳到防衛與攻擊的狀態，除了指責阿勇亂發脾氣，也為自己的行為辯護。小美內心深處就是覺得阿勇一點都不體貼她，繼續探究這樣的心情後得知，小美曾在生完小孩坐月子期間，因與公公發生口語上的誤會，阿勇覺得小美不尊重父親，直接就當著父親和來探視的友人面前打了小美幾巴掌。從小到大被父母視為掌上明珠，不曾被打過的小美從此記恨在心，再加上阿勇日後對她爆躁與不耐煩的反應，大小事件日積月累，如今聊起這個人，心裡所產生的怨恨情緒就像仇人一樣，小美說起話來咬牙切齒的。我心裡想著，原來當年這親密關係暴力的結一直卡在小美的心頭遲遲無法放下。

一般夫妻在多年的生活相處下本來就容易充滿愛恨情仇，現在又多了暴力對待的問題，更加深了彼此對對方的積怨，若是二人一起來諮商，上演的就是阿勇和小美平日的互動一樣，常常是互相爭論半天，自己除了極力辯護自己的立場，更直指對方的不是之處，二人爭相把全部的恨意全部倒出，一次次出招皆直攻對方的要害，就是要把對方打倒。這二人在爭得轟轟烈烈之際，不知不覺淪落到只在乎自己的輸贏（誰比較有理），個人的勝利和面子往往要比二人的關係來得重要，誰也沒想到，勝得這場爭論，卻可能敗了整個家庭。

心理師的話

伴侶諮商過程中，也會聽見個人的價值信念、童年經驗、過去曾發生在關係裡的創傷等等，但要記得幫助伴侶們看見的是，他們因應經驗的互動方式是如何影響著兩人關係的發展呢？例如，阿勇對美好家庭畫面的渴望不是問題，但是他批評式的表達、一板一眼式的要求，以及無法貼近小美內在感受的反應，才是造成兩人衝突不斷的關鍵。

新的希望來了嗎？

卡在紛爭不斷、膠著狀態的倆人，下一步該何去何從？

我見他們倆要嘛吵的不可開交，要嘛冷漠不語，若雙方都只等著對方改變，實在很難有進展，我不斷地想著其他的可能性，同時心裡也納悶著：**這麼生氣對方，為什麼不乾脆好好結束兩人的感情呢，好讓一家三口都快活？**心裡想著想著便說出：「既然如此，是否想過就好好地結束兩人的關係呢？否則對孩子的負面影響實在很大。」

這句話著實的吸引了這對父母的注意，小美開始長篇地跟我分享這一、二年來她觀察到的兒子的各種問題行為以及她的擔心，阿勇也在一旁附和著，並不時地補充著他看到的問題。

既然擔心兒子的成長是二人目前唯一能聚焦的共識點，我把會談方向轉成「**如何替兒子營造正向的成長環境**」。我先是和兩人分享各種關於父母爭吵可能對小孩造成哪些負面行為的知識，然後再使用他們自己衝突的事件和兒子的行為或情緒反應做對照，以此加深兩人對這個主題的印象與重視。然後我問兩人：「那你們是否願意學習如何控制自己的脾氣，盡可能地不讓自己和對方發生充滿情緒性的爭吵呢？」兩人都表示認同後，我再次向兩人說明末日四騎士的概念，鼓勵兩人可以從這個較容清楚辨視的四種行為開始學習覺察與管理自己破壞關係的言行。

後續的伴侶會談中我多次和阿勇和小美討論他們實踐的經驗。阿勇說他的方法是一直提醒自己不要在兒子面前向小美發脾氣，所以當又看不慣對方的行為時，就先忍住自己的脾氣、離開現場，盡量不再指責漫罵。阿勇笑著說：「當要特別注意停止不能再罵時，才發現自己這樣的『壞習慣』竟然如此頻繁地出現！」

而少了阿勇責罵，小美自然也沒機會再硬碰硬回嘴爭吵，二人平時相處的情況至此少了許多激烈場面，取而代之的是另一種沉默不語的不滿心情。沒吵得這麼兇，二人對峙的局面也相對消退的較快些，自然小美就不再需要帶著兒子回娘家了，小吃店可以持續營業的日子也變多了，阿勇經濟上的焦慮也稍微減緩一些。

三角關係：母親貼心的小情人

婚姻問題有時微細，有時複雜，有時又彼此糾纏，一路走來有如四處佈滿地壘，一不小心就誤踩、引爆，把婚姻裡的雙方，甚至心理師都一起炸得暈頭轉向的。有時還得謹慎因應新的戰場出現所帶來的衝擊，否則一定引來灑狗血級的大新聞。

一次會談中，會談前一天小美又和阿勇吵架，這次架吵得極兇，原因是小美認為阿勇有外遇，背著她跟外面的女人上床。阿美爆怒地帶著兒子來參加會談，並向我講訴她昨天如何帶著兒子一起去抓姦，揭穿阿勇的謊言，並再三揚言會談結束後就要帶著兒子出國去玩。

見了這對夫妻幾個月了，早就對處在他們中間的兒子感到好奇了。我利用這次機會仔細觀察著兒子和小美的互動。

坐在小美身旁的兒子不時地注意著小美的情緒反應，小美使用手機時（在用臉書向各方親友散播阿勇昨天去外面玩女人的消息），兒子就不時跟小美吵著他也要玩手機；小美憤怒地跟我講話時，兒子就坐在一旁靜靜看著媽媽；小美講到哭泣時，兒子會顯得更安靜，有時會主動詢問媽媽要不要回阿嬤家（小美的娘家）。小美聽了又是一陣窩心，一邊咒罵阿勇，一邊對兒子又親又抱的。

我以為這個兒子也喜歡回阿嬤家，問他：「喜歡回阿嬤家嗎？」沒想到小孩竟對我搖搖頭，小美緊接著告訴我：「其實兒子很不喜歡阿嬤家的人，因為阿嬤家的人會對他管東管西的，兒子平常還是比較喜歡和爸爸媽媽待在台北的家。」原來兒子這時候會貼心地這樣問媽媽，純粹只是因為他已經學會媽媽不高興時就會回娘家，所以以為只要回阿嬤家，媽媽心情就會變好。

小美除了咒罵阿勇，嘴巴上還說著：「離婚就離婚嘛（其實已經離婚了），有什麼了不起，我有兒子就好了，兒子一定會跟我。」小美緊接著低頭問兒子：「你會跟媽媽對不對，對不對！」兒子看著媽媽，臉上帶著有點不知所措的表情，然後點點頭……。

小美每次和阿勇吵架後就帶著兒子離家出走，在兒子面前生氣，也在兒子面前哭泣。不出幾年，剛滿六歲的兒子已學會如何安慰母親，如何討母親開心。小美一臉欣慰地對我說：「兒子在我難過的時候特別貼心，昨晚整夜陪著我沒睡，還不時的拿面紙給我擦眼淚。我有兒子就好了，什麼都可以不要了。」

小美的話實在讓我擔心，這個兒子不知從什麼時候開早已經成了母親的小伴侶，以及情緒的接收者。他敏感地把媽媽在婚姻中所有對爸爸的仇恨、失意、悲傷與落寞一點一滴地接收過來，這些糾結的情緒可能早已形成他心裡難以化解的心結，以至於聽說早在約二年前就開始出現不專心，對母親失控、吼叫，以及不守幼兒園規範等行為。

到底是誰需要誰？

看著小美和兒子的互動，我突然也領會到這對母子到底是誰在需要誰？當小美憤怒想離開阿勇時，便好需要兒子選擇站在她這邊，二人如果真的離婚分開了，小美實在無法接受自己一個人孤單離去，非得有兒子的陪伴不可。而平時滿足兒子的需求，似乎也是一種對兒子的討好。與其說兒子需要母親，還不如說是小美更害怕兒子不要她。

在小美和兒子二人互相緊密需要的互動下，漸漸變成兒子整天黏著媽媽不肯離開，不斷對媽媽提出需要，什麼都要媽媽幫他完成，即將上小學的他仍不願意自己上學、起床、刷牙、吃飯、洗澡、睡覺等等，全部都要媽媽幫忙完成不可。小美如果拒絕，兒子就開始哭鬧，甚至吼罵小美，或是在小美身上不停打鬧、抓頭髮。小美經不起兒子的拗鬧，看到兒子哭泣就覺得無奈、心疼，最後總是滿足兒子的要求。這也導致兒子如果有什麼事情沒完成，就可以更理直氣壯地怪罪媽媽沒幫他準備好事情。

阿勇見狀總是指責兒子都是被小美寵壞的，上述這些問題在阿勇與兒子獨處時完全不會發生，兒子怕爸爸發脾氣，爸爸一聲令下，兒子一點也不敢有意見，全部自己完成。如果在爸爸面前耍脾氣，以前阿勇就直接施以嚴厲處罰，現在則要求罰站，並剝奪兒子的各項福利，但經常仍是會伴著強烈的脾氣責罵兒子。二人也常為了這件事情吵架，阿勇怪小美寵壞小孩，小美指控阿勇對兒子太兇。

其實孩子還小時大多看不懂父母在吵什麼，只是敏感和害怕二人吵架的樣子，以及擔心看起來較弱小的那一方。所以兒子幾年來本能反應都是比較傾向想要保護媽媽、照顧媽媽，但不知不覺得用錯了方法，反把自己和媽媽更緊密地綁在一塊兒，在媽媽面前呈現出類似退化的反應，希望媽媽永遠都不要離開自己。

真實婚姻關係的進展往往是：前進二步，退後三步！

才剛以為好不容易露出曙光的這對伴侶，就被這橫空飛來的戰爭給完全攪亂了。伴侶關係問題處理的過程常常是如此，現實生活中許多婚姻關係的進展也往往是前進二步，退後三步。

我請阿勇對這件事發表意見，阿勇一手舉天、一手拍自己胸口，他向老天爺發誓和保證，自己絕對沒有發生如小美所說的在外面和女人上床的行為。阿勇也例舉各種說明，一一反駁小美先前對他的指控和證據。此時，二人又是一翻激烈的口舌攻防戰，但這次阿勇明顯地把自己的脾氣壓下來，試著要向小美說明清楚是她自己哪裡弄錯了，才會導致這次的誤會，只是小美一點也聽不進去，導致阿勇的火氣又慢慢升起。

我見狀趕緊提醒阿勇別忘了我們之前討論過的遇到衝突時先安撫自己的心情重要性，這時候的他不適合急著向小美解釋任何事情，因為正在氣頭上的小美根本完全聽不進去。我也提醒小美她現在雖然很生氣、很難過，但還是要持續注意自己那些會破壞關係的言行。只是這樣的話小美當然聽不進去，但阿勇倒是很努力地在克制自己的情緒，沒讓自己再說出毀滅性的話。

後來二人結束會談各自離開後，阿勇聽取我的建議，主動去調閱有力的監視畫面，還把畫面資料放到小美在臉書上散播的文章底下作為回應，除了讓小美看見，也順便向大家證明自己的清白。小美事後用略帶開玩笑的口氣跟我說，她覺得那些監視畫面雖可以證明阿勇當晚許多重要的時間點都是「一個人」，身旁沒有其他的女性，但誰知道其他沒拍到的時間又是什麼情況呢？雖然小美做這樣解釋，但看得出來她的當天憤怒的情緒明顯少了很多，幾天後也把在網路上漫罵阿勇玩女人的文章給刪除了。

心理師的話

讓相對理性的阿勇在這次的事件下，有機會從另一個角度看見小美和兒子之間那緊密連結的樣貌與脈絡，可以幫助阿勇鬆動原本「兒子被小美寵壞」的批評，也肯定阿勇這次使用和以前完全不同的情緒反應、問題解決方法來處理問題的進步，再次證明了「問題本身不是問題，如何因應問題才是問題」很重要。

關係中有幽谷，也有曙光

仍有需要撫平的波折……

在上一次激戰過後，連兩週兩人的生活似乎過得相對平靜與平凡，而這幾次會談中，二人也都顯得安靜許多。本以為危機終於解除了，結果幾週後阿勇來會談時卻跟我說：「心理師，我累了」。

記得我自己當時聽到後的心情除了驚訝外，也有和阿勇一樣的沮喪和疲累感，我與阿勇聊聊他心裡那「累了」的心情，阿勇說他覺得小美根本都沒有改變，還是有很多壞習慣照舊，他甚至認為小美都不會改變了。現在兩人的吵架雖然變少了，但他卻依然看不到希望。阿勇繼續說道：「我覺得我這麼辛苦為這個家付出，她根本都不珍惜，只會怪我管太多，現在她有不對的行為我也不能說她，我不知道我這麼努力到底有什麼用？」

我跟阿勇說：「你一直希望把這個家營造成你心裡那個美好的樣子，所以當你努力付出這麼多年了，太太和這個家卻仍一直沒符合這個期待時你難免感到失望。但這不代表你以前的努力和付出對這個家和小美都不重要。你們之前的爭吵大多是來自於你們互相批評的行為模式，最讓小美感到生氣且難以忍受的是你批評她的言行，所以我才會一直和你們討論如何先停止破壞性的互動模式，但這不表示小美沒看見你的付出。」

和這對伴侶服務這段時間以來，我慢慢感受到這兩個人都不想離婚，一個是還抓著圓滿家庭的夢想不肯放棄，一個是心裡有時氣歸氣，但心裡對對方和兒子也都有著頗深情感了。

我面向小美問：「妳們在一起這麼多年來，妳覺得阿勇對這個家和婚姻的經營上有什麼優點嗎？」小美聽到問題後很快地回答：「有哦，他做很多事！」我問：「可以說來聽聽嗎？」

小美開始講述這相處的十年來阿勇各種付出。小美說：「他是一位很認真的人，總是不斷在經營婚姻與家庭生活，記得小孩出生後到現在，平時不論工作再累，假日一定不忘帶著全家大大小小出遊，哪怕只是一天的時間，也非得要全家出去走走不可。而且小孩剛出生的那幾個月，每次出去為了要因應小孩的需求，都要帶齊好多東西，包括尿布、娃娃推車、小涼背、奶瓶、衛生紙等等，阿勇把它們都整齊地放進一個大背包裡，前胸背著小孩，後面背著背包，搭著捷運和公車（因為沒錢買車）到達要去渡假的目的地，而且每週都是如此。」

「而除了休閒生活的注重，他也很照顧全家人的身體健康，例如，由於認為外食不乾淨，平日三餐都盡量在家食用，但因我（小美）不懂廚藝，所以近十年來幾乎都是他親自下廚準備（小美則負責洗碗盤、鍋具）。除了盡量不外食，也會嚴格控管小孩吃圾垃食物。此外，他也照顧到我一些個人的需求，例如：生理期來臨、懷孕期間等，只要我任何時刻想吃任何東西，不論時間早晚，他一定使命必煮。還有，他也會主動注意我的各種需求和小變化，舉凡鞋子破了、衣服舊了、結婚紀念日、我的生日等等，他都會主動幫我添購新裝，準備禮物。」

在經濟方面，不論結婚或離婚期間，二人開店賺的錢一律都是交給小美管理，阿勇自己甚至沒有固定薪水，只有在需要用錢時才向小美支領需要的金額，為的也是提供小美在經濟上的安全感。

近十年的相處，阿勇一直在日常生活中以這些各種細微且貼心的行為，對小美和兒子付出愛與重視，這是阿勇想達成自己理想家庭夢想所做的努力，不知不覺中也帶給小美許多甜蜜的回憶，也為二人看似爭吵不斷的親密關係添加愛情存款。

抓住機會，進行感情增溫工作，喚醒兩人的牽繫

有些伴侶就是這麼令人不解，生活中明明有這麼多值得自己欣賞的亮點，卻從不曾好好跟對方訴說。反而說出來的話都是質問對方哪裡做不好、哪裡做不夠，弄得整屋子烏煙瘴氣的。如果能好好訴說這些美妙的時刻，其實都能大大滋養關係中的友誼分數，雙方便可以藉著這樣的友誼，好好處理關係中真正要面對的問題。所以在小美的陳述過後，我把握機會深化兩人這些美好的經驗。

我對小美說：「妳剛說阿勇這些年來對妳的各種付出，妳知道為什麼這些讓妳感覺如此甜蜜與美好嗎？」

小美：「就你的需要被另一個人都考慮到、照顧到的那種感覺吧。」

我：「那種需要都被照顧到的感覺是什麼？」

小美：「就很感動、很安心、很有安全感，也有被了解然後保

護著的感覺……」

我：「所以他那些細膩且表達在乎的行為會讓妳有一種被了解且保護著的安全感，這在妳心裡產生一種安定感，也讓妳感到幸福，妳認為這些在婚姻裡都是很重要的意義與價值，是嗎？」

小美：「（點頭微笑）是」

此刻阿勇在一旁露出難得的自信和喜悅的笑容。而我仍是向阿勇核對他的知覺，確認他是否聽懂並收到小美表達的正向經驗與對他的肯定。

我說：「你有聽她這樣說過嗎？原來你的這些付出和努力對她來說是這麼重要且有價值的？」

阿勇：「沒有，不過我本來就是會這樣做的人。」

我：「這些你本來就會做的事情，卻也在她心裡產生這麼重要且有意義的正向感受，這個你知道嗎？」

阿勇：「不知道。」

我：「那你剛剛聽她這樣講的時候，你心裡的反應是什麼？我看到你剛剛在聽的時候，嘴角有在微笑。」

阿勇：「就開心吧。」

我：「可以說說這個開心嗎？就剛才她說的這些話裡，哪些地方讓你覺得開心？」

阿勇：「嗯……就發現原來我以前這些付出，她都有感受到，有種努力被看見的感覺……（沉默）……（眼眶漸漸泛紅）」

我請阿勇感受一會兒這當下的心情，並試著說出來。

阿勇：「就努力被看見時也覺得這樣的付出和努力被肯定吧，……然後聽她說那些感覺的時候，當下有覺得像是真正的家人，互相了解、互相扶持的感動。」

我：「而且就你剛才也聽到的，這些感受對她來說很重要，也很有意義，對不對，這也讓你有像家人一樣連結在一起的感覺。」

阿勇：「嗯（點頭）」

這次的諮商彷彿讓阿勇原本疲累的身心獲得了一次有意義且重要的釋放，也讓他原本焦慮與易怒的情緒暫時減緩不少。另一方面也幫助小美喚醒心中那曾經被阿勇好好照顧的感動經驗。更珍貴的，是讓兩人都經驗到自己內心深處的聲音被對方聽到，並了解的可能性，那曾經早已存在兩人之間的牽繫也再次連結起來。

乘風而行，化險為夷

我想阿勇和小美都不是壞人，也不是真的把對方當敵人，只是都被自己的投射，以及事後發生的戰火和憤怒遮蔽了雙眼，在一連串的歸因謬誤與錯誤知覺下，最終看不見對方真正的樣子。

爾後我不斷在伴侶諮商中做幾件事，包括：反應雙方小小的改變讓對方看見；澄清雙方對對方的誤解，是否又出現哪些不利的歸因了？如何與對方核對；引導雙方確實表達自己的感受與想法，並讓彼此體會對方的立場和心情，接觸對方內在真正的渴望與夢想，而不要只是在表面的問題行為情緒化反應；當然也要適時的給彼此加油打氣等等。

例如，我對阿勇說：「其實多數時候小美是生氣你用指責的語氣和她溝通，不然她其實也很擔心兒子在她面前什麼事都依賴她、什麼都怪罪於她，甚至還打她，小美也認為兒子這些反應似乎有些嚴重。所以她其實是認同你這些關於家庭經營與教養觀念的，你有發現嗎？」

我也對小美說：「妳是不是也認同兒子這些問題需被盡快改

善，但當阿勇用指責的口氣面對妳的時候，妳除了生氣外，在心理上也不想靠近他。」

我也不斷找尋可以提升兩人合作的機會。

我對小美說：「雖然過去妳在面對阿勇的指責時，心裡那口氣燕就是不下去，但妳其實也知道妳先生比較管得住兒子，所以當兒子不聽妳的話，在跟妳鬧脾氣時，妳有時也希望先生這時候如果能即時出現幫點忙，兒子當下的問題馬上就能獲得改善，妳也可以節省很多力氣與時間，對不對？」

我對阿勇說：「你知道嗎？其實小美也是希望你能幫忙她的，因為這會讓她再次感受到以前那種被你照顧的感覺。所以當你只是批評她時，這樣的否定會讓她很痛苦，這對她的影響很大。過去每一次她離家出走返回娘家，是在逃避被你指責時那心裡的痛苦，也許她並不是你想的那麼不負責任。所以，只要你持續改變跟她說話的方式，很多事情她都很想跟你好好討論怎麼解決的，這也是她心理的期待，你知道嗎？」

心理師的話

這些主題經過多次的討論與確認後，阿勇漸漸能理解小美許多教養觀念其實跟他類似，小美也從不同的角度理解阿勇經營家庭的理念。兩人都一點一滴地增加被對方理解的感受時，阿勇的防衛與焦慮便能稍微降低一些，這有助於阿勇更有效地先調節自己的情緒；情緒調節成功的阿勇，批評小美的言行也大大改善，小美便再也不需要因為逃避被指責與生氣而輕易地帶兒子離家出走，更重要的是兩人也開始嘗試一起合作教養小孩。例如，自從阿勇開始承諾不體罰兒子後，每當阿勇在管教兒子的問題行為時，小美絕不介入干擾。小美不介入後，阿勇覺得被尊重，小美更是樂得輕鬆，夫妻兩人更能一起共享兒子問題行為漸漸改善的果實。

期許

我與這對伴侶最後一個月的諮商中，雖然他們有些時候仍會「帶著對方的問題」來向我告狀，但二人上述的工作與改變都持續地不斷在發生，也愈來愈能心平氣和的看見對方的不一樣，而不是像以前的否定與批評。我想，他們的關係還是很有潛力的。畢竟，在關係中遇到困難是必然的，但只要雙方都願意改變自己，就會為事情帶來新的可能性，便有機會化險為夷！

心理師的話

在這段阿勇與小美伴侶工作的歷程裡，我們一起經歷了：發現伴侶間破壞性互動模式、提升雙方對破壞性互動模式覺察能力、提升改變動機、看見理想伴侶的婚姻陷阱、療癒婚姻中的新舊創傷，以及感情增溫工作等階段。每個階段都是在阿勇與小美帶著各種負面情緒和心裡的傷的情況下，透過諮商師、關係問句的應用，幫助他們看懂存在於兩人之間的各種交織與影響（感情的牽繫），進而體驗到在心深處的連結。當人能在生命深處再次產生碰觸與交流時，常常可以在關係幽谷中看見曙光的出現。

作者簡介

王國仲　諮商心理師

現職

- 看見心理治療所／諮商心理師
- 創予國際管理顧問股份有限公司／諮商心理師
- 台灣力人關係促進協會／外聘督導、合作講師
- 新北市社會局家防中心／處遇人員
- 立心慈善基金會、家庭教育中心／親職教育處遇人員、兒童輔導員
- 善牧基金會／合作心理師

專業認證

- 中華民國「諮商心理師」證照（諮心字 001311 號）
- 薩提爾模式「婚姻與家庭治療師」專業認證
- 趙文滔心理師伴侶諮商業訓練結業
- 趙文滔心理師伴侶諮商督導班結業並持續進修中

專長

- 伴侶諮商（外遇／衝突／分手／離婚／溝通／關係經營／關係修復／原生家庭與創傷）
- 家暴相關議題（創傷復原／關係修復／自我照顧／家暴法令）
- 兒童成長團體
- 個人自我探索、接納與成長
- 家暴相對人輔導

案例六

家有猛獸青少年

父母婚姻治療的關係轉化歷程

● 作者：梁淑娟 諮商心理師

婚姻諮商是一場夫妻關係改變的旅程，它不是一個奇蹟的發生，而是從症狀的探索逐步進入到關係動力的覺察與理解，再到關係轉化的實踐歷程。對婚姻諮商師而言，治療過程必須維持在一條系統觀的所思、所見、所行之路上。本案例中來談夫妻一開始主要是因青少年兒子的暴力行為求助家庭治療，過程中逐漸理解到夫妻間的配合與婚姻關係的和諧是孩子問題解決的關鍵因素，於是轉移到婚姻關係的處遇。「活現」（enactment）、「階層界線」（hierarchy boundary）、「三角關係」（triangulation）、「互補性」（complementarity）、「原生家庭經驗」（influence of original fumily）、「伴侶牽繫與增溫」（bonds）是本案例中最重要的理論概念與技術基礎。

馴獸家庭！孩子跳上父母一方的肩膀成為巨人

這是一個孩子被診斷為過動症（ADHD）有暴力傾向的青少年家庭。父母是假日夫妻，母親是公務員，父親是機構高階主管，兩人因為無法有效處理行為失控的兒子，而被醫院精神科醫生轉介至諮商所接受家庭與婚姻治療這也是諮商所常見的典型青少年家庭案例，父母無法處理情緒失控與行為暴走的青少年孩子，經歷多年折騰後，帶著沮喪、無助與羞愧感來到諮商所求助，表示孩子上了國中後突然從一個原本聽話且乖巧懂事的孩子一百八十度轉變成一個不受教，並且開始忤逆父母的失控少年。孩子經醫師診斷為過動症（ADHD），醫師除了開立處方要求孩子用藥外，並建議父母帶孩子去做家庭治療，全家好好進行一番親子溝通。

初次見這個家庭印象非常深刻，因為這是一個擁有高社經地位且高文化水平的家庭，母親在公部門工作，父親則是高管，會談互動過程中，父母的言談舉止以及待人處事都保有一定的禮貌與修養，連這位所謂「失控少年」都令人讚賞：他對諮商師非常有禮貌，端正坐在會談室的椅子上專注地聆聽諮商師的問題；他反應機靈敏捷，無論談什麼都對答如流，並且引經據典、鉅細靡遺告訴諮商師相關的訊息，像個小博士般極討人喜歡，只是不知道為何他會成為父母眼中行為失控的孩子？

究竟發生什麼事，讓他們全家得來這裡接受治療？

治療從症狀的探究開始

孩子不否認父母對於他的忤逆尊長與挑戰父母權威的指控，但卻堅定表示自己的暴怒行為是有道理的，並強烈抗議母親對他的學習安排與生活作息的過度管控，特別是上網玩遊戲時間的嚴格監管更讓他抓狂，他要求取回自己生活的主控權，他說：「我才是自己生命的主宰者，你們沒有資格監管我的生命！」他愈講愈激動，煩躁與怒氣一下子竄滿了整個會談室，他怒視著母親，母親則用力壓抑住自己內在的焦慮，繼續使勁地向諮商師闡述孩子在家中的各種失信與失控行為，證明她的管控有其正當性，雙方你一來我一往地為自己的行為爭辯不休。

突然間，這位彬彬有禮的少年一個大轉變地從椅子上暴跳起來，並指著母親不停飆罵，父親見狀立馬跳出來嚴厲制止他，但孩子卻緊纏著父母不放爭吵不休，並且更加用力嘶吼怒罵，只見父母節節敗退，孩子像頭野獸完全不受控的失序行為著實就在諮商室中上演，並且愈來愈失控。經歷一輪家庭舞蹈戲碼活現（enactment）後，我很嚴肅地制止孩子的無禮行為，並要求他暫先離開會談室，待情緒適度調節後再回來參與會談。

心理師的話

監管青少年孩子的學習與作息是一般父母都會有的行為，也是父母職責的一部分，但何以這位青少年孩子會出現如此暴怒的反應？又為何他總是針對母親攻擊？為何這對溫文儒雅的父母會養出如此暴戾的少年？又為何這麼有能力且高成就的一對父母會被一個青少年孩子打得落花流水且陷入恐慌與百病纏身中？這些疑問是我當時在會談現場的疑惑，也是未來需要進一步探索的部分。

家庭在治療現場演出親子權力位階的失衡，父母失去應有的權威

父母管教不同調

我與父母的會談持續進行，這對父母你一言我一語相互補充地告訴我他們家庭的紛擾情況，原來妻子是個很有責任感的焦慮母親，非常看重孩子的學習與成長，但管教方式較嚴厲且具侵入性，進入青春期需要有自主空間的兒子開始跟她對抗。父親則比較寬容與放手，只要與兒子談妥生活規則後，便會由著孩子自我管理。因此，父母間管教的不同調也反映了父母合作上的阻礙。這時我不禁想：「**父母的不同調與孩子的失控行為是否有關？又有何相關呢？**」

反覆出現三角連鎖互動模式（triangulation）

深入理解原來這是一個「假日家庭」，平日母親在另一個縣市工作，父子倆則獨自相處一起生活，平時孩子的生活作息多能配合父親所訂之規矩執行並無紛擾，但是只要假日母親一回到家就全亂了套，兒子會糾纏著母親要求延長看電視、玩遊戲或上網的時間，只要母親不允許，母子倆便會掉入爭吵，且隨著時間推移爭吵愈加劇烈。

接著，兒子便對不願意妥協的母親開始出言不遜飆罵髒話，這引爆了父親這顆地雷，因他無法忍受孩子對父母的失禮羞辱，於是立即加入母子戰場嚴厲斥責兒子，可惜父親的舉動並未能成功制服兒子，反而引來兒子更加對立的反抗行徑，父親也更用力地壓制他，父子倆的衝突逐漸升高，母親眼見父子雙雙失控，暴力一觸即

發，便跪求孩子的父親說：「請你就放手別管了，為何你要把事情愈搞愈亂！」兒子見狀更加囂張羞辱母親，當然反過來更加激怒父親，父子衝突更形嚴重，最後兒子不但怒罵母親，也用髒話開罵父親，父親激動作勢要打兒子，就在這樣的混亂中，母親總是試圖拉開父子間的纏鬥，阻擋暴力衝突的發生，最終父親會憤而離開現場，徒留下傷心的母親妥協於兒子的予取予求，一場家庭的混戰才終於落幕。如此的家庭戲碼周而復始地上演，父親非常挫敗，母親也掉入憂鬱與恐慌的深淵不可自拔。

「為何在親子三人之間的糾纏中，妻子選擇的是保護兒子推開丈夫？她最深層的恐懼究竟是什麼？一向溫和理性的丈夫又為何會如此失控地痛斥兒子並離棄妻子？那麼他最深層的害怕又是什麼呢？」我思忖。

夫妻在解決孩子問題過程所發展的相互指責之互動模式是他們無法有效成功管教孩子的最重僵局，如此相互應對模式背後的創傷與痛點需要被理解才能打破原來無效的互動模式。

相互罪責的循環互動模式（complementarity）

「請你幫我忙！但不要用這種方式！」「我幫妳忙，卻被妳趕走！」

這對父母承認他們彼此在處理孩子的失控行為上不但不成功，還導致夫妻間的矛盾與裂痕加大。在會談中，我觀察到這對夫妻處理孩子行為問題的方式非但無合作，還出現相互指責模式，並形成孩子行為失控與夫妻關係失和的惡性循環：即無力管控兒子焦慮的妻子要求丈夫協助處理暴怒的兒子；丈夫處理兒子時的失控行徑引發妻子更大的焦慮，使得妻子反過來保護兒子制止丈夫的管教，兒子則跳上母親的肩膀成為一頭予取予求的巨獸；為父尊嚴盡失的丈夫怨恨妻子的不合作，怒而退出管教，夫妻關係逐漸出現裂痕，不但父母做不成，連夫妻也失去過往曾有的親密。

心理師的話

至此已經很清楚看到這個家庭的關係模式，即當孩子出問題最需要父母合作處理時，父母卻處在對峙狀態，不但無法成功處理孩子的問題，還惡化孩子的症狀。父母如何合拍共同處理孩子給的挑戰是核心的關鍵因素。因此，後續治療工作需要更深入探索父母的互動模式如何阻礙他們處理孩子的問題，以及造成這種對峙的夫妻關係之前世今生的發展脈絡，方能後續有效帶動互動模式的改變。

夫妻代際關係的前世今生之探討

「能做成夫妻才能當成功的父母」，究竟這對夫妻之間發了什麼？他們各自從原生家庭中帶入什麼到婚姻中影響他們當父母？三個世代家族關係的前世今生需要被深入探索。

雖然在第一次會談後，我邀請夫妻再次一起出席會談，商討如何處理孩子的對立反抗行為，但連著幾次會談都是妻子獨自出席，不但丈夫拒絕參與，妻子也選擇迴避面對憤怒的丈夫。

兒子是我的職責，成為嚴厲的母親

會談中，妻子表示她覺得需要先處理自身的恐慌症，但她不想用藥，並期待能透過自身狀態的梳理以及情緒的適當調節帶出家庭的改變。幾次會談過程中，她的話題總是圍繞在兒子身上，心思從未分秒離開過兒子，兒子是她這輩子的職責，她自責：「我是個失敗的母親！」，懺悔過去以來對孩子的管教過於嚴苛，總是疾言厲色不給孩子留任何情面，導致兒子如今出現無理取鬧的叛逆行為，她感到很抱歉，也很沮喪。

破解家族男人厄運的魔咒

我領著她進入原生家庭經驗的探究，發現原來妻子家族中的男人都有著難以向外人道的羞愧歷史：祖父的吸毒偷竊入獄，父親酗酒家暴母親，弟弟的抑鬱自殺身亡……。孤苦無依的母親一人獨自承擔所有的紛爭與苦難，因為身為家中長女，她不得不協助分擔母親的重擔，生活就這樣一直在危機中不斷尋求問題的解決中度過，這些悲苦終於在父母都離世後，以及她個人奮發圖強努力讀書考取高考成為公務員而有了目前的成就、稍有安頓，但沒想到又來了兒子的問題，她覺得人生很艱苦。在探討原生家庭經驗如何影響她成為一位母親，她終於頓悟原來自己內心藏著一個巨大的恐懼，深怕自己唯一的兒子重蹈家族中男人的厄運，因此她說：「無論如何我一定要盡最大力量守護孩子並解除家族魔咒，而嚴格監管就是最好的策略！」

我再度請妻子邀約丈夫一同出席會談，讓丈夫給予她「當母親」的力量，但妻子雖然表面上表示認同，實際上則對於一起出席會談似乎仍有所顧慮。

丈夫的原生家庭價值遺產——百善孝為先

昔日父子相依為伴，今日怒目成敵

夫妻仍未一起出席會談，反倒是丈夫預約了個人諮商，主要係因他的抑鬱逼著也去見精神科醫師，同時身體也出現嚴重三高症狀，家庭混亂的這段時間他身心深受煎熬，他很明白未解決的家庭問題是這些症狀的主因。丈夫表示無法與妻子共同出席會談是因為他對於妻子願意配合他的管教方式做出改變並無信心，他們共同處理孩子狀況的經驗一再重複失敗，他已感到心灰意冷。談起他與兒子的關係他感到痛心與遺憾，畢竟兒子是他從小陪伴長大，在妻子不在家的時段，父子相依為伴，共同度過許多美好時光，如今這一切全變了調：「難道我結錯婚，娶錯妻，生錯子了嗎？」，他過去自豪的世界全垮了。

扇枕溫席，百善孝為先

當探索丈夫的原生家庭經驗對他為父的影響時，丈夫述說自己成長在一個父母關係和諧並給孩子相當自主性的家庭；奉守「百善孝為先」的祖訓，家中孩子可以發揮任何他想做的事，但唯一原則是把孝順父母擺在第一位，所以當他見兒子猖狂怒罵妻子時，整個人怒火中燒，覺得自己是個失敗的父親，愧對列祖列宗，當時第一個反應就是嚴厲訓斥與制止兒子的不孝行為，只是他的教子行為並未得到在場妻子的支持，相反地，妻子竟阻止他並哀求他離開，這個扯後腿的動作讓他無法成功執行父職，他感到氣憤與不諒解。會談過程他終於體悟也許是這個堅實的人生信念，也是對家族的隱形忠誠；而成為家族價值的守護者讓他當下不知不覺離開父親角色，掉入與兒子對戰的陷阱中，致使他無法以父親的角色有效地教育孩子。但如今家庭糾結關係已經演變得更加複雜，非簡單一個重返父親角色足以解開。這其中牽涉的並非只是父親角色未發揮的問題，而是父母間沒有合作以及夫妻關係沒有搭配好的困境。

在思考如何協助他們成為一對適配的夫妻前，我一直未放棄父母一同出席會談的努力，我鼓勵丈夫邀約妻子出席會談，學習成為一對合作的父母，希望能讓他們先經驗一點成功的滋味，並帶著希望往前邁進。

心理師的話

當時我納悶為何這位母親需要這麼嚴格管控兒子，經過探索我這才了解妻子的原生家庭經驗讓她得扮演如此保護又控制的母親角色。焦慮的妻子無形中承載著來自家族世代傳遞的創傷。同時，也該思考丈夫又承受什麼樣的家族重負，又如何影響他成為一位父親。

我發現，這位溫和又理性的父親，在看到妻兒陷入糾纏時，竟未展現出一家之主的沉靜穩重，協助焦慮的妻子遠離與心懷煩惱的青少年兒子的衝突，卻反而選擇加入這場混亂。我深刻感受到丈夫背後有著某種深層的驅動力，讓他無法保持冷靜與理性，經過探索，我發現那個驅動力來自丈夫原生家庭所秉持的「孝順」理念。。

至此，可以理解夫妻個別的原生家庭經驗深深影響他們如何扮演為父或為母的角色，這部分的領會未來也必須再帶回夫妻會談中做深入的對話，協助夫妻更多的相互理解與支持。我等待著夫妻再度同來尋求聯合會談，但我的臨床經驗告訴我通常會是在下一次的家庭危機時。

果然再次見到他們是家庭陷入最絕望的時刻，這是危機也可能是一次的轉機，我嘗試為他們尋找有利的資源重建父母權威，期待他們透過嚐到成功的教子經驗的成就感，啟動二人面對夫妻關係問題的能量。

家庭危機四伏：消失的父母與分裂的夫妻

家庭戰火下的絕望

終於這對夫妻再度一起現身會談室，但這已經是距離上一次與這個家庭接觸半年後的事了。再次驅使他們前來的主要原因是父子發生嚴重的暴力衝突，他們真的打起來了，鄰居撥打了一一〇報警，警察來到家裡才暫時平息衝突。但妻子對於此事件深感不安，她責怪丈夫行為太荒唐，認為做父親的不該跟孩子打架，她擔心孩子會因此對父母產生更多的怨懟；丈夫則憤恨妻子離棄他，辜負他對整個家的用心與對孩子的苦心，他並抱怨妻子一直以來總是要求他協助完成她給兒子的任務，但卻又不認同他的做法，老是把他為人父的權威打掉，致使他與兒子的關係裂縫愈來愈加深，他已經絕望並打算出走，他說：「我會獨自離家過自己修行的生活，這次會談是最後一次的嘗試了！」，這是他對關係修復給出的最後一次機會，他明白表示如果妻子依舊無法跟他合作，他只能選擇放棄兒子，放棄婚姻，放棄這個家，獨自療傷；在一旁聽著丈夫說著喪氣話的妻子臉色愈來愈凝重，她垂頭掉淚無望地說：「我慌了，我不知道該怎麼辦，我的家就要沒了！」

我看著這對絕望的夫妻，心裡為他們著急，也為他們感到深深的悲哀，同時我自己也感受到身為家族治療師的壓力：「究竟要怎麼面對這個局面才能讓這個家庭起死回生呢？」在這樣的張力下，我清楚聽到眼前夫妻的吶喊：「這次是我們給自己最後一搏的機會了」。我對自己說：「帶出希望感是我目前最重要任務！」

絕地逢生

一個令人稱羨的高成就家庭竟然在兒子上國中後的短短兩年內，從一個和諧的家庭演變成暴力並瀕臨解組的家庭，他們正陷入家庭危機的恐懼中不知所措。面對這個家庭，我知道我得重整諮商步伐並謹慎思考該如何一步步重新修補家庭裂縫。其中停止家庭暴力的再度發生是首要任務，而強化「親職責任」是凝聚父母影響力並停止家庭暴力的最佳方法，我試著在會談中強調父母有責任負起零暴力的發生，無論他們用什麼方法都要阻止這種憾事的再度被啟動。

我鼓勵父母有效地運用這次暴力衝突的求助經驗，讓這些外部系統的力量成為提升他們做為父母理應擁有的權威之墊腳石，要他們與這些系統合作，反覆讓兒子知道倘若他再繼續出現打壞家具、毀損電腦，毆打或口語暴力父母，為了保護他的健康成長與家人的安全，父母最後只能選擇強制將他送醫住院接受心理治療，或者他若不是因為是精神狀態有問題而是故意暴力挑釁並情緒勒索，那麼通報家暴中心，讓他及早接受矯治並負起自身的責任也是父母需要採取的另一種行動選擇。丈夫很高興諮商師的提議與支持，他說他感受到一股強大的支持力量正在滋長，妻子雖然先有遲疑，但是在討論過程中透過情感的釋放並在丈夫的情緒支持下，她逐漸體悟到這也許是為母者應該採取的行動，她不該濫情失去理性袒護兒子往失控的巨獸發展，夫妻倆決定找良辰吉時告知兒子他們做為父母的計劃與決定。我看到父母間的合作正在開始發生，同時也感受到他們對於家的重新組織燃起希望。

心理師的話

作為心理師，從這次的家庭危機我觀察到這對夫妻依舊處在「一減一小於零」的舊模式中不斷相互競爭與責怪，削弱他們自身作為父母的權威，也破壞夫妻之間的情感連結。這樣的負向互動模式嚴重損害家庭功能的運作。在這種諮商的張力下，我清楚認知必須想方設法協助他們重建信任與合作，拉近彼此的關係距離，以強化父母的角色，為孩子創造一個更加穩定的環境。

父母聯盟合體，重建親子階層

認清三角循環模式：母的補償、兒子的勒索、父的指責

夫妻持續參與會談，我依舊聚焦父母次系統工作，會談過程丈夫反覆重述過往妻子不跟他合作是他們教子失敗的主因；妻子則表達她認同丈夫對親子互動的觀察以及他教子之道，但她怎麼都做不到自己承諾要配合的部分，她說她實在是太害怕父子間一不小心擦

搶走火的暴力發生，以及兒子對她承諾的事無法確實實踐的擔憂，因而她總是很難以適時放手，讓比她更能發揮父母效能的丈夫獨自處理孩子的行為。

與此同時，她對於過去對兒子過度嚴苛的行為深感愧疚，在補償心態下，她與兒子的纏鬥最後總是自己束手就縛，讓兒子綁架勒索，並背離對丈夫教子策略的支持承諾。妻子表示她確實看到自己對待兒子的行為模式就像鐘擺效應，從嚴厲的極端擺盪到縱容的另一極端，導致兒子的瘋狂行為愈加混亂，丈夫也愈感無力與挫敗，連她自身也愈來愈抑鬱，她對於這一切感到自責，並且愈來愈害怕回家面對兒子對她的考驗與折磨，她說也許該離開家的人是她而非丈夫。

誰的責任？連動的齒輪

從系統的角度來看，其實這並非全是妻子一個人的錯誤與責任！丈夫很明白妻子的心態與恐懼如何造成她對兒子的過度控制，但是他並不知道他其實該做的是安撫過度焦慮的妻子，而非只是數落妻子教子的錯誤，並誤以為自己的作為是支持妻子，殊不知其實他的作為正是擴大妻子的焦慮，使得一切往失控的方向發展。

我幫助丈夫看到孤單無助的妻子在為母上需要他的另一種協助，並鼓勵丈夫給妻子力量，別離棄她；我也鼓勵妻子依賴丈夫的智慧，並告訴她：她沒有理由不信任平時可以把孩子維持在正常軌道上為人父的丈夫。他們兩個需要先相互調整重新合體，建立父母聯盟陣線，才能成功幫助孩子成長。這次的會談，妻子感受到她的需要被深深理解，而丈夫則重新理解自己在協助妻子的作為上所需要的調整。雖然如此，我不確定他們是否真的在此次的會談裡接收到重新啟動成為一對合作神隊友父母所需要的足夠養分？但我期盼著。

父母成功合體，一針強心劑

後續夫妻持續依約參與會談，這次他們很開心地告訴我，他們明白地告知兒子關於他的暴力行為父母的處理原則與計畫，並且這個原則的堅持在兒子的行為上確實起了作用。兒子這幾週來很收斂自己的行為，並能在父母規範網路使用時限內下線，不再出現討價還價「很魯」的行為。夫妻並提及他們是如何掙扎地通過「父母聯盟合體」的考驗。原來週末妻子從工作崗位回到家，見到兒子上線玩遊戲時，她一如往昔擔心兒子無法遵守承諾於約定的時間內下線，因此總還是會不斷干擾兒子的遊戲過程，反覆提醒他準時下線，兒子的線上遊戲也因此不斷被打擾，終於他煩躁的脾氣又竄升上來並且故意大唱反調大聲吼母親：「別吵啦，我要玩到爽才會下線！」，這使得為母的妻子又開始焦躁起來，並且更加打斷兒子的遊戲，不斷確認他的說法是否為真，來安頓自己的焦慮。丈夫見母子戲碼又上演，他喊了妻子跟著他回房去睡覺別再纏著兒子，但妻子依舊焦慮地難以離開兒子，掙扎了半個小時後，妻子終於努力離開現場回到丈夫身邊，丈夫一邊安撫她焦慮的情緒，一邊教導她要信任兒子，給兒子學習自我管理的空間。幾度掙扎後，兩人逐漸在房間內靜待兒子的行為回應。

出乎預料之外，兒子確實依照約定的網路使用時限內主動下線，這讓焦慮的妻子鬆了一大口氣，夫妻倆終於經驗兩人同一陣線成功馴服孩子的經歷，這個經驗確實讓他們在當父母的角色上得到很大的鼓舞與信心。我問妻子為何這次能信任丈夫？她說：「我深刻體會我非改變不可，否則我將同時失去兒子與丈夫，我一直想避免的厄運也終將降臨！」。我也問丈夫何以他這次能堅定不加入母子戰場，並且能順利將妻子帶離現場？丈夫說：「我為父的尊嚴有被支持，諮商給我力量，讓我再次有力量為妻子、為兒子、為我的家庭努力，因為他們也是我的全部！」我很開心見證他們這次的成功合體，成為一起合作的父母！

心理師的話

從劃清親子權力位階界線到父母重新合體，我的目標是讓這對衝突不斷的夫妻學習成為彼此的資源，從競爭模式轉化為合作模式，創造成功的教子經驗。

然而，當能成功讓孩子安頓在自己的角色後，緊接會出現的另一個挑戰是：當父母不再圍繞著兒子的行為打轉時，夫妻之間的連結能否維持？如果夫妻之間缺乏足夠的情感基礎，兒子過去作為家庭黏著劑的角色消失後，婚姻可能會面臨新的危機。

因此，去三角化之後，需要深入探討夫妻關係的本質，並重新評估與探索婚姻治療的切入點，為這段關係找到新的突破口。至此，諮商工作逐漸從父母次系統轉移到夫妻次系統。

傾斜的婚姻關係：妻子管控／丈夫配合

女皇與態臣，兒子是父親的武士

往後的會談逐漸聚焦婚姻關係，妻子有她執著的生活信念，丈夫一般是順從配合。丈夫表示他很欣賞也感恩妻子對家的盡心盡責，只是覺得妻子對她自己太苛刻，從不允許自己有任何的享受，他說：「她就像是苦行僧！」。丈夫因覺得妻子從小生活夠苦了不忍傷她心，同時他自己也不喜歡衝突，所以多數時候選擇包容與配合妻子的各種要求，即便有時候實在覺得妻子的作為太過不合情理。

妻子承認自己在婚姻中確實像個「女皇」，總是要丈夫與兒子聽從她的指令，因為她是個很有紀律且自我要求很嚴謹的人，她堅定相信自己的生活信念合乎正確人倫理念。這次丈夫終於忍不住對於妻子長久來「疑神疑鬼」的行徑提出抗議。

身為婚姻治療師的我很高興這個時刻的出現，我放大丈夫的聲音，要他把他的話說明白讓妻子聽清楚。他說妻子一直以來每天都會打電話督促他們父子倆完成她所期待的任務，並且總要他們報告每天的生活行蹤，他覺得很疲累與不舒服，他不理解為何妻子對他如此沒有信心。兒子偶爾也會嘟嘟囔囔母親太控制人、很煩人。原來在生活中，妻子對兒子的不信任與監管也同樣發生在丈夫身上，也許某種程度上，兒子對母親的反抗也是在為父親表達他為夫的對妻子的抗議！

潛意識天衣無縫的陰陽運作

我們終於有機會掀開婚姻關係的帷幕一探裡面的風景，並深入探究雙方的原生家庭經驗如何影響他們成為一個妻子與丈夫。原來妻子因為經歷原生家中各種關係創傷經驗，她見證了母親的苦，同時自己也跟著受苦，母親經常叮嚀她若找不到好男人嫁，就寧可單身也別結婚，無論如何絕對不要重蹈她悲慘的婚姻。她非常認同母親，心裡一直想翻轉母親的苦難人生，她要成為一個不一樣的女性。

諮商過程中，她終於發現原來她生活中所做的一切努力都只是為了避免重蹈過去生命中的災難，她並說生活中的任何一點享受都會讓她有很深的罪惡感，因為她的母親從未有過好日子，她也沒有權利享受好生活。她的信念讓她在伴侶關係中成為過度掌控的人，致使跟她生活的人都感到強烈的被壓迫感——不是選擇屈服（例如丈夫），就是選擇對抗（例如兒子）。

探索丈夫的原生家庭經驗時，丈夫表示自己的父母恪守傳統父權體制下，男尊女卑的夫妻模式：母親沒有太多聲音，多數配合父親的計畫，他們少有表面上的衝突，但他知道母親受很多的委屈，常見她偷偷地哭泣，因此他不希望自己的妻子如同他的母親一樣受委屈，加上他知道妻子從小生長在一個很不幸的家庭，所以他一心只想更加愛護妻子，這就是為何在婚姻關係中他總是處處忍讓、凡事配合。丈夫邀請妻子重新建造一個更好的生活，他期望妻子能放鬆心情好好享受生活，因為他們擁有座落在美麗山景的舒適房子，有足夠的財富吃好穿好，實在不需要如此虧待自己。

心理師的話

談到這裡夫妻倆好像對於家庭關係何以發展至今的僵局有了更多體悟，但下一個問題是：「要他們改變習慣性的互動模式容易嗎？諮商師要怎麼推動改變呢？」首先協助夫妻揚棄舊模式，並重新打造一個新的有效的互動模式，這個任務需要從諮商室中開始練習做起，並推延至日常生活中的實踐，從不習慣到變成關係中的常態。

重新當夫妻、做父母

重新學習有效的夫妻互動舞步

我開始努力在婚姻治療的會談中嘗試邀請夫妻改變他們長久來養成的「妻下令／夫服從」的互動模式，並邀請妻子試著在開始質疑丈夫的做法，並堅持要丈夫按照她的方式處理孩子與家庭事務時，能提醒自己暫先放下既定的想法，先聽聽丈夫的觀點。同時，我也建議很快即退讓、妥協的丈夫能說出內心真實的感受，並爭取做事空間。這樣的挑戰有時確實讓夫妻雙方都感到很為難，特別是妻子會感到不舒服，因為好像在指稱強勢的她是壞人，但其實這是夫妻相互牽動的結果，也就是丈夫的隱忍當「好人」造就了「惡人」妻子，是他的「軟弱」逼著妻子得「強勢」，他們彼此相互影響，這即是陰陽相互消長的互補原理。

此外，我要求丈夫對妻子說真心話也同樣不容易，因為丈夫保護妻子脆弱的心勝過於自己的尊嚴。我就只能反覆來回穿梭在他們的對話與互動中，不斷調整這種傾斜的婚姻形狀，希望他們有機會經驗伴侶關係中能有的尊重與親密感。

怪獸巨嬰變回美少年

終於這天妻子接受丈夫的邀請放下兒子自己一個人在家自主生活，他們兩個人去了一趟二天一夜的旅遊。雖然旅遊過程妻子不免還擔心兒子是否有唸書做功課，但丈夫努力盡其所能轉移妻子對孩子的關注並安撫她的焦慮。他們異口同聲地說過去的假期總是全家人陷在困獸之鬥的掙扎中，已經很久沒有這樣愉快的週末假期了。

爾後妻子因為不斷有睡眠障礙，也理解自己過去深埋的創傷從未好好治療，她決定進入個人諮商好好療癒自己，而丈夫非常支持妻子選擇自我照顧。半年後，我寫了一封信問候這個家庭，想知道他們過得好不好？妻子回覆說他們夫妻倆現在偶爾會偷閒出去散步、爬山、吃海產，日子比之前輕鬆多了，至於兒子雖然還是會吵著要求擁有更多的自主決定權，但是他不再是那個總愛綁架勒索母親並與父親暴力對抗的怪獸巨嬰；他即將離家住校去上高中，而妻子也思考是否爭取機會轉換工作單位回家陪伴丈夫一起生活，因為他們更珍惜彼此在一起生活的日子。

心理師的話

至此，算是成功地拉開母子間糾纏的距離，並拉近夫妻間的親密距離，青少年孩子也開始學習離家。整體家庭關係結構開始鬆動，家庭更能有效地運作，這對來談的夫妻因而感受到更強的親密連結，是彼此意想不到的大禮物。

工作案例的學習與啟發

很開心終於見到這對父母有了自己夫妻的新生活！這個家庭教會我：被父母監管長大的孩子終究會變成一頭難以駕馭的巨嬰猛獸，如果父母想擁有安穩的家庭生活，無論自己過去曾經歷過什麼樣的家庭創傷，一定要切記別把上一代惡的恐懼轉流向下一代，過度保護地緊盯著孩子不放，因為沒有空間長大的孩子終究會反噬父母。唯有轉身面對自己的伴侶尋求相互情感的支持，開創撫慰彼此傷痛的夫妻生活，才能療癒過去的傷口。孩子也能自然而然地學會有條理地安排自己的生活，為自己的人生負責。當家人彼此能安頓在自己對的角色位置上，並保持清楚的界線，不但能相安無事，更能發揮最大的自我效能，創造令人滿意的婚姻與家庭生活。

結案後的諮商師反思與自省

回想起第一次與這個家庭的接觸，現在還能感受當時諮商現場親子間劍拔弩張的緊張氛圍，當時心裡唯一的念頭是：我必須穩穩 hold 全場不能失控，不僅要涵容整個家庭的情緒張力，還須有意識地做深呼吸管控住自己的焦慮，並且保持清晰的頭腦觀察與思考：如何有效地參與到家庭的舞蹈，與他們同在一起投入到這場對每個人都不容易的爭扎之中。

家庭中每個人都有各自要維護的立場，但同時都深恐再一次掉入失控的狀況，特別是在一個不知會做出何等批判的陌生權威人物面前暴露自己家庭的祕密與羞愧實在是一個困難的處境。當時我實在也不輕鬆，一方面告知自己不能急躁，要留空間與舞台讓家庭劇碼演出，但另一方面又要保持警覺並維持張力，在足夠的體驗且可管控的範圍內做出適當的介入，方能藉由此次現場演出的家庭素材與家庭進行有意義的探討，並進而深入家庭底層結構的探查，碰觸其深埋的痛點，找出家庭關係卡住的可能出口。

當時我支持父母發揮他們的權威，並最後請情緒失控的青少年孩子暫先離開現場，心裡也有不安，我深怕失去與孩子的連結，但很幸運，孩子冷靜後進入會談室，讓我有機會修補與他的關係，一方面讚賞他願意暫時離場避免衝突的升高所展現的性格彈性，另一方面也欣賞他情緒調節的能力。終於我們度過了一場有意義的家庭風暴，也開展了後續的諮商工作。但是諮商過程並非如我所期望的：父母共同出席會談，一起探討如何面對孩子的行為問題。

首先出現的情況是夫妻彼此迴避衝突，他們都選擇單獨與我會談，告知我他們的苦以及對方的不是。這個過程我很感謝他們對我的信任，但深知沒有夫妻之間坦誠的對話與共商大計，家庭關係的改變是困難的，但他們還是給了我信心。我也努力堅持在婚姻與家庭治療的道路上不偏移，在每次的個別會談中不斷維持在「陰中有陽，陽中有陰」的互補性觀點上，讓夫妻認知他們是如何相互牽動共同創造出如今的家庭困境與僵局，鼓勵雙方必須跨出「邀請對方共同出席治療會談」的這一關鍵步伐。

終於，夫妻倆在最絕望的時刻願意提起勇氣為他們的家庭做最後一搏的努力，我很高興這個等待終於到來，但這也讓我與夫妻會談時更加戰戰兢兢，因為我知道這將是最後一次的機會，倘若我沒能把握住這個創造家庭希望感的唯一機會，將會加深這個家庭的絕望感。

後續的聯合會談過程真的很煎熬，因為他們是如此赤裸裸地直接與坦誠，逼著我也得要嚴肅與真誠地對待他們每一時刻的會心交流所呈現的張力以及所傳達出的椎心刺骨之痛。終究黑暗會過去，我們一起經驗到黎明曙光的嶄露；他們熬過去了，熬過相互罪責、彼此折磨、但卻是各自躲在角落暗處孤單的歲月。我有幸參與了他們從絕望走向生機的家庭生命轉化之旅，該家庭在過程中的痛苦掙扎與因為愛而不輕易放棄的意志讓我深深感動，見證到夫妻可以是彼此的背刺，但同時只要他們願意轉身面對彼此，也能成為相互最好的療癒神丹。

作者簡介

梁淑娟　諮商心理師

現職

- 現任文化大學心理輔導學系副教授

專業認證

- 諮商心理師（諮心字第 000071 號）

學經歷

- 彰化師範大學輔導與諮商學系博士
- 亞洲家族治療學院院士
- 華人心理治療研究發展基金會 諮商心理師與督導
- 盼心理諮商所 諮商心理師與督導
- 台北市教師研習中心諮商心理師

專長

- 伴侶與家族治療督導，從事伴侶與家族治療逾二十年。

案例七

同極相斥的伴侶

從眼中只有你，到關係裡有我們——家族治療師與伴侶同行的一段旅程

● 呂伯杰 諮商心理師

家族治療與伴侶諮商取向相互補充，更接近台灣文化的現況

大多的伴侶會覺得兩人的關係議題，不需要討論到各自己的原生家庭，期待諮商師處理兩人的關係就好。然而仔細聽伴侶談論的內容，我們常發現，伴侶各自己的家庭中，常有著相似的關係模式與議題。且在台灣的家庭文化裡，伴侶成年後大多仍與家人有物理和心理空間上頻繁的互動與交流，其影響自然是耳濡目染、日積月累。在諮商的歷程，如果沒有協助伴侶覺察與整理各自原生家庭傳承下來的資源與限制，相同的模式常潛藏躲在關係的暗處，醞釀著伴侶、家庭未來的關係危機，甚至代代傳承下去。

主流的伴侶治療取向在看關係動力時，多專注在兩人次系統內發生的各種經驗並集中在情緒、行為、想法的交互模式上。若沒有其他成員出現在晤談室裡，通常不會主動的談論或將其他家庭成員的影響納入評估中。而家庭治療取向在看兩人關係動力時，除關注兩人交互影響的動力與模式外，也會將雙方不在場的家人所產生

的有形、無形影響納入評估範圍，將家庭內複雜的動力與代間傳遞的歷程考量進來。兩者沒有高低好壞之分，若能相互補充、截長補短，諮商的效果和深度自然是相得益彰。

本案例的故事為結合了家族治療與伴侶諮商的理論概念所進行的晤談，希望給讀者一個圖像，感受兩者相互補充後的晤談樣貌。其中也放上諮商師隨晤談的推進，和伴侶一同成長和轉化的歷程。

同極相斥關係裡的主旋律

在我眼裡，妳是很有能力、主見的人，我以為只要等，妳就會告訴我妳要什麼，如果我能滿足妳，我們就能幸福地走下去……

在我眼裡，你是很體貼、在意我想要的人，我以為只要等，不用說，你就會發現我要什麼，我們就能幸福地走下去……

十年了，我們卻像同極相斥的磁鐵一樣無法靠近，越是努力，越是遠離……

昨天見完小孟（太太）和小南（先生）、寫完記錄、關上燈，離開諮商所大約十點。社區中庭人少了，安靜許多。走出社區，看著小公園裡修剪整齊的樹木們站得挺拔，枝葉隨風飄逸，涼爽的秋風從臉上小跳步地流過，一整天工作累積下來的沉重感，瞬間轉化成輕鬆的節奏。伴著秋天的氣息，回想起一小時前他們擁抱、落淚，陪伴彼此度過艱難的時刻，我幾乎快想不起兩年前他們來找我的模樣。

初次見面

兩年前一個很平常的假日午後，小孟和子南一前一後走進諮商室。小孟是都會女性，日系打扮，清秀的樣子帶著靦腆，蘊藏著一股說不上來的不安感。小南是工程師，從頭到腳像是被小孟打理過，高瘦的身材帶著點陰鬱的氣質，在路上如果聽到有人說他是阿宅，我會偷偷豎起大姆指同意。當你同時看著兩人，馬上就會感受到女強男弱的氣息。

關係的僵局，在兩人間豎起一道無形的牆

小孟坐下後，先開口抱怨小南在相處上的被動，如果小孟不主動，兩人可以一整天不說話。我望向小南，他的頭漸漸垂下，我好奇地向小南發問：「確實如小孟所說的嗎？」小南大致同意小孟，相處上不太敢靠近小孟，擔心讓小孟更傷心，而小南看到小孟傷心，則會忍不住責怪自己。兩人在這樣相處模式下，幾乎沒有性生活，結婚的計劃也一延再延。說著說著，小孟忍不住落淚，小南則表情痛苦，身體癱軟無力。看著他們的僵局，同時細細品嚐兩人對關係現狀的開場白，我感受到兩人對彼此是有需要的，小孟渴望小南的靠近，小南非常在意小孟的感受，只是不知道怎麼著，無法靠近彼此。

鼓勵與支持，給予兩人希望感

於是我試著邀請小南移動位置靠近小孟，一開始兩人都不自在，而在反覆鼓勵後，小南緩慢又僵硬地伸出手邀請小孟，好像深怕會再次讓小孟受傷，而小孟雖然口頭上拒絕，在反覆鼓勵後，小

孟閉著眼睛伸出手給小南。兩人牽手後小南的痛苦表情漸漸放鬆，忍了許久的眼淚默默流下，而小孟則在緊繃的表情下露出淺淺的微笑。牽手與肢體接觸在伴侶晤談時，具有神奇的魔力，雖然不能實質解決問題，但卻能給予伴侶希望感。他們來見心理師前，已經不知道多久無法牽手、擁抱。如果在極度缺乏希望感的狀態下，談著關係裡的難題，有時反而會加速一段感情的消逝。

在第一次的晤談後，兩人生活裡的互動增加，願意試著給彼此機會。他們曾用打球來比喻這個過程：「我（小孟）有感受到他（小南）接球率提升，願意再打下去」；小南則說「過去沒有打球來回的感覺，現在有感受到她（小孟）想打球的意願」。

有了希望感，就像走在關係難題生長出的迷霧黑森林裡，拿著明亮溫暖的火把，能在晤談的過程幫助彼此照亮身邊的道路，不致迷路。隨著晤談的進展，沿路也能創造出更多的火把，幫忙驅散黑森林的濃濃迷霧，恢復森林裡的生氣。

同極相斥：關係難題的剪影

面對伴侶關係的難題，只有希望是不夠的，難題需要被攤開與瞭解，當希望感與清晰感並存，伴侶才能在情感聯結的同時，又能共同找尋合適的解方。依著這樣的原則，我和這對伴侶一起，探索他們關係難題的樣貌。

兩人從學生時期認識，愛情長跑十年，小南沉默寡言個性溫和，不在意做著一成不變的事，他在關係裡習慣配合小孟，常等待小孟說出心裡的需要；小孟則喜歡生活有變化，期待小南能更主動來發現小孟需要什麼。晤談的過程，感受得到他們的心裡知道彼此要什麼，但相處起來就像同極相斥的磁鐵般，無論哪一方靠近，都反覆地彈開彼此。

同極相斥的互動樣貌

小孟：我想要你主動和我說話。

小南：好。

小孟：可是你都沒有。

小南：我會努力。

小孟：可是就是沒有啊。

小南：你可以告訴我妳想和我說話。（聲音顫抖、漸小，眼眶泛眼。）

小孟：大聲一點，聽不清楚，你不要哭啦。（不耐煩的聲音。）

小南：我也想要和妳講話，只是不知道要講什麼。（默默落淚，低語呢喃。）

小孟：你自己想，我不想要告訴你。（不悅又失望的語氣。）

同極相斥的脈絡與模式，暗藏關係裡的挫折感

看似試圖靠近彼此的對話，卻巧妙地維持著兩人的距離，長久下來讓人挫折、無力，甚至害怕再做更多的嘗試。在好奇的探索與陪伴後，兩人描繪出這關係難題的輪廓：當小孟在生活裡感到孤單，表達關係的需要時會注意小南的反應而變得謹慎，小孟不希望小南因回應自己的需要一再受挫，小孟也不想強迫小南。而小南在小孟謹慎說話時，則擔心自己說錯話會讓小孟受傷而讓自己更加結巴或咬字不清。當小南表達模糊時，小孟就說更多，同時氣自己又得把需要說出來。小南看到小孟生氣，為了安撫小孟，反射性地

答應小孟的要求，而忽略無法回應小孟真正的需要所可能帶來的影響。只是，對小南而言，最安全的還是等小孟說出需要，這樣才能完美回應小孟而不出錯。於是，在兩人試圖維持關係的努力中，小孟和漫長的等待作伴，小南和自責作伴，兩人悲劇性的互補，維持了彼此的孤單。

當關係裡的難題變清晰時，那些伴隨過去努力的挫敗與傷痛等感受會開始湧現，這些感受可以協助我們接近原生家庭，並提供親密關係裡同極相斥源源不絕動力的通道。在一次的談話裡，兩人談到結婚相關的話題：

小孟：為什麼不把餐聽退掉？這不是我們一起討論的決定嗎？（不悅的口氣）

小南：我知道，但好像還有些不確定的部份，也很害怕和妳討論，想說等妳心情好一點再說……（聲音漸小）

小孟：那要等到什麼時候？

小南：你覺得呢？（咬字不清）

小孟：不知道！每次都要我講（嘆氣、沉默）

小南：我也不想這樣。（閉眼落淚）

心理師：他的眼淚，讓妳怎麼了嗎？

小孟：我覺得很孤單和失望。

心理師：這個孤單和失望的感受是小南給妳的，還是其他家人也有給妳類似的感受？

小孟：我想起有次和父親討論婚禮的事情時……（沉思後，緩慢地說出口）

心理師的話

伴侶的關係裡，常有著固且重複的模式，伴侶雙方對這個模式都有貢獻，並一起維持著這個模式。在諮商的歷程裡，我們不只是幫助伴侶雙方看到自己和對方的貢獻，更重要的是幫助伴侶經驗到雙方在這個模式其實都著用自己的方法努力，而兩人都不好受。除此之外，有機會的話也可以一同檢視各自原生家庭對親密關係的影響。

同極相斥源源不絕的動力來源：原生家庭

每個人在關係裡，都有自己獨特的樣貌與看世界的一套方式，因此探索各自原生家庭經驗，可以擴展伴侶如何運用各自從原生家庭傳承下來的資源與限制，共同形塑出關係僵局的脈絡。

小孟的原生庭經驗與伴侶關係

小孟童年與父母、祖父母同住，有兩位妹妹，父母感情疏離又衝突，小孟常要居中幫忙。此外，父母也會要求小孟照顧兩位妹妹。小孟成長的過程裡，從父親那經驗到需求被忽視的感受，對於父親無視自己的冷漠表情特別有印象。記憶中少數說出內心需求的經驗，也被父親放上矛盾的枷鎖（「這個是偷偷買給妳的，不能和妹妹說！不然下次就沒有了！」）。這樣的矛盾，深深地鎖住了小孟：即使得到了想要的東西，也不能表現出開心的樣子；心裡有想要的東西，只能等待。小孟從母親那則經驗到拯救不了母親的痛苦，曾有幾次母親因賭債被家族成員責難，當時母親痛哭失聲的認錯仍無法被家族成員原諒的畫面，深深烙印在一旁看著，卻什麼也不能做的小孟心中。

受到原生家庭的影響，在親密關係裡，小孟希望小南能主動發現小孟在關係裡的需求，但彷彿在得到小南的允許前，小孟只能等待。即使偶爾從小南那得到想要的回應與互動，小孟也不能太開心或享受。面對小南在互動僵局時的自責或為小孟落淚時，小孟總覺得自己像在欺負小南，想盡辦法與小南的眼淚或情緒保持距離。在莫比烏斯環[1]的時空交疊裡，小南時而是小孟的父親，時而是母親。

小南的原生庭經驗與伴侶關係

由於父母工作的忙碌，小南出生後平日主要由阿姨照顧，假日回到父母身邊。小南有一個哥哥，直到國小時小南重新和父、母、哥哥生活在一起，父母感情不錯，小南的個性像父親，沉默、善用行動傳達心意，在家中小南與母親的關係較好，母親善於傾聽與付出。父、母在小南成長過程忙於工作，即使父、母尊重也願意滿足小南提出的各種需要，小南仍須長時間獨處。在這樣的成長過程裡，訓練出小南善於觀察他人需要與自我照顧的能力，對於如何在關係裡提出需要或被他人照顧感到陌生（也許這就是孩子學習的路徑，父母怎麼對待孩子，孩子就怎麼對待父母與身邊的人）。

1　莫比烏斯環：如果把紙帶順時針旋轉再粘貼，就會形成一個右手性的莫比烏斯帶，環帶裡的任一個點都可以與另一點在相同平面上連結。筆者引用這個概念隱喻關係裡兩個看似沒有交集的關係與動力，換個角度來看，其實是有高度相關與影響性的。

小南成長的過程從父母身上學到了行動、體貼、付出，看著父母的忙碌與付出，照顧自己等同於照顧父母。在親密關係裡，小南為了避免讓小孟難過與傷心，總耐心地詢問小孟自己該怎麼做，盡力配合與滿足小孟。陷入僵局時則壓抑情感與想落淚的狀態，避免讓小孟無法承受；在關係裡對小南幾乎沒有提出需求，像個生態瓶一樣，自給自足。小孟於是成為了小南的父母，在小孟忙著消化自己的狀態時，小南邊照顧自己，邊觀察著要如何配合小孟。

關係中同極相斥的交互作用

在原生家庭提供給兩人同極相斥的動力裡，小南等小孟說出自己的需要，小孟等小南發現自己的需要，兩人面對彼此，卻也像面對著自己的父母一般。為了不讓小孟再次失望，小南選擇等小孟說出需要；一旦小孟帶著失望與生氣說出自己的需要，小南則壓抑情緒，即使做不到也勉強答應。當小南因答應的事沒做到，自責讓小孟失望、生氣而止不住淚水時，小孟則不知所措而情緒爆炸或情緒隔離，兩人再次陷入僵局而進退兩難，無論做什麼似乎都阻止不了開往「關係終點」站的列車。於是，兩人從原生家庭裡所傳承的資源與限制，悄悄在關係裡作用著，穩定維持著關係的僵局，並源源不絕地提供同極相斥的能量。

心理師的話

瞭解伴侶如何形成其關係的僵局與其源源不絕的動力後，伴侶和諮商師很自然地就會思考改變的各種可能，就像在漆黑而伸手不見五指的隧道裡，突然看到遠方出口發散進來的光，任誰想要盡快抵達出口，遠離原本的僵局。然而伴侶仍在隧道裡，一不小心兩人可能仍會被腳下的阻礙絆倒受傷，或在諮商師的鼓勵下死命的奔跑，沒有考慮兩人體力不同而透支；又或是太過於小心，躊躇不前，將希望消磨待盡。眼裡見得到光，卻不一定到得了。即使出了洞口，一起離開隧道的過程，往往是決定兩人是否能繼續走下去的關鍵。誰知道哪天走著走著，是否又要再面臨另一個隧道呢？

互動僵局的形成，伴侶雙方都有貢獻，我們常疏忽其相互影響的特性，而習慣於依著其中一方的需要而調整，這就像用外力將磁鐵靠近，抵消了同極相斥的力道，但沒有改變其互斥的本質。為了維持關係改善的表象，伴侶仍會不停地前來晤談。然而，同極相斥的力量仍讓兩人不安，需要諮商師的協助才能緩和看似接近卻又想遠離的矛盾感。在某些特殊的情況下，伴侶離不開諮商師，諮商師也離不開伴侶。

改變開始了

伴侶投入改變的過程，轉動停滯的關係時鐘

在瞭解彼此原生家庭的影響後，小南變得更主動，在晤談時和小孟有更多的引導式的提問，希望能讓小孟感受到更多的安全感。小孟則努力地分辨小南與其原生家庭成員的不同，並練習將關係的需要說出口，讓小南容易靠近。此外，兩人在晤談時更能擁抱、牽手，我和伴侶雙方都充滿了希望。

小南：（對小孟）我願意繼續努力，就像是爬著一條往妳的方向前進的繩子一樣。

小南：（繼續對小孟）你的寂寞空氣比較濃，我的安全感空氣比較薄，我會多做幾次，不會被擊倒。

小孟：你為什麼不會被擊倒？

小南：因為妳值得。

聽到阿宅能說出這些話，我的心中像放煙火一般，時間長度勘比一〇一煙火。

小孟也對於小南的付出做了動人的回應：「你不是我爸，也不是我媽，更不是朋友口中說的人，你是小南」。

當下和他們一起落淚時，我心中浮現：「這就是專屬於他們的結婚誓詞。」的想法。

兩人在晤談室裡的樣子，有了明顯的變化，小南在晤談裡說話的頻率與說話的力量都隨著鼓勵逐漸增加，更能讓小孟依靠。小孟也不再怪小南在晤談時不說話，兩人牽手、擁抱、落淚伴隨的情感流動，每次都讓我熱眼盈眶。生活裡，兩人的結婚計劃重新啟動，如期順利完婚，建立屬於兩人的小家庭。

看似改變的過程，暗藏諮商師過度投入的盲點

然而，小南前來諮商時，雖總能很熟練地安撫小孟，但臉上總帶著一絲疲累感。且小孟仍不時說著生活裡，小南常不和自己說話的孤單感受，以及那些被引發的原生家庭議題依然如影隨形。兩人在生活裡雖能試著用自己的方法度過難關，或在我的協助下安然度過挑戰，但我的內心總有著說不上來的怪異感。在仔細地檢視內

心的怪異感與談話的歷程後發現，原來兩人的關係在本質上沒有改變！

小南雖然提升了瞭解小孟需求後，回應小孟的能力；小孟也提升了被小南關心、安撫後，說出關係需求的能力。我也在晤談室裡，看到小孟的需求可以引導小南理解，且小南能夠回應小孟，讓小孟能說出關係中的需要。但日常生活裡，少了我，小孟在某些關鍵時刻仍在等小南發現自己的需要，而小南仍在等小孟說出自己的需要。

在這個過程裡，我們共同證明：同極相斥不一定會彈開，只是諮商師的手不能移開。

兩極原本就是相互吸引

痛苦之所在，即為希望之所在——諮商師的覺察，突破過度投入形成的阻礙

昨天的晤談，夫妻進晤談室時，小南臉上仍帶著一絲疲累感。兩人談到生活裡小孟因生氣而不理會小南的互動過程，小南則在描述與討論時努力地壓抑淚水，而小孟則身體僵硬、不知所措，焦燥不已。就在我內在調皮的人格即將翻白眼，反射性地認為這就是兩人關係僵局的再現時，兩人各自原生家庭裡的困境，如電影畫面般印入眼廉，就像電影《星際效應》裡[2]，男主角（馬修麥康那）進入時空間隙時，在書架後與不同時空的女兒相會，無意間提供了拯救自己的解方。

2 《星際效應》（*Interstellar*）是一部二〇一四年上映的科幻電影。電影大綱為太空人透過穿越蟲洞為人類尋找新家園的冒險故事。

那一刻，看著小孟面對小南流淚時的反應，我的眼前浮現的是小孟再次經驗無力拯救母親的困境，以及小孟的需求被父親漠視或困住而獨自落淚的子母畫面。而看著小南的反應，浮現的是過去捨不得加重父母負擔而必須將眼淚往肚裡吞的那個小男孩。原來，當我努力協助小南增加回應小孟的能力時，錯過的是，心裡有個想被擁抱的小男孩小南，以及那個想要拯救母親，同時想被安撫的小女孩小孟。在這重疊的時空間隙裡，兩人原生家庭經驗的「痛苦所在，也許可以是希望所在」。

鼓勵伴侶在互動僵局裡，面對童年困境，重新選擇

我邀請小孟試著用如同擁抱著過去沒能拯救的母親和獨自哭泣小女孩的方式，給予小南擁抱；並請小南想像著內在疲累不已的小男孩，在小孟的擁抱裡得到了父母的允許，可以好好地休息，不需要再獨自苦撐。小孟抖了抖身體試著放鬆，做幾個深呼吸後，伸出微微顫抖的雙手環抱小南，並輕柔的拍著小南的背。小南從緊繃漸漸放鬆，兩人眼淚止不住地流下，彼此緊緊抱著。眼眶溼潤地我想：小孟是否希望她的母親能這樣抱著她？或許她也希望能這樣抱著過去無力反抗的母親。而小南不知道這樣撐了多久，會不會也希望他的父母能給他一個喘息的擁抱。

諮商師嘗試放手，伴侶走出自己的路

這個看似輕柔的擁抱，對小孟和小南都別具意義。在這時空間隙裡，小孟、小南與過去的自我、家人相會，重現那糾纏許久又反覆播放的生命片刻。交疊上各自從原生家庭傳承的困資源與困難，兩人彷彿在十字路口思忖著：重覆過去的模式？亦或是冒險嘗試新

的可能？記憶猶新，當兩人試圖冒險的那一刻，我也冒險把手將兩極頂在一塊的地方放開，讓兩人自己聊了起來：

小南：很少有被妳抱的經驗，我需要、也想要，妳做得很棒啊～（說話的神情彷彿被快充十分鐘。）

小孟：抱著你的過程，害怕孤單的感覺減少很多；給你擁抱的時候，好像我也被允許能表達我需要什麼（小南在小孟說話時，牽著小孟的手，臉上卻少了疲累感。）

我們手中擁有度過彼此原生家庭困境的銀幣

看著他們如同坐在家中沙發上閒聊，時空的間隙也悄悄關上，我出神地玩味著隨之而來的新領悟：兩極原本就相吸，伴侶的相遇與結合，不是宇宙大爆炸下的各種隨機事件，有其道理和吸引彼此之處。也許彼此從原生家庭所傳承的難題或挑戰裡，就有著能幫彼此平安渡河的卡戎銀幣[3]，而獲取銀幣的考驗石碑上刻著：「你是否願意為了對方，反覆面對原生家庭傳承下來的挑戰。」

秋夜裡的路人，看起來都分外悠閒，好像時間這個因素不存在一樣，街邊的風景看起來好像和過去不太一樣。一路上我反覆想著：「我的老婆也會願意為了我，而去接受考驗嗎？我幫她拿到銀幣了嗎？」我得找個時機和她好好聊聊。

---

3 出自希臘神話。卡戎是冥王黑帝斯的船夫，負責划船將剛離人世的亡魂渡過冥河斯堤克斯。根據神話，斯堤克斯河分隔了人世和冥界，想渡河的人，要提供一枚「卡戎的銀幣」，作為亡魂給付卡戎的「渡河錢」。筆者用此來隱喻伴侶如何運用原生家庭的資源，幫助彼此完成家庭傳承議題的困難。

心理師的話

伴侶、家庭與諮商師常是相互影響、共同成長的

治療是一個技術密集的手工活，需要時間、經驗，持續的學習與內化，而書寫這對伴侶故事的過程，如同記錄了兩年來我在諮商師位置上成長與轉變。其中最具有挑戰性的是將過去與現在兩個看似不相關的時空與經驗，反覆與晤談當下發生的互動與來談者的個別、原生家庭經驗結合的歷程，同時又不能失去和我個人生命整體經驗間的連結。在進入這個階段之前，晤談停留在我提及的單方向改變狀態好一陣子，那些處在直覺，模糊說不清楚的感受，著實讓人難受。而那種看似狀態轉好的變化，有時真會讓人安於現狀。

諮商師和個案間的身心連結，是諮商推進的重要資源

我特別感謝他們基於信任給予的真實感受和反應，那引導著我不斷思考治療的意義與內涵，如果沒有從連結他們的身心反應、進而在整體經驗的矛盾感不斷地提醒下，並結合這三年的身體工作與學習，我可能就會停留在身為諮商師讓他們好轉的幻想裡。

這種經過晤談後，不只是他們改變，我也隨著產生本質改變的互為表裡狀態，如果要用一句話來總結，我會說：「我們都是彼此生命的治療師。」

感謝

謝謝這對伴侶的信任，在看完這篇文稿後，他們給了我以下真切的回饋。小南對於他們的成長引發諮商師的成長，感到印象深刻，他喜歡這種感覺。小孟則表示看得過程有太多回憶和情緒湧現，要分次才能看完，而回想這個過程，真的很不容易。

小南、小孟，謝謝你們的回饋，這篇獻給你們。

作者簡介

呂伯杰　諮商心理師

現職

- 盼心理諮商所負責人

經歷

- 華人伴侶與家族治療協會／秘書長
- 新北市學生輔導諮商中心／學校心理師

專長

- 原生家庭相關議題夫妻、伴侶關係／青少年家庭相關議題／創傷相關議題

心靈工坊 PsyGarden
Master 090

愛的修復：
伴侶諮商中的衝突、理解與接納

Working with Taiwan Couples: A Competence-Based, Culturally-Adapted Model

趙文滔一著
王國仲、呂伯杰、林冠伶、紀盈如、梁淑娟、蕭維真、魏凡涓一共同著作

出版者一心靈工坊文化事業股份有限公司
發行人一王浩威　總編輯一徐嘉俊
責任編輯一饒美君　封面設計一Ancy PI
內頁排版一 龍虎電腦排版股份有限公司
內頁插圖一陳季英（第四章圖 4-3）、許瑋琳（第四章圖 4-1、4-2）
通訊地址一10684台北市大安區信義路四段53巷8號2樓
郵政劃撥一19546215　戶名一心靈工坊文化事業股份有限公司
電話一02）2702-9186　傳真一02）2702-9286
Email一service@psygarden.com.tw　網址一www.psygarden.com.tw

製版・印刷一中茂製版印刷股份有限公司
總經銷一大和書報圖書股份有限公司
電話一02）8990-2588　傳真一02）2290-1658
通訊地址一248新北市五股工業區五工五路二號
初版一刷一2024年11月　初版三刷一2025年7月
ISBN一978-986-357-406-4　定價一540元

國家圖書館出版品預行編目資料

愛的修復：伴侶諮商中的衝突、理解與接納 / 趙文滔 著; 王國仲、呂伯杰、林冠伶、紀盈如、梁淑娟、蕭維真、魏凡涓 共同著作. -- 初版. -- 臺北市 : 心靈工坊文化事業股份有限公司, 2024.11
面；　公分 (Master ; 90)
ISBN 978-986-357-406-4(平裝)

1.CST: 婚姻治療法　2.CST: 婚姻輔導　3.CST: 心理諮商

178.8　113017383

心靈工坊 PsyGarden 書香家族 讀友卡

感謝您購買心靈工坊的叢書，爲了加強對您的服務，請您詳填本卡，
直接投入郵筒（免貼郵票）或傳眞，我們會珍視您的意見，
並提供您最新的活動訊息，共同以書會友，追求身心靈的創意與成長。

書系編號—MA 090　　書名—愛的修復：伴侶諮商中的衝突、理解與接納

姓名　　是否已加入書香家族？ □是 □現在加入

電話 (O)　　(H)　　手機

E-mail　　生日　　年　　月　　日

地址 □□□

服務機構　　職稱

您的性別—□1.女 □2.男 □3.其他

婚姻狀況—□1.未婚 □2.已婚 □3.離婚 □4.不婚 □5.同志 □6.喪偶 □7.分居

請問您如何得知這本書？

□1.書店 □2.報章雜誌 □3.廣播電視 □4.親友推介 □5.心靈工坊書訊
□6.廣告DM □7.心靈工坊網站 □8.其他網路媒體 □9.其他

您購買本書的方式？

□1.書店 □2.劃撥郵購 □3.團體訂購 □4.網路訂購 □5.其他

您對本書的意見？

□ 封面設計　1.須再改進 2.尚可 3.滿意 4.非常滿意
□ 版面編排　1.須再改進 2.尚可 3.滿意 4.非常滿意
□ 內容　1.須再改進 2.尚可 3.滿意 4.非常滿意
□ 文筆／翻譯　1.須再改進 2.尚可 3.滿意 4.非常滿意
□ 價格　1.須再改進 2.尚可 3.滿意 4.非常滿意

您對我們有何建議？

□本人同意＿＿＿＿＿＿（請簽名）提供（真實姓名/E-mail/地址/電話/年齡/等資料），以作為心靈工坊（聯絡/寄貨/加入會員/行銷/會員折扣/等之用，詳細內容請參閱http://shop.psygarden.com.tw/member_register.asp。

廣　告　回　信
台北郵政登記證
台北廣字第1143號
免　貼　郵　票

心靈工坊 PsyGarden

10684台北市信義路四段53巷8號2樓

讀者服務組　收

免　貼　郵　票

（對折線）

加入心靈工坊書香家族會員
共享知識的盛宴，成長的喜悅

請寄回這張回函卡（免貼郵票），
您就成爲心靈工坊的書香家族會員，您將可以——

⊙隨時收到新書出版和活動訊息

⊙獲得各項回饋和優惠方案